RIEN DE TROP BEAU POUR LES DIEUX
NOTHING TOO BEAUTIFUL FOR THE GODS

RIEN DE TROP BEAU POUR LES DIEUX

Autels et création contemporaine

Jean-Hubert Martin

NOTHING TOO BEAUTIFUL FOR THE GODS

Altars and Contemporary Creation

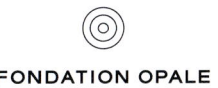

FONDATION OPALE

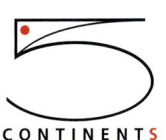

CONTINENTS

NOTES

Les œuvres sont disposées par ordre géographique
et sont distinguées selon qu'il s'agit d'un autel ⊙
ou d'une création artistique ◯

Les notices rédigées par Jean-Hubert Martin sont signées JHM
Celles rédigées par Deidi von Schaewen sont signées DVS

NOTES

The works are arranged in geographical order,
and are distinguished according to whether they are altars ⊙
or artistic creations ◯

The notes edited by Jean-Hubert Martin are signed JHM
Those edited by Deidi von Schaewen are signed DVS

SOMMAIRE CONTENTS

LA BEAUTÉ DU SACRÉ

Bérengère Primat

La création artistique des hommes et femmes pour leurs dieux est un acte de dévotion et d'expression spirituelle. À travers l'art, les croyant.e.s expriment leur foi, leur gratitude et leur quête de transcendance. Cela peut prendre de nombreuses formes : architecture, sculpture, peinture, calligraphie, autels et objets votifs, musique, chants ou danses lors de rituels...
Pour celles et ceux qui n'ont pas de dieu mais créent pour être en relation avec un monde immatériel, l'acte de création artistique peut être une recherche de sens et d'union avec quelque chose de plus grand qu'elles et eux-mêmes. Inspiré·e·s par la nature, la philosophie, la méditation ou d'autres sources mystiques, leur art renvoie à une exploration de l'expérience humaine, des émotions et de la quête de vérité intérieure.

L'autel, considéré comme espace révéré (dans un lieu consacré ou dans la nature), où les fidèles peuvent entrer en rituels effectués sur ou autour de l'autel, est destiné à invoquer la présence de dieux, d'esprits ou d'entités sacrées.
Riche en symbolisme, il peut représenter la terre, le cosmos ou un temple intérieur de l'âme. Chaque élément disposé sur un autel a une signification particulière ; telles les bougies symbolisant la lumière divine ou les fleurs représentant la vie et la beauté. Dans de nombreuses traditions, l'autel est considéré comme un point focal où l'énergie spirituelle est concentrée et amplifiée. Il est souvent conçu pour attirer et diriger cette énergie vers un objectif particulier, qu'il s'agisse de guérison, de protection ou de bénédiction.
Plutôt que de se concentrer sur un autel fixe, certaines cultures choisissent de pratiquer leurs rituels dans des lieux ayant une signification particulière, tels que des grottes, des sources d'eau ou proches d'arbres sacrés. Ces sites sont souvent associés à des légendes ou des événements symboliques.

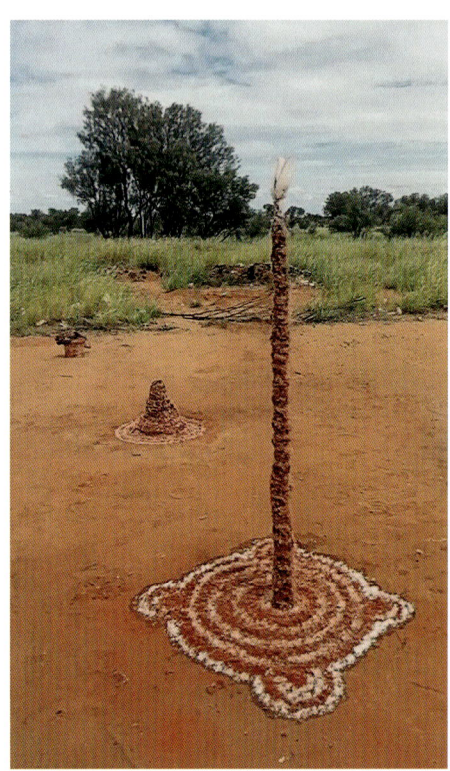

> Les hommes photographiés – de gauche à droite – sont Martin Mpetyan/ Kemarr Hagan, Bentley Brown, Christopher Hagan, Joshua Morton et Peter Peltharr Cole. Photo prise le 1er mars 2023 au Laramba Ceremony Ground (à droite). Ils sont assis devant la peinture au sol de *Rrwamperr Yakwertey-kenh* (*Possum de Yakwertey*). Il s'agit d'un endroit qui a été peint par le grand-père maternel de Martin, Clifford Possum, et qui est documenté comme Yakulti ou Yakuti

THE BEAUTY OF THE SACRED

Bérengère Primat

The art created by men and women for their gods is an expression of devotion and spiritual expression. Through art, believers express their faith, their gratitude, and their quest for transcendence. This can take many forms: architecture, sculpture, painting, calligraphy, altars and votive objects, music, songs, and ritual dances . . .

For those who have no god but create to connect with an immaterial world, the act of creating can be a search for meaning and union with something greater than themselves. Inspired by nature, philosophy, meditation, or other mystical sources, their art is an exploration of the human experience, emotions, and the search for inner truth.

An altar, a sacred place (in a consecrated place or in nature) where the faithful can perform rituals performed on or around the altar, is intended to invoke the presence of gods, spirits, or sacred entities.

Rich in symbolism, it can represent the earth, the cosmos, or an inner temple of the soul. Each element placed on an altar has a particular meaning: candles may symbolise divine light, or flowers might represent life and beauty.

In many traditions, the altar is considered a focal point where spiritual energy is concentrated and amplified. It is often designed to attract and direct this energy towards a particular goal, be it healing, protection, or blessing.

Rather than focusing on a fixed altar, some cultures choose to perform their rituals in places of particular significance, such as caves, water springs, or near sacred trees. These sites are often associated with legends or symbolic events.

Ritual dances can be performed during initiation ceremonies or religious celebrations, offering a physical expression of the link with the divine. Special significance is often attached to the relationship with nature.

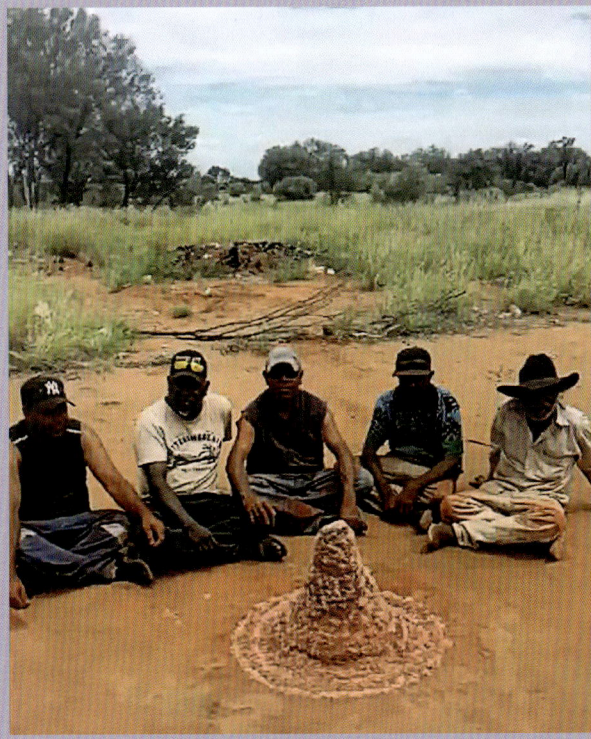

The men pictured from left to right are Martin Mpetyan/ Kemarr Hagan, Bentley Brown, Christopher Hagan, Joshua Morton and Peter Peltharr Cole. Photo taken on March 1st 2023 at Laramba Ceremony Ground (left). They are seated in front of the *Rrwamperr Yakwertey-kenh* (*Possum of Yakwertey*) ground painting. This is a place that was painted by Martin's maternal grandfather, Clifford Possum, and is documented as Yakulti or Yakuti

Des danses rituelles peuvent être exécutées lors de cérémonies d'initiation ou de célébrations religieuses, offrant une forme d'expression physique du lien avec le divin. La relation avec la nature est souvent considérée comme primordiale.

La narration d'histoires et de récits mythologiques se pratique aussi dans un grand nombre de cultures pour transmettre des enseignements allégoriques et des valeurs communes.

L'exposition *Rien de trop beau pour les dieux* nous invite à un voyage spirituel à travers une sélection d'autels et d'œuvres d'art contemporain provenant de tous les continents. Car, malgré la diversité des cultures et des croyances, il existe une quête commune qui unit l'humanité : celle de se relier à une énergie suprême, de trouver un sens transcendant à notre existence.

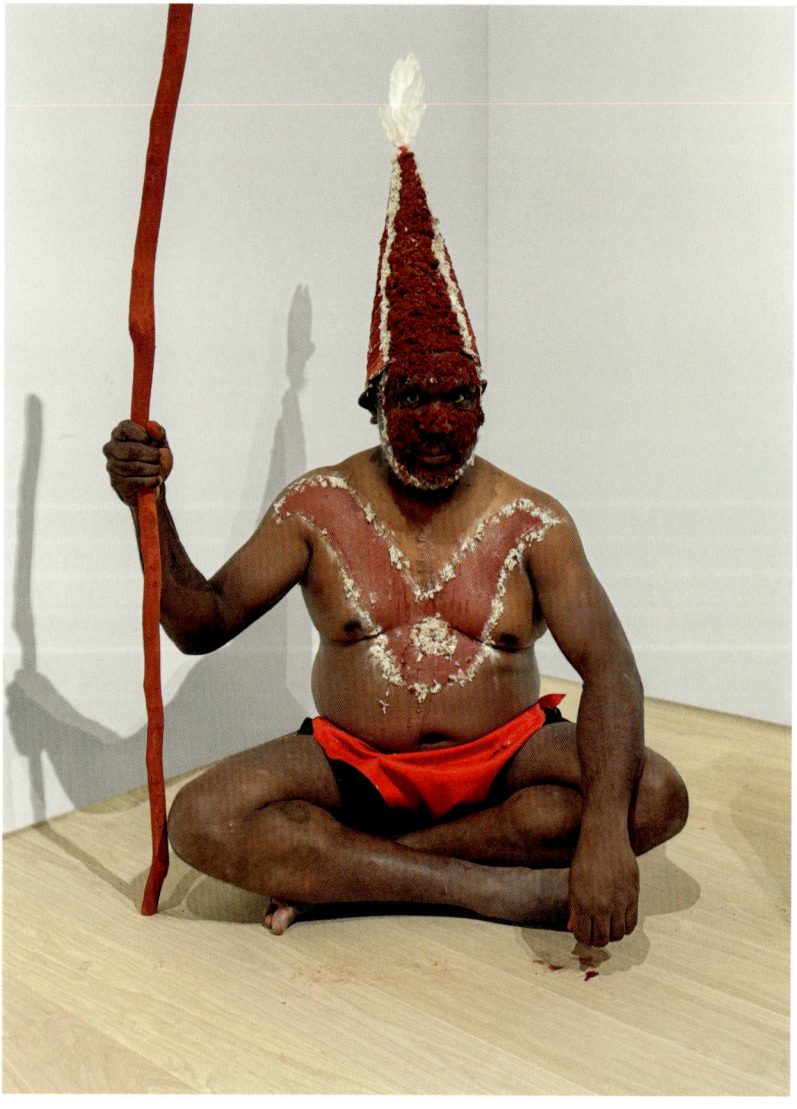

Les autels exposés, bien que modernes, sont les héritiers de traditions millénaires. Ils sont les témoins d'une évolution continue des pratiques spirituelles et religieuses. Qu'ils soient issus de traditions d'un monde dit moderne ou de peuples racines, de tous les continents, ces autels incarnent la beauté divine et l'aspiration à la sérénité, la paix et l'harmonie. Les œuvres présentées dans cette exposition sont profondément enracinées dans la spiritualité. Les artistes contemporains ont exploré les frontières de la perception et de l'expérience humaine pour réinventer les formes de dévotion et de rituel, utilisant des média modernes. Dans le contexte actuel de l'art contemporain, où les frontières entre les disciplines et les cultures sont de plus en plus poreuses, *Rien de trop beau pour les dieux* remet en question l'idée du sacré et de l'être sacré dans nos sociétés modernes. L'œuvre cérémonielle sur le sol réalisée *in situ*, dans l'espace d'exposition, par des hommes anmatyerr de la communauté aborigène de Napperby, dans le désert d'Australie du Nord, montre que ces traditions ne sont pas des vestiges du passé, mais des éléments vivants et dynamiques qui cohabitent avec la création contemporaine et continuent d'influencer et d'inspirer les artistes d'aujourd'hui, tout en participant d'une transmission culturelle plurimillénaire.

Rien de trop beau pour les dieux explore non seulement la dimension spirituelle mais aussi les concepts fondamentaux du beau, du bien et du vrai. Le beau, par sa manifestation esthétique, inspire l'admiration et la contemplation, invitant à une réflexion sur la transcendance et l'harmonie. Le bien, à travers les actes de dévotion et de rite sacré, exprime la moralité et la compassion humaine. Le vrai, quant à lui, est révélé à travers la recherche de sens et de vérité dans l'expérience mystique, illuminant la voie vers la connaissance et la compréhension de soi et du monde qui nous entoure. Cette exposition est bien plus qu'une juxtaposition de reliques et de créations artistiques. Elle est un dialogue intemporel entre le passé et le présent, entre le sacré et le profane. Malgré la diversité apparente des formes et des traditions, chacun des autels et chacune des créations artistiques dans *Rien de trop beau pour les dieux* est une manifestation de cette aspiration commune à nous transcender et à entrer en communion avec le sacré en trouvant une dimension absolue à notre existence.

Many cultures also use mythological stories and tales to convey allegorical teachings and shared values. The *Nothing too Beautiful for the Gods* exhibition takes us on a spiritual journey through a selection of altars and contemporary works of art from every continent. Despite the diversity of cultures and beliefs, there is a common quest that unites humankind: to connect with a supreme energy, to find a transcendent meaning to our existence.

The altars on display, though modern, are heirs to age-old traditions. They bear witness to the ongoing evolution of spiritual and religious practices. Whether they belong to the traditions of a so-called modern world or to Indigenous peoples from every continent, these altars embody divine beauty and the aspiration to serenity, peace, and harmony.

The works presented in this exhibition are deeply rooted in spirituality. Contemporary artists have explored the boundaries of human perception and experience to reinvent forms of devotion and ritual using modern media.

In today's contemporary art environment, where boundaries between disciplines and cultures are increasingly porous, *Nothing too Beautiful for the Gods* questions the concept of the sacred and the idea of the sacred entity in our modern societies.

The ceremonial ground painting, created *in situ* in the exhibition space by Anmatyerr men from the Napperby Aboriginal community in the desert of Northern Australia, shows that these traditions are not relics of the past but living, dynamic elements that coexist with contemporary creation and continue to influence and inspire today's artists while participating in a cultural transmission that goes back thousands of years.

Nothing too Beautiful for the Gods explores not only the spiritual dimension, but also the fundamental concepts of beauty, good, and truth. Beauty, through its aesthetic manifestation, inspires admiration and contemplation, inviting reflection on transcendence and harmony. Good, through acts of devotion and sacred rites, expresses morality and human compassion. As for truth, it is revealed through the search for meaning and truth in a mystical experience, illuminating the path to knowledge and understanding of ourselves and the world around us.

This exhibition is much more than a juxtaposition of relics and artistic creations. It is a timeless dialogue between past and present, between the sacred and the mundane. Despite the apparent diversity of forms and traditions, each of the altars and artistic creations in *Nothing too Beautiful for the Gods* is a manifestation of the shared aspiration to transcend ourselves and commune with the sacred by finding absolute meaning in our existence.

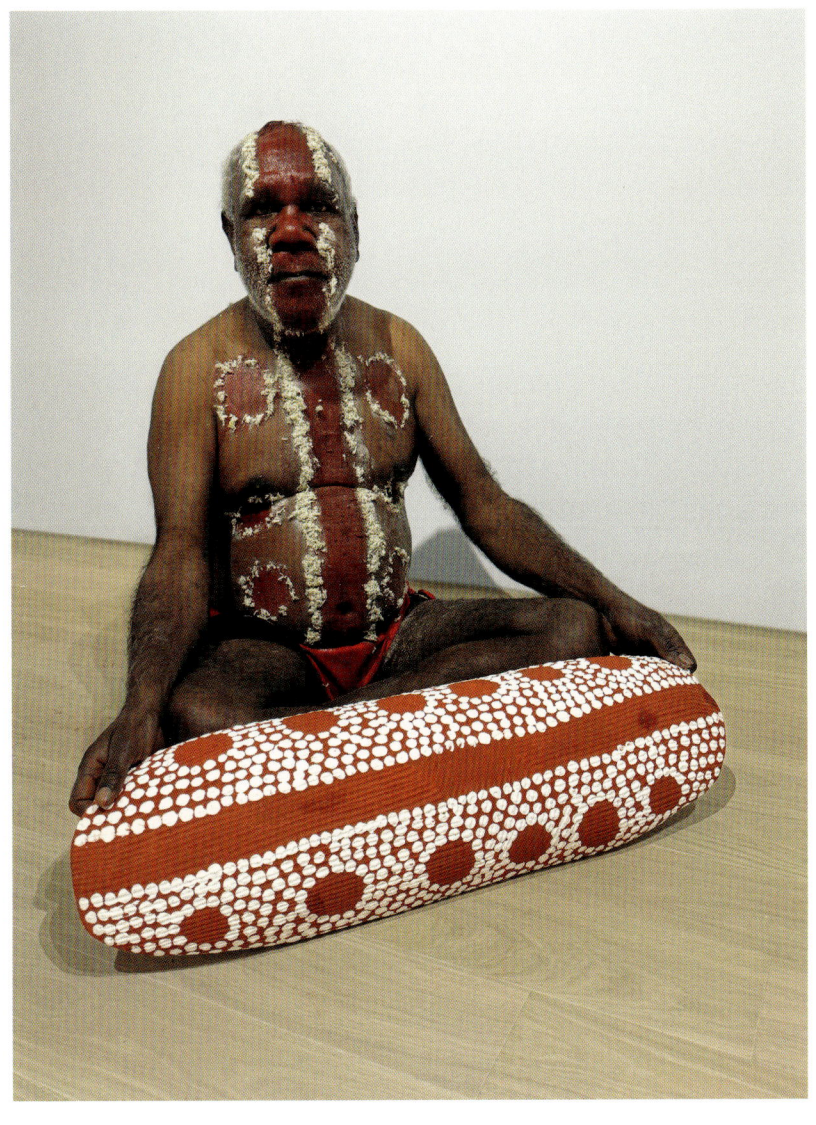

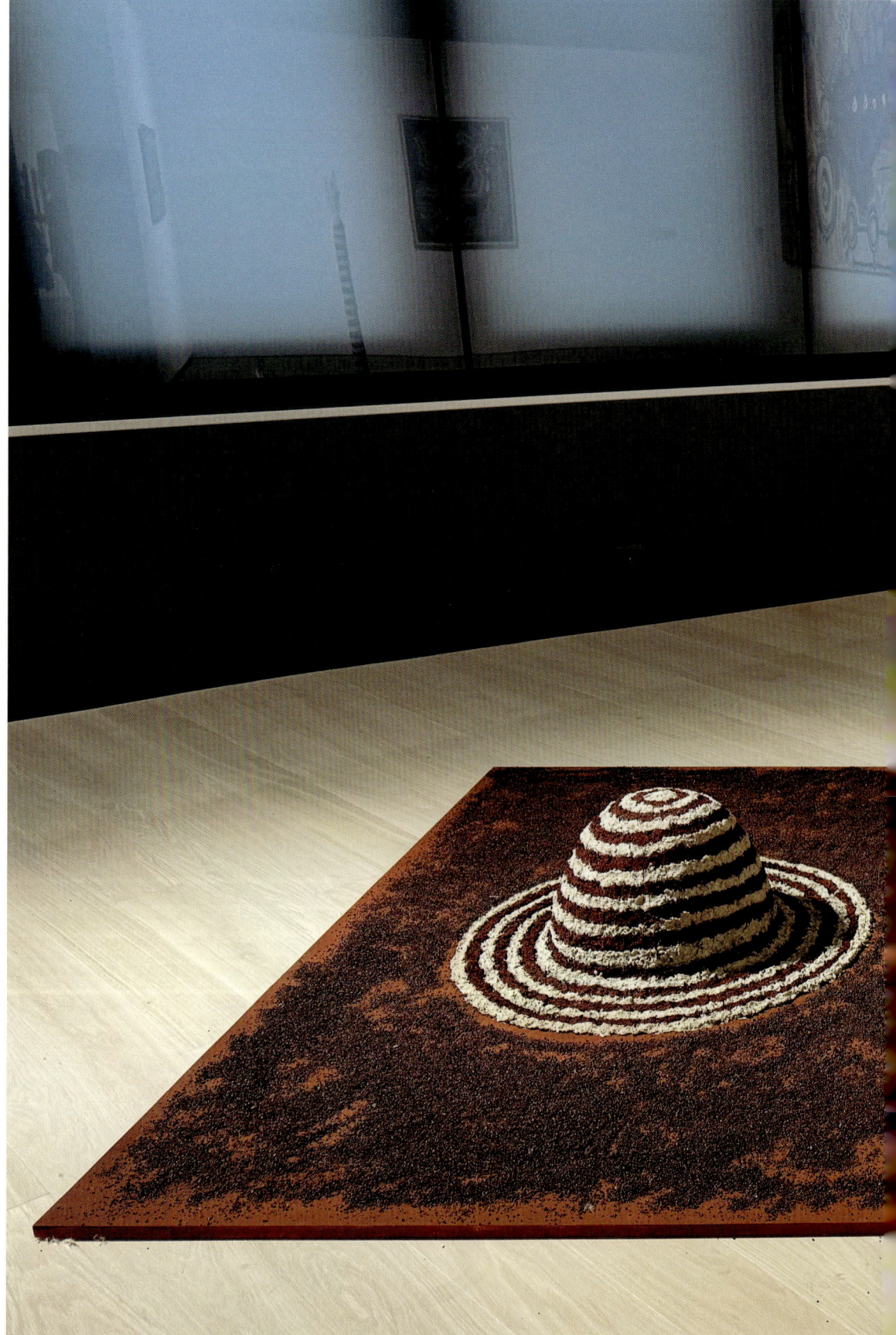

Michael Pangata,
Morris Wako,
Cliffy Tommy,
Martin Mpetyan
Hagan
*Rrpwamper / Rêve
Opossum*

*Yerramp / Rêve
Fourmi à miel* réalisées à la
Fondation Opale
en décembre 2024

Michael Pangata,
Morris Wako,
Cliffy Tommy,
Martin Mpetyan
Hagan
*Rrpwamper /
Possum Dreaming*

*Yerramp /
Honey-Ant
Dreaming* realised at
Fondation Opale
in December 2024

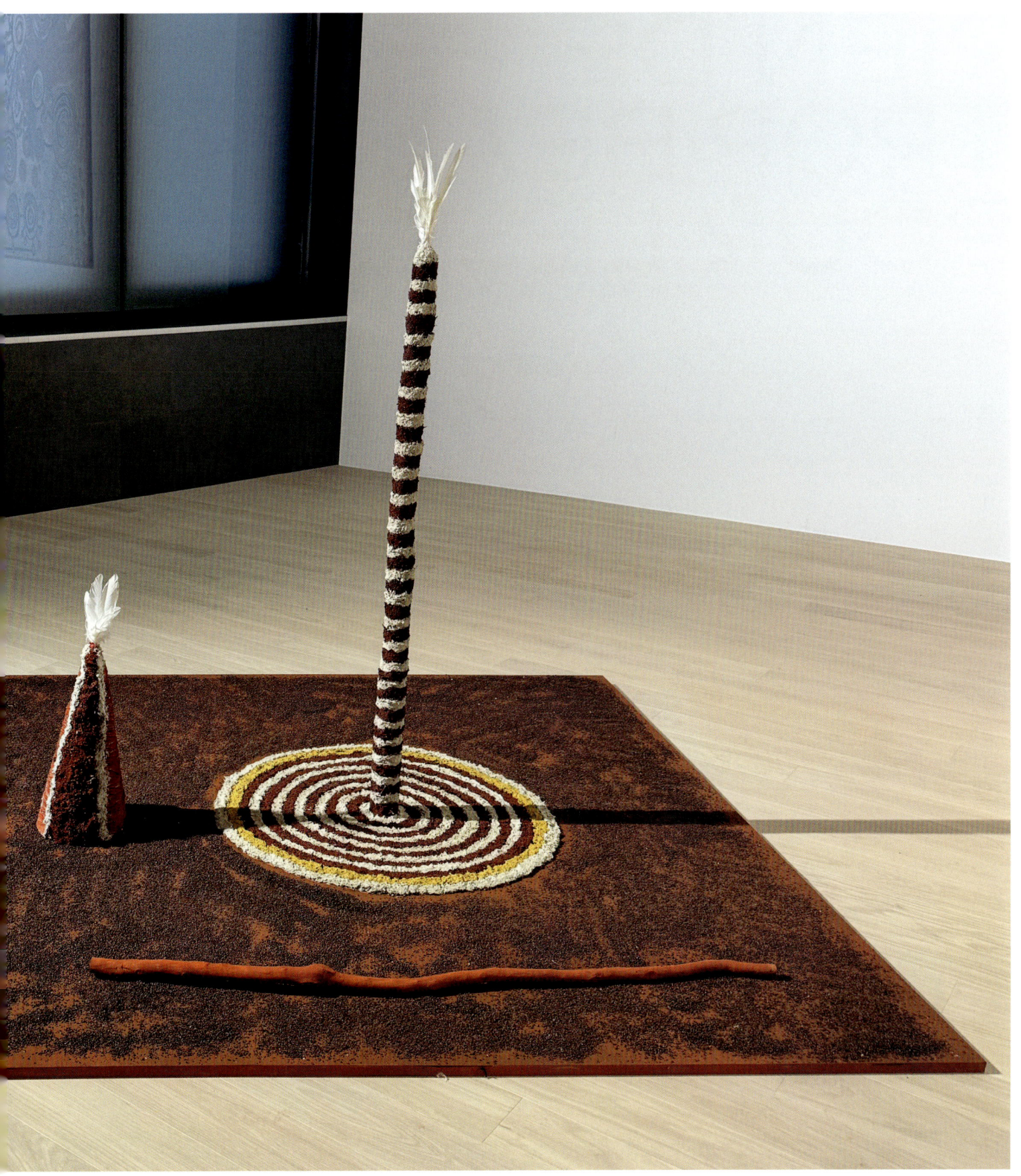

RIEN DE TROP BEAU POUR LES DIEUX

Jean-Hubert Martin

L'exercice de la modernité a consisté à se confronter sans cesse à une double contrainte persistante : se débarrasser d'un passé encombrant pour générer un homme nouveau et un humanisme liés au progrès et à l'amélioration des conditions sociales capable d'une relation autre à son environnement et en même temps être fasciné par les modes de vie archaïques imprégnés de spiritualité et de transcendance que révélait au fur et à mesure l'anthropologie. On s'apercevait alors qu'il n'y avait pas de norme. Les rappels incantatoires à la nature, sur laquelle on projetait avec assurance la présence d'un ordre auquel l'humain devait se soumettre, volaient en éclats. On trouve tout dans la nature : les comportements et les modes de vie les plus extravagants. Patriarcat et matriarcat, hétérosexualité et homosexualité, monogamie et polygamie, stratégies variées pour éviter la consanguinité et cannibalisme existent chez les vivants humains ou non. À mesure que progressent les études sur les comportements sociaux des non-humains, on découvre l'incroyable diversité du spectre qu'ils offrent.

Il en est de même de la spiritualité, qui peut prendre des formes différentes. La philosophie des Lumières en tuant les dieux a généré un matérialisme, qui ne règne pas non plus en maître absolu. La société postrévolutionnaire du XIXe l'a bien compris, en créant des cérémonies laïques chargées de se substituer aux sacrements religieux (mariage, baptême laïc). La nécessité de rites de passage initiatiques, maritaux et funéraires a engendré le dédoublement des cérémonies chrétiennes, sans jamais les remplacer entièrement. Au cours de son histoire, le christianisme s'est institutionnalisé et hiérarchisé au point qu'il a dû constamment combattre des mouvements tendant à échapper à son dogmatisme pour retrouver l'esprit des Évangiles : vaudois, catharisme (albigeois), templiers, hussites, protestants, etc. Aujourd'hui, ce sont toutes sortes de sectes spirites, les

NOTHING TOO BEAUTIFUL FOR THE GODS

Jean-Hubert Martin

The experience of modernity has persistently confronted a double constraint: getting rid of a burdensome past to generate a new man and a form of humanism connected to progress and the improvement of social conditions, leading to a different relationship with the environment, while remaining fascinated by archaic ways of life imbued with spirituality and transcendence, as gradually revealed by anthropology. We then realised that there was no such thing as the norm. The incantatory references to nature, on which we confidently projected the presence of an order to which humans had to submit, shattered. Everything can be found in nature: the most extravagant behaviours and lifestyles. Patriarchy and matriarchy, heterosexuality and homosexuality, monogamy and polygamy, various strategies to avoid inbreeding and cannibalism exist among living humans and non-humans alike. As studies of non-human social behaviours progress, we discover the incredible range of the spectrum they offer.

The same applies to spirituality, which can take a variety of forms. The philosophy of the Enlightenment, by killing off the gods, generated materialism, which does not reign supreme either. The post-revolutionary society of the nineteenth century understood this well when it created secular ceremonies to replace religious sacraments (secular marriage and baptism). The need for initiation, marriage, and funeral rites of passage led to the duplication of Christian ceremonies, without ever entirely replacing them. Over the course of its history, Christianity became so institutionalised and hierarchical that it constantly had to combat movements that sought to escape its dogmatism to rediscover the spirit of the Gospels: the Waldensians, Catharism (Albigensians), Templars, Hussites, Protestants and so on. Today all sorts of spiritualist sects, Eastern philosophies, Buddhism, and Zen hold sway. Even our materialistic society, after turning away from Christianity, cannot do without some form of transcendence and spirituality. We can

philosophies orientales, le bouddhisme et le zen qui exercent leur attrait. Force est de constater que même notre société matérialiste se détournant du christianisme ne peut se passer d'une forme de transcendance et de spiritualité. On peut postuler que la science et le rationalisme viendront à bout de tous les phénomènes inexpliqués, ils en sont encore loin.

Les médias relaient la recherche de sens de tout un chacun et des appels au respect de nos valeurs, dont la définition reste vague. Il est pourtant un domaine où l'esprit rejoint la matière, c'est celui de l'art. Comment expliquer les prix extravagants qu'atteignent actuellement certaines œuvres, sinon qu'elles sont le réceptacle de qualités transcendantales que nous leur attribuons. On imagine la satisfaction de celui qui a accumulé une énorme richesse, de pouvoir posséder un élément – glorieux fleuron – de ce que la culture a créé de plus exceptionnel, d'autant qu'il est unique. Le culte du beau autrefois pratiqué par de nombreux souverains n'est pas uniquement une démonstration de pouvoir, comme on l'entend sans cesse ressasser aujourd'hui, mais aussi une structure intellectuelle et spirituelle qui confère un ordre et un apaisement de l'esprit s'opposant au chaos du monde. Le musée est le lieu où le public vient pratiquer le culte des ancêtres et pour une certaine strate sociale découvrir les œuvres des artistes actuels permettant à la sensibilité d'y trouver le plaisir d'une plénitude et un miroir à l'imaginaire. De ce fait, on parle souvent de sacré concernant les œuvres des musées. Il est vrai que les musées du XIXᵉ siècle singent les temples antiques avec fronton et colonnes, mais il s'agit là une fois encore d'un sacré laïc d'inspiration républicaine. Or, ce dont il est question dans cette exposition n'est pas de l'ordre de cette spiritualité athée qui baigne l'art, mais bien au contraire de rituels issus de religions et de croyances diverses qui s'infiltrent de plus en plus dans le monde de l'art contemporain.

Dans l'art contemporain, la diversité des méthodes, des techniques, des supports et des procédés est telle qu'on peut se demander si elle relève encore d'un canon esthétique quelconque et si elle ne résulte pas simplement d'un refus systématique de la conception de la beauté de la Renaissance, en faisant feu de tout bois. La négation de l'ordre prôné par cette esthétique traditionnelle s'est trouvée renforcée par la primauté donnée à l'idée sur la forme. L'acceptation des arts dits primitifs a mis le même temps que l'art moderne pour son assimilation. Pour les arts des sociétés sans écriture, l'intérêt des collectionneurs et musées s'est porté en priorité sur des représentations humaines ou animales et sur des éléments décoratifs. À force de se concentrer sur des artefacts, on a oublié le contexte, c'est-à-dire le lieu où on convie les dieux, les esprits ou les ancêtres. Cette scène aux dimensions très variables peut elle prendre les formes les plus extravagantes selon les cultures et les religions. Par commodité et par défaut, on la nommera ici « autel » sachant que cette dénomination est européocentrée, la messe chrétienne se pratiquant sur une table. Le dénominateur commun de ces endroits sacrés est qu'il nécessite selon des règles et des liturgies variées la présence d'un certain nombre d'objets placés selon un ordre déterminé pour convoquer les êtres de l'au-delà. Sauf de très rares exceptions, ils n'existent pas dans nos musées qui ont préféré les démanteler pour classer les objets selon leur matériau, leur forme et leur iconographie en accord avec une taxinomie qui se voulait scientifique. Qui sait si n'a pas joué la crainte de recréer un lieu de dévotion dans le musée dévolu à l'étude historique et au plaisir esthétique.

Le christianisme s'est illustré en réduisant le sacrifice à une métaphore. Le sang devient vin et la chair devient pain. La civilisation qui en découle tend vers la propreté et l'hygiène. Les libations et les matières sacrificielles dégoulinantes sont totalement étrangères à cette esthétique. Pourtant, l'intérêt qu'on leur porte aujourd'hui est concomitant des actions de Joseph Beuys tentant de ranimer un lièvre et de Hermann Nitsch aspergeant ses comparses de sang. Il n'y a pas plus hygiénique que l'abstraction géométrique et le constructivisme, mais un François Morellet n'en est pas dupe lorsque c'est avec une branche d'arbre qu'il clôt une figure géométrique dont la perfection linéaire est ainsi détruite. Une dialectique du

postulate that science and rationalism will resolve all unexplained phenomena, but this is still a long way off.

The media report on each and everyone's search for meaning, and call for respect for our values, the definition of which remains vague. There is, however, one area where spirit meets matter, and that is art. How can we explain the extravagant prices that certain works fetch today, if not because they are the receptacle of transcendental qualities that we attribute to them. One can imagine how satisfying it is for someone who has accumulated enormous wealth to own a work – a glorious showpiece – of culture's most exceptional creation, especially because of its uniqueness. The cult of beauty, once the orbit of most sovereigns, is not just a demonstration of power, as we constantly hear today, but also an intellectual and spiritual structure that brings order and peace of mind against the chaos of the world. Museums are where people come to worship their past and, for a certain social stratum, to discover the works of contemporary artists, giving them a sense of pleasure and a mirror for their imagination. As a result, we often speak of the sacred in relation to works in museums. Nineteenth-century museums are undeniably reminiscent of ancient temples with pediments and columns, but once again this is a republican-inspired secular sacredness. But what this exhibition is about is not the atheistic spirituality that pervades art, but rather the rituals of various religions and beliefs that are increasingly infiltrating the world of contemporary art.

In contemporary art, the diversity of methods, techniques, media, and processes is such that we might wonder whether it is still part of any aesthetic canon at all, and whether it is not simply the result of a systematic rejection of the Renaissance concept of beauty, using any means possible. The negation of the order advocated by this traditional aesthetic has been reinforced by the preeminence given to idea over form. Acceptance of so-called primitive arts took the same time as modern art to be assimilated. For the arts of non-literate societies, the interest of collectors and museums focused primarily on human or animal representations and decorative elements. By concentrating so much on artefacts, we have forgotten the context, i.e., the place where the gods, spirits, or ancestors are summoned. This stage, which can vary greatly in size, can also take on the most extravagant forms, depending on the culture and religion. For convenience's sake, we'll refer to it here as an 'altar', bearing in mind that this term is Eurocentric, as the Christian mass is held on a table. The common denominator of these sacred places is that, according to various rules and liturgies, they require the presence of a certain number of objects placed in a specific order to summon beings from the beyond. Apart from very rare exceptions, they do not exist in our museums, which have preferred to dismantle them and classify the objects according to their material, form, and iconography in accordance with a taxonomy intended to be scientific. Who can tell if the fear of recreating a place of devotion in a museum devoted to historical study and aesthetic pleasure was not at play.

Ian Hamilton Finlay (1925, Bahamas - 2006, United Kingdom)
Autel porte-avions, 1984 (avec John Andrew)
Stone
17,5 × 37 × 9 cm

Ian Hamilton Finlay (1925, Bahamas–2006, Royaume-Uni)
Aircraft Carrier Altar, 1984, (with John Andrew)
Pierre
17.5 × 37 × 9 cm

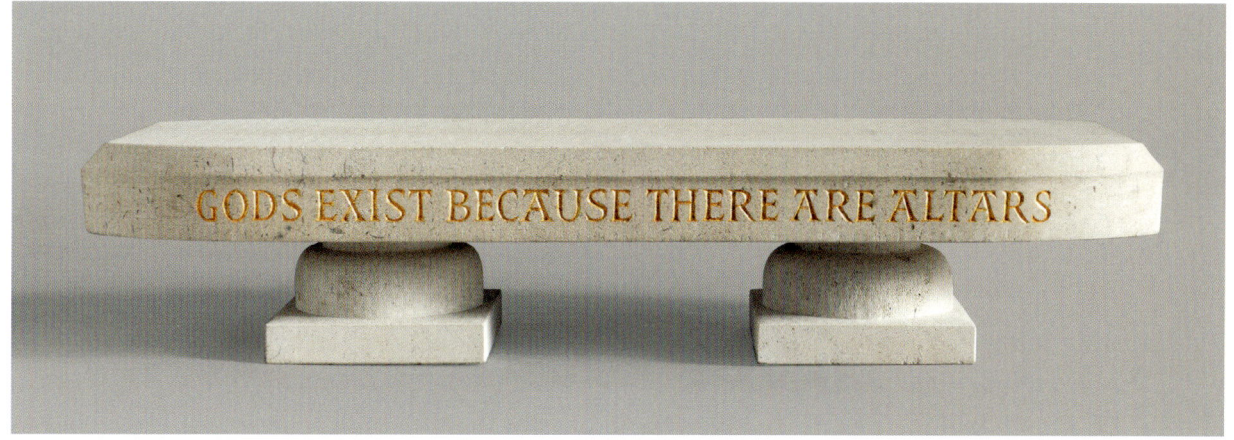

propre et du sale est inhérente à notre culture. Les artistes sont là pour nous rappeler sa relativité et nous sensibiliser à d'autres formes si inattendues et étrangères. Les lieux de dévotion que sont les autels en sont d'excellents exemples car leur morphologie est quasiment infinie. L'intérêt qu'ils suscitent est dû à l'apparition dans l'art contemporain des installations, des actions et des performances. Il est fascinant d'observer un artiste placer dans un espace des objets hétérogènes parfois avec de longues périodes de réflexion jusqu'au moment où il estime que leur combinaison fait sens et qu'il décide que l'œuvre est achevée. On n'est pas loin de l'activité religieuse où l'ordre des choses est prescrit par une règle liturgique, sans qu'une certaine marge d'initiative personnelle ne soit interdite à l'officiant. La différence est que, à l'exception de quelques artistes qui se sont préoccupés de Dieu, comme Boltanski, Beuys et Nitsch, la très grande majorité d'entre eux est totalement étrangère à ces questions. Le non-dit de l'art contemporain est qu'il était athée ou agnostique.

L'affirmation de Hegel selon laquelle l'art échappait à la domination de l'aristocratie et du clergé pour devenir politique a fait son chemin et l'irrigue toujours encore, tandis que sa pensée est inhérente au contexte européen de son époque et que la mondialisation a complètement changé la donne. Certes, le xxᵉ siècle a connu des artistes croyants comme Georges Rouault et le père dominicain Marie-Alain Couturier a joué en France un rôle très important en faveur d'un renouveau de l'art sacré hors académisme après la Seconde Guerre mondiale. Il alla jusqu'à défendre l'idée que « tout art véritable est sacré » et par conséquent que la foi catholique n'était pas une nécessité pour les artistes appelés à décorer les églises. C'est ainsi que les vitraux de l'église du Sacré-Cœur d'Audincourt en France furent confiés au communiste Fernand Léger en 1949. Le terme de « sacré » est ambigu, car il désigne un registre religieux et par glissement, il en est arrivé à désigner l'art et donc les œuvres abritées par le musée. L'autel y trouve difficilement sa place, car il ne vit réellement que lors de l'office ou du rite cérémoniel qui l'active. Mais là aussi l'art contemporain a fait évoluer la situation en multipliant les actions et performances pratiquées par les artistes, dont les reliquats ou les vestiges deviennent œuvres, singeant les reliques religieuses.

L'autel se situe entre l'architecture du temple ou de l'église et l'objet mobilier. L'architecture largement étudiée a ses histoires et l'objet mobilier a ses collectionneurs et ses musées. L'autel se place entre les deux et de ce fait n'a pas beaucoup attiré l'attention, alors qu'il est – dans la liaison avec les dieux – l'élément essentiel, car l'architecture est fonctionnelle assurant le clos et le couvert et l'objet est fragmentaire dans la mesure où, isolé, il perd beaucoup de son pouvoir sacré. On mesure bien là l'importance du marché de l'art qui négocie des pièces mobilières, alors qu'il serait difficile de faire commerce d'un autel complet tant du côté du vendeur que de l'acheteur. Une fois encore, c'est la création contemporaine qui suggère de nouveaux points de vue et des interprétations novatrices, car beaucoup d'artistes ont délaissé le tableau au mur pour gérer au contraire des espaces complets en les investissant avec leurs installations. Ce chaînon manquant de l'histoire de l'art moderne qu'est l'autel mérite plus d'attention. Il est la victime d'une double peine : la colonisation et la modernité athée. Car si les autels ou au moins leurs éléments constituants se retrouvent dans les musées tant qu'ils sont anciens, ils sont inexistants pour la période moderne.

L'exposition déroule trois étapes : les autels reconstitués, certes décontextualisés et privés de cérémonies, d'accompagnements sonore (musique et chant) et olfactif (encens). Suivent quelques artistes nés dans la première moitié du xxᵉ siècle qui se réfèrent directement à leur religion et revendiquent cette double appartenance à la religion et à l'art moderne, voire à l'avant-garde. Cette ambivalence est incomprise et leur vaut soit la marginalisation, soit l'oblitération du volet religieux dans les commentaires. Une nouvelle génération décomplexée par rapport à la colonisation milite en faveur de la reconnaissance de leur culture, en particulier dans les cultures autochtones, et la mise en valeur des aspects religieux, qu'ils soient dogmatiques, chamaniques ou animistes.

Christianity has distinguished itself by reducing sacrifice to a metaphor. Blood becomes wine and flesh becomes bread. The civilisation that followed turned to cleanliness and hygiene. Libations and dripping sacrificial materials are totally absent from this aesthetics. Yet today's interest in them coincides with the actions of Joseph Beuys trying to revive a hare and Hermann Nitsch spraying his companions with blood. Geometric abstraction and constructivism are as hygienic as they come, but François Morellet is no fool when he uses a tree branch to complete a geometric figure, thereby destroying its linear perfection. A dialectic of clean and dirty is inherent in our culture. Artists are there to remind us of its relativity and to make us aware of other forms that are both unexpected and foreign. Altars, as places of devotion, are excellent examples of this, because their morphology is almost infinite. The interest in them today is due to the emergence of installations, actions and performances in contemporary art. It is fascinating to watch an artist place heterogeneous objects in a space, sometimes after long periods of reflection, until he/she feels that their combination makes sense and decides that the work is complete. This is not far removed from religious activity, where the order of things is prescribed by a liturgical rule, while the officiant is allowed a certain amount of personal initiative. The difference is that, except for a few artists who have concerned themselves with God, such as Boltanski, Beuys and Nitsch, most of them are totally unconcerned with these questions. The unspoken fact about contemporary art is that it was atheist or agnostic.

Hegel's assertion that art escaped the domination of the aristocracy and the clergy to become political has had its day and still does, even though his thinking is inherent in the European context of his time and globalisation has completely changed the situation. It is true that the 20th century has seen religious artists such as Georges Rouault, and the Dominican priest Marie-Alain Couturier play a major role in France in promoting a revival of non-academic sacred art after the Second World War. The latter went so far as to defend the idea that 'all true art is sacred' and that consequently, artists called upon to decorate churches did not have to be catholic.

This is how the stained-glass windows of the Sacré-Coeur church in Audincourt, France, were commissioned from the communist Fernand Léger in 1949. The term 'sacred' is ambiguous, since it refers to a religious register and, by slippage, has come to designate art and therefore the works present in museums. It is difficult to find a place for the altar in museums, as it only really comes to life during the service or ceremonial rite that activates it. But here too, contemporary art has altered the situation, with an increasing number of actions and performances by artists whose remains or vestiges become works of art, mimicking religious relics.

Altars stand somewhere between a temple's or church's architecture and its furnishings. Architecture, which is widely studied, has its stories, and furniture has its collectors and museums. The altar belongs in between, and has not attracted much attention, even though it is the central element in the connection with the gods, because architecture is functional, ensuring that everything is covered and enclosed, and furnishings are fragmentary, as they lose much of their sacred significance in isolation. This is a good illustration of the importance of the art market, which trades in movable items, whereas it would be difficult to trade in a complete altar on either the buyer's or the seller's side. Once again, it is contemporary art that suggests new points of view and innovative interpretations, as many artists have abandoned the painting on the wall, instead managing entire spaces by investing them with their installations. The altar, the missing link in the history of modern art, deserves more attention. It is the victim of a double penalty: colonisation and atheistic modernity. While altars, or at least their constituent parts, can be found in museums if they are ancient, there are none from the modern period.

The exhibition unfolds in three stages: reconstructed altars, but decontextualised and deprived of ceremonies, of sound (music and song), and of olfactory accompaniment (incense). They are followed by works by several artists born in the first half of the twentieth century who refer directly to their religion and claim to belong both to religion and to modern art, or even to the

Les autels réunis sont en fait des lieux de dévotion c'est-à-dire des dispositifs où se concentre la présence des dieux ou des esprits, permettant au croyant d'entrer en communication avec eux. Pour un observateur de tradition chrétienne, la diversité de leurs formes ne peut qu'étonner. L'objectif n'est pas ici de tenter d'établir une typologie, mais d'examiner les quelques exemples choisis pour l'exposition. Sont particulièrement frappantes les formes qui transcendent les critères occidentaux d'une beauté reposant sur les notions d'ordre opposé au chaos. Le jugement occidental a énormément évolué avec la modernité et a autorisé l'intégration dans son esthétique de canons jusqu'alors bannis comme barbares et primitifs. La dialectique complexe de l'ordre / chaos recoupe celle du propre et du sale allant jusqu'à celle de l'hygiène et de la maladie. La crasse dégoulinante de certaines matières sacrificielles peut susciter le dégoût, mais elle est de mieux en mieux assimilée à la faveur de toutes sortes de performances actuelles d'artistes comme ceux de l'école actionniste de Vienne transformant en œuvres les reliques de leurs actions. Le jugement de goût dont l'histoire écrite n'a pas entièrement pris la mesure détermine l'échelle des valeurs. C'est toujours en relation avec la création la plus radicale de son temps qu'il fait évoluer les critères de jugement. Il est intéressant de noter que ce goût considéré comme un sommet de bienséance sociale est emprunté à celui des cinq sens qui régit la saveur des aliments. Il est de ce fait considéré comme intuitif, tandis qu'il est au contraire asservi à un contexte temporel et social. Le dégoût est un jugement d'exclusion catégorique qui se reporte sur le bon ou le mauvais goût, sachant qu'un homme de bon goût ne fait que suivre celui des autres, alors que la création ne peut vivre qu'en brisant des codes existants. Elle donne lieu à de nouvelles normes qui s'établissent rapidement à la faveur de consensus entre marché, collectionneurs et musées. L'art aborigène australien en est un excellent exemple. Comme les œuvres mises en vente étaient celles qui ne s'opposaient pas aux règles de diffusion au sein des communautés, elles furent dépréciées par le marché les considérant comme « commerciales » à l'encontre d'une pureté supposée d'œuvres de

caractère rituel. On reproche à l'autre de vendre ses œuvres, comme si les artistes occidentaux ne dépendaient pas de leur commerce !

La présence de peintures au sol aborigènes peut paraître doublement surprenante. D'abord, ce sont des peintures faites lors de cérémonies ponctuelles qui ont vocation à disparaître une fois le rite accompli. Certains éléments ont un caractère sacré, notamment les fleurs blanches avec pigment blanc *wamulu* qui, pour la peinture faite par les artistes de Yuendumu pour *Magiciens de la terre* (Paris, 1989), ont dû être rendues à la communauté. La seconde particularité est que les peintures ont été collées sur des panneaux pour pouvoir leur assurer une pérennité, à laquelle la tradition ne s'était jusqu'à présent pas soumise. Les mentalités évoluent et les communautés aborigènes ont compris le parti qu'elles pouvaient tirer de la reconnaissance de leur culture par la nôtre. C'est aussi le résultat d'un dialogue culturel, en tout cas de la rencontre de deux cultures, l'une sachant que pour faire vivre la spiritualité chaque génération peut transmettre à la suivante les procédés matériels de sa réanimation, l'autre, la nôtre, foncièrement attachée à la matière et à une croyance fétichiste à sa longévité, voire à une forme d'éternité, qui nous survivrait. Les peintures traitent de l'environnement, des sources, de la pluie, de l'opossum, ce petit marsupial endémique. La réduction des images à quelques signes symboliques nous est particulièrement parlante, tellement elle fait écho à des peintures comme celles de Jannis Kounellis, quelles que soient les différences d'intentionnalité.

Ces peintures ont nécessité un temps long pour leur réalisation, seul ou à plusieurs, chantant lors de leur exécution en se référant à leurs ancêtres. La transposition de ce réceptacle de spiritualité dans l'exposition n'est pas bien différente de la reconstitution des autres autels extraits de leur contexte d'origine. Il n'est pas question de les mettre au mur comme des peintures occidentales. L'horizontalité du sol a été délaissée par l'art occidental qui s'est restreint au mur et au plafond, abandonnant le plancher au purement décoratif du tapis.

avant-garde. This ambivalence is misunderstood and has led to them being either marginalised or having the religious aspect of their work omitted from commentaries. A new generation of artists who have lost their complexes about colonisation are campaigning for their culture to be recognised, particularly in Indigenous cultures, and for religious aspects to be highlighted, whether dogmatic, shamanic, or animist.

The altars in the exhibition are places of devotion, i.e., structures where the presence of the gods or spirits is concentrated, allowing the believer to communicate with them. For an observer of the Christian tradition, the diversity of their forms can only be surprising. The aim here is not to establish a typology, but to examine the few examples selected for the exhibition. Particularly striking are the forms that transcend Western criteria of beauty based on notions of order versus chaos. Western judgement has evolved enormously with modernity, allowing the integration into its aesthetic of canons previously banished as barbaric and primitive. The complex dialectic of order and chaos overlaps the notion of clean and dirty, going as far as that of hygiene and disease. The dripping filth of certain sacrificial materials may cause revulsion, but it is increasingly assimilated in the wake of all manner of contemporary performances by artists such as the Viennese Actionists, who transformed the remnants of their actions into works of art. The judgement of taste, the extent of which written history has not fully grasped, determines the scale of values. It is always in relation to the most radical creation of its time that the criteria of judgement evolve. It is interesting to note that taste, considered to be the pinnacle of social decorum, is borrowed from the five senses that govern the taste of food. It is therefore considered intuitive, whereas in fact it is subject to a temporal and social context. Disgust is a categorical judgement of exclusion that refers to good or bad taste, in the knowledge that a person with good taste simply follows that of others, whereas creation can only exist by overturning established codes. It gives rise to new standards that are rapidly established through consensus between the market, collectors, and museums. Australian Aboriginal art is an excellent example

of this. As the works put up for sale were those that did not conflict with the rules of distribution within the communities, they were depreciated by the market, which considered them to be 'commercial' in contrast to the supposed purity of works of a ritual nature. We reproach others for selling their works, as if Western artists didn't depend on trade!

The presence of Aboriginal ground paintings may seem doubly surprising. They are made for one-off ceremonies that are intended to disappear once the rite has been completed. Certain elements have a sacred character, in particular the white flowers with white *wamulu* pigment which, in the case of the painting done by the Yuendumu artists for *Magiciens de la terre* (Paris, 1989*)*, had to be returned to the community. The second particularity is that the paintings have been glued to panels to ensure their durability, something that tradition had not been willing to do until now. Attitudes are changing and Aboriginal communities have understood the benefits to be gained from having their culture recognised by ours. It is also the result of a cultural dialogue, or in any case the meeting of two cultures, one knowing that to keep spirituality alive, each generation can pass on to the next the material processes of its reanimation, the other, ours, fundamentally attached to matter and to a fetishistic belief in its longevity or even in a form of eternity, which would outlive us. The paintings are about the environment, springs, rain, and the possum, the small endemic marsupial. The reduction of the images to a few symbolic signs is particularly meaningful to us, so much so that it echoes paintings like those by Jannis Kounellis, for example, whatever the differences in intention.

These paintings were completed over a long time, with people working alone or in groups, singing as they went, referring to their ancestors. The transposition of this repository of spirituality into the exhibition is not very different from the reconstitution of other altars removed from their original contexts. There is no question of putting them on the wall like Western paintings. The horizontality of the floor has been abandoned by Western art, which has restricted itself to the

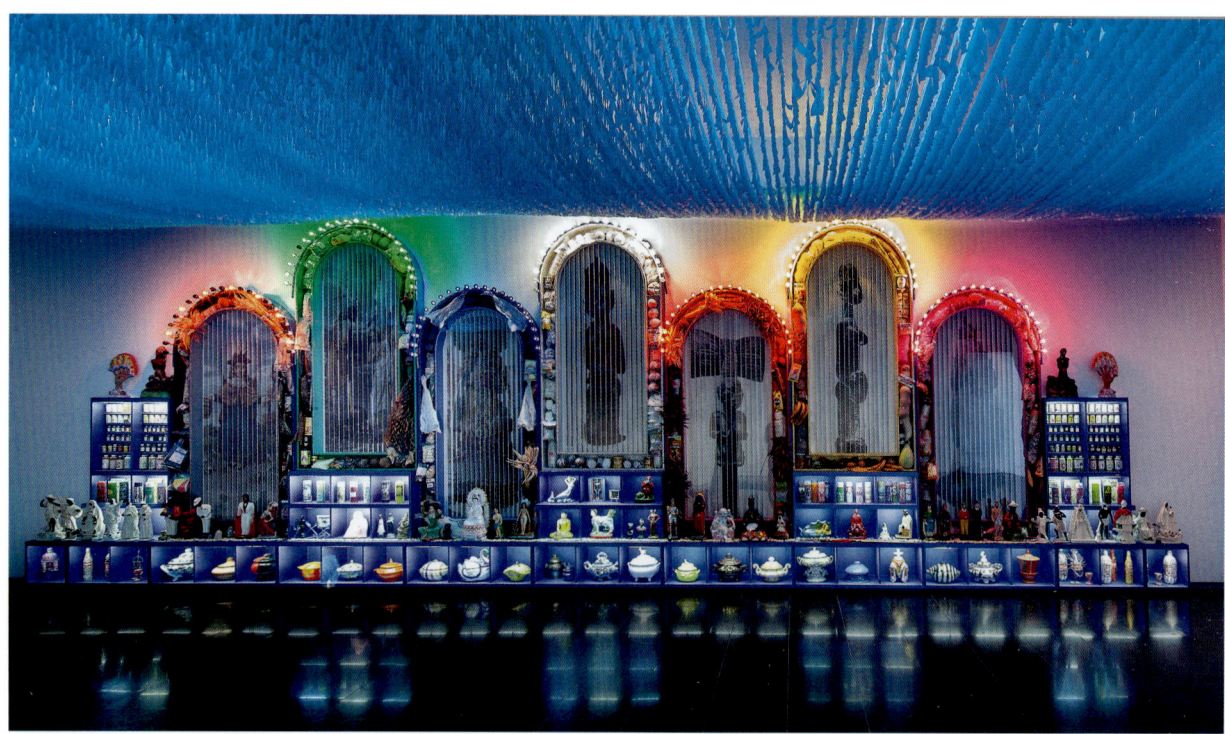

L'autel chamanique du Pérou avec ses objets disposés sur un tissu au sol se présente comme un étal de marché aux puces tel que ceux qu'a reproduits Daniel Spoerri dans les années 1960, à la différence notable qu'ici se profile un ordre bien défini. Le territoire chamanique bordé de bâtons est réparti entre le monde animal et le monde des saints, représenté principalement par des images chrétiennes. L'emplacement des objets activés pendant la cérémonie suit un ordre bien établi.

On retrouve le même syncrétisme entre les traditions indiennes précolombiennes et le catholicisme dans l'autel Oumbanda / Quimbanda du Brésil. Durant la cérémonie, le dévot peut entrer en transe et devenir ainsi l'intercesseur des dieux. Exu, l'un des *Orishas* de l'Oumbanda / Quimbanda, est l'intermédiaire entre le fidèle et le monde des dieux. Son double féminin est Pomba-Gira, l'esprit des demi-mondaines et des prostituées, une femme fatale, évoquant le culte d'Aphrodite. L'accumulation des statuettes, des icônes et des objets symboliques s'impose au regard qui cherche ses repères dans le foisonnement des figures.

Une profusion du même ordre règne dans l'autel des morts de Ricardo Linares accumulant les squelettes de « Catherines », selon une tradition funéraire célébrée chaque année le Jour des morts. L'auteur appartient à une longue lignée d'artistes spécialisés dans la confection de ces autels avec leurs figures en papier mâché coloré et leur décor en dentelle de papier découpé. Ces autels américains doivent beaucoup aux traditions africaines apportées par les esclaves qui travestissaient leurs divinités sous les traits des saints chrétiens. Les jumeaux *ibejis* des Yorouba par exemple étaient déguisés en Côme et Damien, toujours représentés en duo. La grande installation d'Antoni Miralda *Santa Comida* rend remarquablement bien compte de la triple origine de ce syncrétisme afro-américain en superposant trois cultures : yorouba, chrétienne et vodun. À chacun de ces saints ou *Orishas* correspondent des offrandes de nourriture particulières.

Les arbres à assiettes sont des dispositifs mémoriels importés du Kongo jusqu'au sud des États-Unis. Ces « *n'kisi a kinda* » appartiennent aux mêmes croyances que les célèbres « fétiches à clou » africains. Ils protègent soit

wall and ceiling, leaving the floor to the purely decorative use of carpets.

The Peruvian shamanic altar, with its objects laid out on a cloth on the floor, resembles a flea market stall such as those reproduced by Daniel Spoerri in the 1960s, with the notable difference that here there is a clearly defined order. The shamanic territory lined with sticks is divided between the animal world and the world of saints, represented mainly by Christian images. The location of objects activated during the ceremony follows a well-established order.

The same syncretism between pre-Columbian Indian traditions and Catholicism can be found in Brazil's Oumbanda/Quimbanda altar. During the ceremony, the devotee can enter a trance, thereby becoming the intercessor of the gods. Exu, one of the Oumbanda/Quimbanda *Orishas*, is the intermediary between the devotee and the world of the gods. His female double is Pomba-Gira, the spirit of demi-mondaines and prostitutes, a femme fatale evoking the cult of Aphrodite. The accumulation of statuettes, icons and symbolic objects compels the viewer to look for its marks in the abundance of figures.

A similar profusion reigns in Ricardo Linares altar of the dead, featuring skeletons of 'Catherines', according to a funerary tradition celebrated every year on the Day of the Dead. The author belongs to a long line of artists specializing in the creation of these altars, with their coloured papier-mâché figures and cut-paper lace decoration.

These American altars owe a great deal to African traditions brought over by slaves, who disguised their deities as Christian saints. The Yoruba *ibeji* twins, for example, were disguised as Como and Damian, always represented as a duo. Antoni Miralda's *Santa Comida*'s large-scale installation gives a remarkable account of the triple origin of Afro-American syncretism by superimposing three cultures: Yoruba, Christian, and Voodoo. Each of these saints or *Orishas* has its own specific food offerings.

Plate trees are memorial devices imported from the Kongo to the southern United States. These *n'kisi a kinda* belong to the same beliefs as the famous African 'nail fetishes'. They protect either crops or graves. Their power is such that

once erected, they must not be approached. The orientation of the plates indicates communication with spirits or mortals, depending on whether they are vertical or horizontal, right-side up or upside down. Afro-American heritage is often mentioned in relation with Central and South America, while it is less well known for North America.

Benin is a country rich in spiritual manifestations that gave rise to voodoo, the generic term for ritual practices brought to America by slaves from the west coast of Africa. Three altars represent it. The *Mami Wata* altar is unique and impressive, with its forty-three statues. The beautiful goddess is white, a symbol of her belonging to the afterlife. She looks like a mermaid from the depths of the ocean. She loves beauty and purity and promises well-being and power to her devotees who honour her in a trance. The many female Tohossou figures are water spirits from the dreams of priests. *Ibejis* are figurines representing twins, who are considered immortal. The proportion of twins in West Africa is very high among both the Adja of Benin and the Yoruba of Nigeria. During their lifetime, they are pampered, like demigods, because neglect or mistreatment would have negative repercussions for the family. Double bowls are placed in front of their statues to regularly receive their food. When they are not placed on an altar, the *ibejis* are carried on their mothers' backs, like babies.

Asens are metal rods topped by a circular tray that serves as a stage for a representation or symbol recalling the deceased. They are either dedicated to a single person, a family, or an entire group. They are often grouped together in a dwelling. The scenes are made out of metal by blacksmiths. These reminders of a characteristic event in the life of the deceased can be found on funeral posts in Madagascar as well as on decorated coffins in Ghana.

Efiaimbelo is one of the main Mahafaly artists from southern Madagascar who creates these *alouals*, funerary posts that adorn the tombs of deceased notables. As well as traditional scenes such as the theft of zebus, the figurines usually represent a significant event in the life of the deceased, such as a trip to a distant country.

les récoltes, soit des tombes. Leur pouvoir est tel qu'une fois érigés, il ne faut plus les approcher. L'orientation des assiettes indique une communication avec les esprits ou avec les mortels selon qu'elles sont verticales ou horizontales, à l'endroit ou à l'envers. L'héritage afro-américain est souvent mentionné pour l'Amérique centrale et l'Amérique du Sud, alors qu'il est moins bien connu pour l'Amérique du Nord.

Le Bénin est un pays riche en manifestations spirituelles qui ont donné naissance au Vodun, terme générique pour les pratiques rituelles apportées par les esclaves de la côte ouest de l'Afrique en Amérique. Trois autels le représentent.
L'autel de *Mami Wata* est unique et impressionnant avec ses quarante-trois statues. La belle déesse est blanche, symbole de son appartenance à l'au-delà. Elle a l'apparence d'une sirène venant des profondeurs de l'océan. Elle aime la beauté et la pureté et promet bien-être et pouvoir à ses dévots qui l'honorent en transe. Les nombreuses figures féminines Tohossou sont des esprits de l'eau issus des rêves des prêtres.
Les *ibejis* sont des figurines représentant des jumeaux qui sont considérés comme immortels. La proportion de jumeaux en Afrique de l'Ouest est très importante aussi bien chez les Adja du Bénin que chez les Yorouba du Nigeria. De leur vivant, ils sont choyés, comme des demi-dieux, car la négligence ou la maltraitance auraient des retombées néfastes sur la famille. De doubles coupelles sont disposées devant leurs statuettes pour accueillir régulièrement leur nourriture. Quand ils ne sont pas disposés sur un autel, les *ibejis* sont portés dans le dos par leurs mères, comme des bébés.
Les *asens* sont des tiges de métal surmontées d'un plateau circulaire servant de scène à une représentation ou un symbole rappelant le défunt. Ils sont soit dédiés à une seule personne, soit à une famille ou un groupe entier. Ils sont souvent regroupés dans une case. Les scénettes sont exécutées en métal par les forgerons. Ces rappels d'un événement caractéristique de la vie du défunt se retrouvent tant sur les poteaux funéraires de Madagascar que sur les cercueils historiés du Ghana.

Efiaimbelo est l'un des principaux artistes mahafaly du sud de Madagascar qui crée ces *alouals*, poteaux funéraires qui ornent les tombes des notables défunts. À part des scènes reprises traditionnellement comme le vol de zébus, les figurines reproduisent d'habitude un fait marquant de la vie du défunt, tel qu'un voyage dans un pays lointain.

Le crucifix révoqué pour faire place à un autre dans une église du Togo a été réutilisé pour devenir un crucifix *bocio* vodun. On lui adjoint toutes sortes d'objets autour du ventre, siège de l'âme. Là où on aurait accroché autrefois des plantes ou des os d'animaux figurent maintenant, emmêlés dans des colliers et des cadenas, un câble HDMI et un téléphone portable, chargés d'intensifier la communication avec les dieux. La réactivité et la créativité des responsables religieux n'ont rien à envier aux artistes patentés. Les formes rituelles savent s'adapter sans délai aux évolutions de la vie quotidienne.

L'Inde est un réservoir infini de manifestations de dévotion envers les dieux, pouvant prendre les formes les plus variées : arbres sacrés, autels de bord de route, figures de procession, sans oublier les postes de télévision religieusement décorés et les mini-autels sur le tableau de bord des taxis scooters.
Le dieu hindouiste Ayanar, fils de Shiva et Vishnou, est représenté entouré de ses deux femmes et d'un grand nombre de chevaux, symboles de vitesse et de puissance. C'est une divinité protectrice, aussi bien pour les fidèles que pour leurs terres. Les offrandes sont faites principalement aux chevaux qui sont rangés en haie d'honneur.
Les petits édicules de terre que sont les *Onattappan* vénèrent le seigneur de l'Onam, dont l'identité varie selon les régions. On les trouve surtout au Kerala pour la fête de l'Onam, où ils jouent le rôle d'autels des moissons. On verse sur les pyramides un peu de pâte de farine de riz liquide. Les coulures, bien que présentes dans les céramiques chinoises de la période Tang, dans celles de la Perse (ixe-xe siècles) et à Rouen ou à Francfort au xviie siècle, n'obtiennent leur autonomie et leurs lettres de noblesse qu'avec

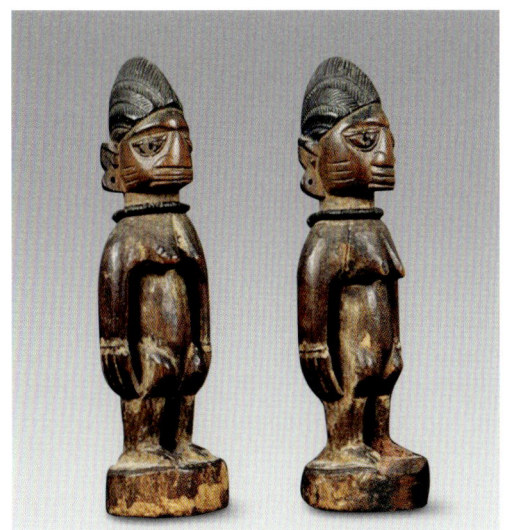 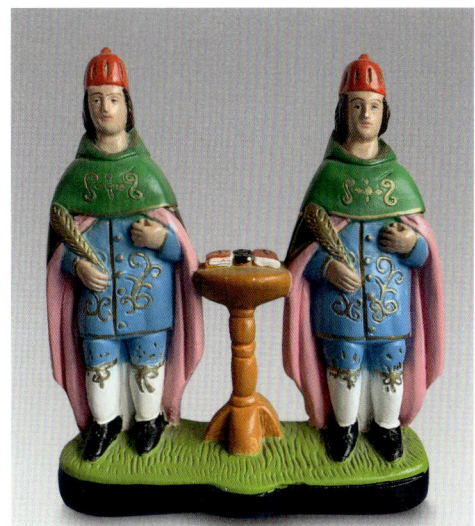 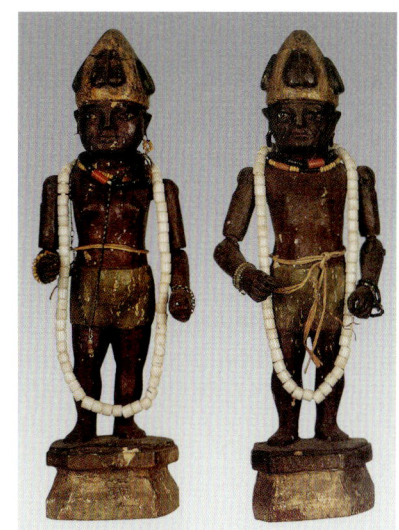

The crucifix, removed to make way for another in a church in Togo, has been reused to become a *bocio* voodoo crucifix. All sorts of objects are attached to it around the stomach, the seat of the soul. Where once plants or animal bones would have been hung, there are now tangled up in necklaces and padlocks, an HDMI cable and a mobile phone, intended to intensify communication with the gods. The responsiveness and creativity of religious leaders is in no way inferior to that of patent artists. Ritual forms can promptly adapt to changes in everyday life.

India is an infinite reservoir of manifestations of devotion to the gods, which can take the most varied forms: sacred trees, roadside altars, procession figures, not to mention television sets with religious decorations and mini altars on the dashboards of scooter taxis.
The Hindu god Ayanar, son of Shiva and Vishnu, is depicted surrounded by his two wives and numerous horses, symbols of speed and power. He is a protective deity, both for his devotees and for their land. Offerings are made mainly to the horses, which are lined up in a guard of honour. The small earthen aedicules known as *Onattappan* worship the lord of Onam, whose identity varies from region to region. They are mainly found in Kerala for the Onam festival, where they act as harvest altars. A little liquid rice flour paste is poured over the pyramids.

Although drips were used in Chinese ceramics from the Tang period, in Persian ceramics (ninth to tenth centuries), and in Rouen and Frankfurt in the seventeenth century, they only gained their autonomy and prestige with Picasso and Pollock, even though Christian tradition had given them the role of representing the blood of Christ flowing from his wounds on crucifixes, while respecting the appropriate restraint imposed by good taste.
Fearsome and sinister Kali stands between the altar and the processional statue. After a ceremony performed before her by a priest, the goddess is led in procession to be immersed in water, in a pacifying gesture designed to appease her murderous ardour.

The religious fervour of the Tibetans is known the world over. Following Chinese persecution, their exile in India, Dharamsala, and Kashmir, as well as in several European countries, has in no way weakened their determination, even attracting local people who have converted to the faith of Tibetan Buddhism. Their message of peace has fascinated artists such as Joseph Beuys, Robert Filliou and James Turrell. Their predilection for the bright, shimmering colours of the banners adorning the stupas and furnishings nourishes an art that is still very much alive.
Coated in a single resplendent red, the altar of Saint Expedit is bound to catch the eye of

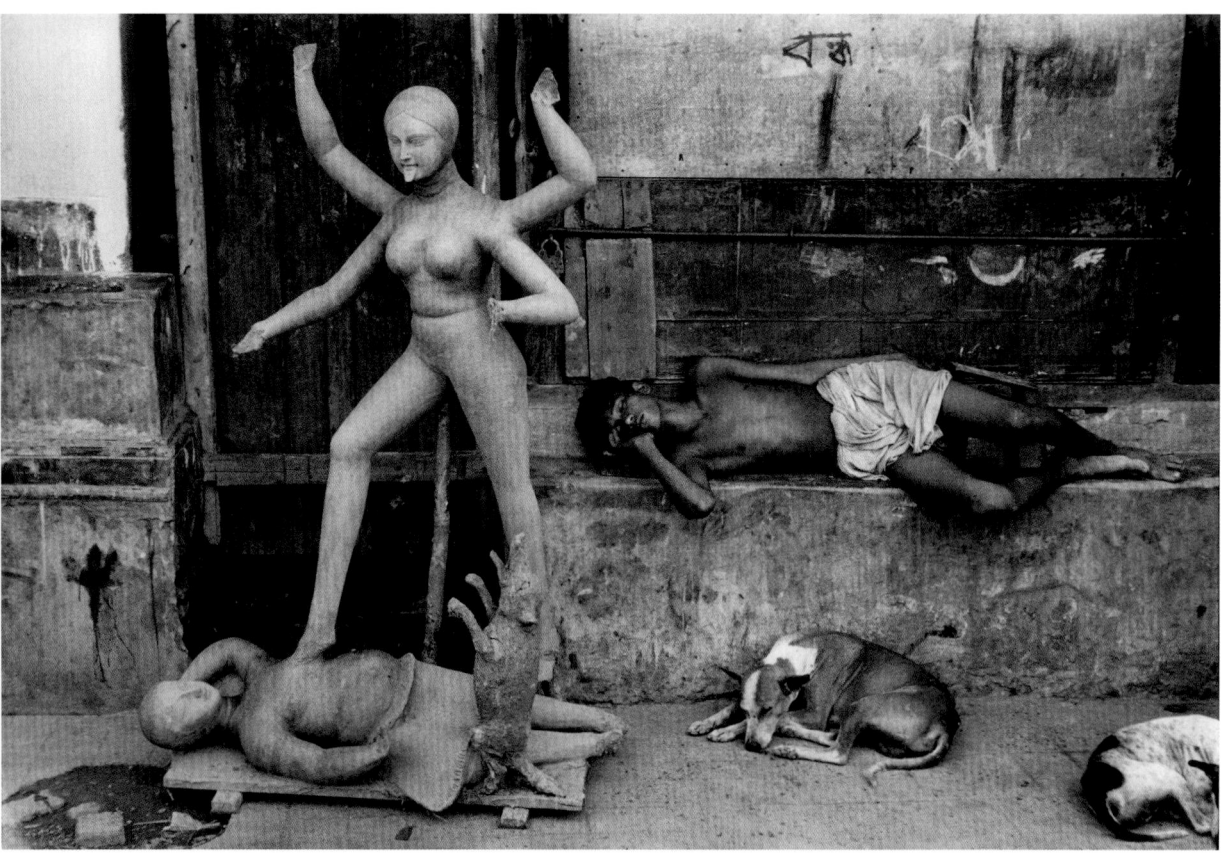

Marc Riboud
(1923, Saint-
Genis-Laval–
2016, Paris)
Festival de Kali,
Inde, 1956
Fonds Marc
Riboud au Musée
Guimet

Marc Riboud
(1923, Saint-
Genis-Laval -
2016, Paris)
Kali Festival,
India, 1956
Marc Riboud
Collection at
Guimet Museum

Picasso et Pollock, même si la tradition chrétienne leur avait dévolu la représentation du sang du Christ coulant de ses plaies sur les crucifix, tout en respectant une parcimonie de bon ton. L'effrayante et funeste Kali se situe à l'intermédiaire entre l'autel et la statue de procession. Après une cérémonie perpétrée devant elle par un prêtre, la déesse est emmenée en cortège pour être ensuite plongée dans l'eau, dans un geste pacificateur destiné à apaiser ses ardeurs meurtrières.

La ferveur religieuse des Tibétains est de notoriété mondiale. À la suite des persécutions chinoises, leur exil en Inde, à Dharamsala ou au Cachemire, ainsi que dans plusieurs pays européens n'a en rien affaibli leur détermination, attirant même des autochtones qui se sont convertis à la foi du bouddhisme tibétain. Leur message de paix a fasciné bien des artistes comme Joseph Beuys, Robert Filliou et James Turrell. Leur prédilection pour les couleurs vives et chatoyantes des bannières ornant les stupas et le mobilier nourrit un art toujours vivant.

Recouvert d'un même rouge resplendissant, l'autel de saint Expédit ne peut qu'attirer les regards des passants à la croisée des chemins. Ce culte importé d'Europe s'est répandu dans l'île de la Réunion auprès des autochtones et des immigrants musulmans et hindouistes.

L'autel dédié à Gengis Khan perpétue la mémoire du célèbre empereur, issu d'un dieu céleste, représentant le ciel bleu éternel. Il se relie au culte chamanique pré-bouddhiste et anime les traditions nationales. À part les bannières portant les signes traditionnels, des objets caractéristiques de la culture mongole et des textes en mongol reposent sur l'entablement. Cet autel catalyse les forces des militants luttant contre la politique d'éradication de la culture traditionnelle en faveur d'une modernisation forcée.

Un autel résultant d'un rite accompli par une jeune chamane du sud de la Chine appartenant à la population zhuang n'est qu'une simple planche sur laquelle reposent quelques bocaux maintenant des bâtons d'encens, dont les

passers-by at crossroads. The cult, imported from Europe, spread to Réunion Island among the local population as well as Muslim and Hindu immigrants.

The altar dedicated to Genghis Khan perpetuates the memory of the famous emperor, born of a celestial god who represented the eternal blue sky. It is linked to pre-Buddhist shamanic cults and animates national traditions. As well as banners bearing traditional signs, the entablature is decorated with objects characteristic of Mongolian culture and texts in Mongolian. This altar catalyses the forces of activists fighting against the policy of eradicating traditional culture in favour of forced modernisation.

One of the altars is the result of a rite performed by a young shaman from the Zhuang people in southern China. It is a simple board upon which rest a few jars holding sticks of incense, whose abundant ashes cover the whole. They create a strong contrast with the bright red of the wall, suggesting both vitality and destruction.

Another shamanic altar is found on an island in the Yellow Sea to the west of Korea. The population lives from fishing, and to encourage it, the fishermen build a straw boat with coloured sails and a scarecrow representing the evil spirit. The skiff, with straw dolls as passengers, is towed and then released into the sea.
Urban Korea has not completely forgotten shamanic practices. Whether for the induction of a new office with a brand new computer or the acquisition of a new car, the event is celebrated with a small party and offerings, in particular the presentation of a pig's head holding banknotes in its teeth, a reminder that the pig is a symbol of fertility and happiness, as it gives birth to the largest litters of offspring. The fact that divine power protects the car driver from accidents should come as no surprise, as this type of prophylactic rite was still practiced by priests in Brittany in the last century.

The range of possibilities for conjuring up gods or ancestors is almost infinite. If sculptures are present, they can be classified as art, but they are then treated in isolation and removed from their context. At first glance, the difference between altar and art would appear to be between, on the one hand, devices governed by a doctrine and relatively strict rules handed down from generation to generation and, on the other hand, an act of creation in which the individual demonstrates inventiveness and talent, even to the point of making an innovative break with what already exists. The collective is opposed to the individual. But apart from the creation of artefacts, it is unimaginable that the myriad ritual leaders, shamans and priests of all kinds do not have their margin for creativity, if only to ensure that forms evolve in line with social transformations. As for the use of everyday objects, they have nothing to envy of the ready-made. On the other hand, in the society that invented art and the artist, it must be acknowledged that the tradition established in the Renaissance is so entrenched that it has had the luxury of setting modernity up as the paragon of rupture. Yet many of the rules governing art that we project onto other cultures are in fact governed by other paradigms: the primacy of easel painting as a major art form, the consecration of art as a secular religion (Hegel), the autonomy of art, the artist as demiurge, dependence on a market, the dogma of a linear and evolutionary history of art, the race for novelty. We still live by the idea that in our world, art progresses thanks to the ingenious inventions of a few exceptional people, whereas in Indigenous cultures associated with a lost paradise, it is the result of communal creativity. This Manichean vision is a fantasy. Many young artists here dream of breaking the circle of the star system and strive to work collectively, even if they are often caught up in good old habits. At the same time, power plays and conflicts over the evolution of iconography do exist in Indigenous cultures. Because of their proximity to the divine and their role as intermediaries, artists enjoy a special status, without necessarily going so far as to glorify genius, as is the practice in the West.

The encounter between the two worlds has accelerated since the end of the last century, giving rise to hybrid artists who claimed to be both artists within the international

cendres abondantes recouvrent l'ensemble. Elles engendrent un fort contraste avec le rouge vif du mur, entre vitalité et destruction.

Un autre autel chamanique est réalisé dans une île de la mer Jaune à l'ouest de la Corée. La population vit de la pêche et pour la favoriser, les pêcheurs construisent un bateau de paille avec des voiles de couleur et un épouvantail représentant le mauvais esprit. L'esquif avec des poupées de paille comme passagers est remorqué puis lâché dans la mer.
La Corée urbaine n'a pas totalement oublié ces pratiques chamaniques. Aussi bien pour l'intronisation d'un nouveau bureau avec un ordinateur flambant neuf que pour l'acquisition d'une nouvelle voiture, on célèbre l'avènement par une petite fête avec des offrandes et en particulier en présentant une tête de cochon tenant entre ses dents des billets de banque rappelant que le porc est symbole de fertilité et de félicité, car il met au monde les plus grosses portées de progéniture. La protection du conducteur d'automobile assurée par la puissance divine pour éviter l'accident ne doit pas surprendre, car ce type de rite prophylactique était encore pratiqué par des prêtres en Bretagne au siècle dernier.

L'éventail des possibilités pour faire advenir les dieux ou les ancêtres est quasiment infini. Lorsqu'il y a des sculptures, elles peuvent être rangées dans la catégorie art, mais elles sont alors traitées isolément et échappent à leur contexte. De prime abord, la différence entre autel et art se situerait entre d'une part, des dispositifs relevant d'une doctrine et de règles plus ou moins strictes transmises de génération en génération et d'autre part, d'un acte de création où l'individu fait preuve d'inventivité et de talent quitte à aller jusqu'à la rupture innovante avec l'existant. Le collectif s'y opposerait à l'individuel. Mais hors création d'artefacts, il est inimaginable que les myriades de responsables de rites, chamanes et prêtres de toutes sortes n'aient pas leur marge de créativité, ne serait-ce que pour faire évoluer les formes à l'aune des transformations sociales. Quant à l'utilisation d'objets d'usage, ils n'ont rien à envier au *ready-made*. Par contre, du côté de

la société qui a inventé l'art et l'artiste, il faut bien reconnaître que cette tradition établie à la Renaissance est si ancrée qu'elle s'est payée le luxe d'ériger la modernité comme parangon de la rupture. Or, nombreuses sont les règles qui régissent l'art et qu'on projette partiellement sur d'autres cultures, qui sont en fait régies par d'autres paradigmes : primauté de la peinture de chevalet comme art majeur, consécration de l'art comme religion laïque (Hegel), autonomie de l'art, artiste démiurge, dépendance d'un marché, dogme d'une histoire de l'art linéaire et évolutive, course à la nouveauté. Le schéma est bien vivace selon lequel chez nous l'art progresse grâce aux inventions géniales de quelques personnalités exceptionnelles, alors que dans les cultures autochtones, relevant du paradis perdu, il résulte de la créativité communautaire. Cette vision manichéenne est fantasmatique. Beaucoup de jeunes artistes d'ici rêvent de rompre le cercle du star système et s'efforcent de travailler collectivement, même s'ils sont souvent rattrapés par les bonnes vieilles habitudes. Par ailleurs, les jeux de pouvoir et les conflits pour faire évoluer l'iconographie existent bel et bien dans les cultures autochtones.
En raison de sa proximité avec le divin et de son rôle d'intermédiaire, l'artiste y profite d'un statut particulier, sans aller forcément jusqu'à la glorification du génie, telle que la pratique l'Occident.

La rencontre des deux mondes a subi une accélération depuis la fin du siècle précédent et a fait apparaître des artistes hybrides qui revendiquaient à la fois leur fonction d'artiste au sein du réseau de l'art contemporain international et leur participation à l'institution religieuse à laquelle ils appartenaient. En somme prêtre, moine ou chamane et artiste à la fois. Ce fut un choc pour certains de leurs confrères qui partaient du principe que le monde de l'art contemporain ne pouvait être qu'athée ou agnostique.

Comment s'est opérée cette infiltration progressive des rituels d'ordre religieux dans l'art contemporain ? Ce fut une forme d'entrisme sans stratégie délibérée. Le plus surprenant est le japonais Kazuo Shiraga qui ne commence que

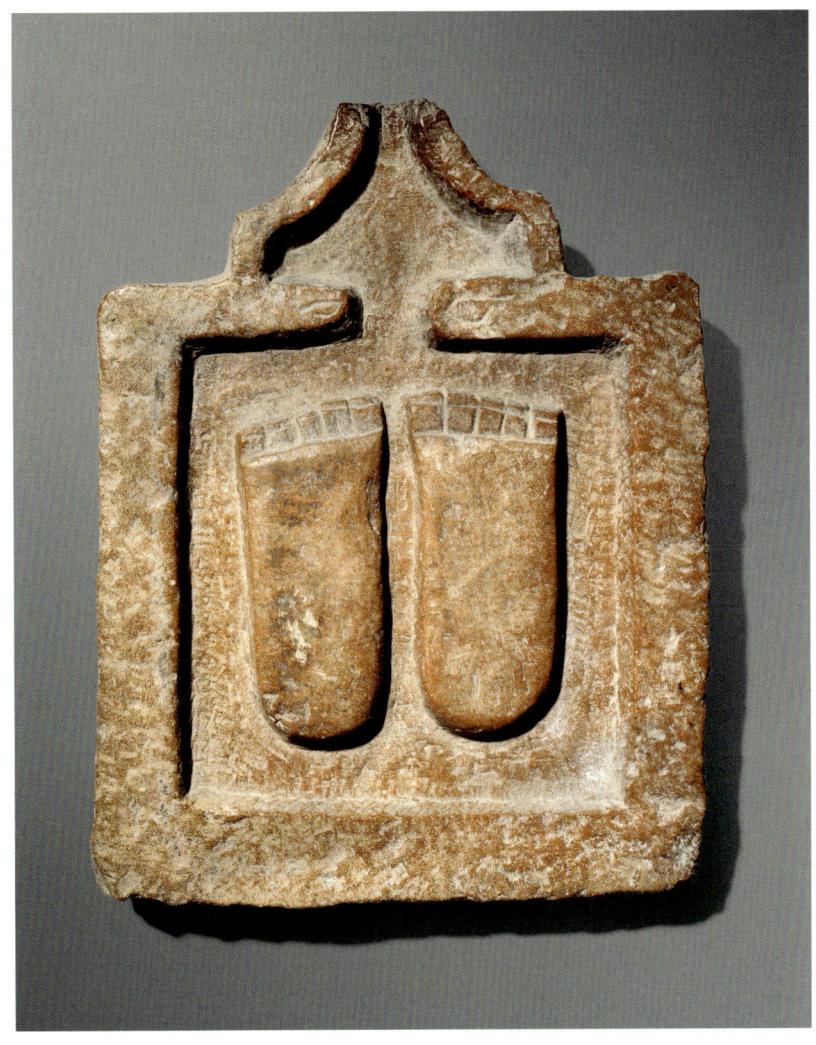

was spotted by Yves Klein and Michel Tapié and regularly exhibited at the Stadler gallery in Paris, his remoteness and the power of American media promoting Jackson Pollock delayed his recognition as the most important representative of abstract expressionism. Yet this very radical artist was a Buddhist monk, and before launching himself onto the canvas to spread colour with his feet, he would pray before a small altar.

The Brazilian modern scene was regularly exhibited in Europe for its originality and eclecticism. Two artists featured regularly, but – as is the fate of many national group exhibitions – they were given little attention. Mestre Didi was an initiate of the candomblé-nagô cult in Salvador de Bahia, of which his mother was a high priestess. Thanks to the songs she passed on to him, he was able to trace descendants of his family in Congo. His original figures, made of elegant palm veins, are all representations of *Orishas*, the voodoo divinities. Rubem Valentim deliberately broke with the dogma of abstract painting, which at the time forbade the slightest reference to reality, by playing with the symbols of the *Orishas* of Afro-Brazilian voodoo cults and conforming them to the standards of geometric abstraction.

It was during the research for the *Magiciens de la terre* exhibition that we came across these artists, who could have seemed ambivalent to us, but who were simply true to their culture and beliefs. The joint meditation session with an Australian Aborigine and a Tibetan lama organised by Marina Abramović and Ulay in Amsterdam in 1983 provided encouraging inspiration for the project. European artists became aware of certain spiritual kinships and sought to draw attention to this possible familiarity.

Several artists, such as Cyprien Tokoudagba and Efiaimbelo, used to working in a strictly local religious or funerary context, subsequently created works for art exhibitions abroad and thus entered the contemporary art network. Cyprien Tokoudagba (Abomey, Benin) has spent his life making paintings about voodoo myths, although he is not an initiate. There had been talk of such an induction, but no doubt he died too early for

contemporary art network and members of the religious institution to which they belonged. In short, a priest, monk or shaman and artist all in one. This came as a shock to some of their colleagues, who had assumed that the contemporary art world could only be atheist or agnostic.

How did the gradual infiltration of religious rituals into contemporary art come about? It was a form of entryism without deliberate strategy. The most surprising is the Japanese artist Kazuo Shiraga, who is only now beginning to be put in the place he deserves. Founder of the Gutai movement in the 1950s, a few years before Group Zero, he was its most radical representative. Nauseated by the war, he painted blood-red pictures with his feet. Although he

maintenant à être mis à la place qu'il mérite. Fondateur du mouvement Gutaï dans les années cinquante, quelques années avant le groupe Zero, il en est le représentant le plus radical. Écœuré par la guerre, il peint avec les pieds des tableaux rouge sang. Bien que repéré par Yves Klein et Michel Tapié et régulièrement exposé par la galerie Stadler à Paris, l'éloignement et la force de frappe médiatique américaine promouvant Jackson Pollock ont retardé sa reconnaissance comme le plus important représentant de l'expressionnisme abstrait. Or, cet artiste très radical était moine bouddhiste et avant de s'élancer sur la toile pour y étaler la couleur avec ses pieds, il se recueillait en prière devant un petit autel.

La scène moderne brésilienne était régulièrement montrée lors d'expositions en Europe pour son originalité et son éclectisme. Deux artistes y figuraient régulièrement, mais – et c'est le sort de bien des expositions de groupe nationales – on ne leur prêtait qu'une attention distraite. Mestre Didi était un initié du culte candomblé-nagô de Salvador de Bahia dont sa mère était grande prêtresse. Grâce à des chants qu'elle lui avait transmis, il a pu retrouver des descendants de sa famille au Congo. Ses originales figures faites d'élégantes nervures de palmier sont toutes des représentations des *Orishas*, les divinités vodun. Rubem Valentim a sciemment enfreint le dogme de la peinture abstraite qui interdisait à l'époque la moindre référence au réel, en jouant avec les symboles des *Orishas* des cultes vodun afro-brésiliens et en les conformant aux normes de l'abstraction géométrique.

C'est au cours des recherches pour l'exposition *Magiciens de la terre* que nous sont apparus ces artistes qui pouvaient sembler ambivalents à nos yeux, alors qu'ils n'étaient que fidèles à leur culture et à leur croyance. La séance de méditation commune avec un Aborigène australien et un lama tibétain organisée par Marina Abramović et Ulay en 1983 à Amsterdam apportait une inspiration encourageante pour le projet. Des artistes européens prenaient conscience de certaines parentés spirituelles et cherchaient à attirer l'attention sur cette possible familiarité.

Plusieurs artistes tels Cyprien Tokoudagba et Efiaimbelo habitués à œuvrer dans un contexte religieux ou funéraire strictement local ont été amenés à faire des œuvres pour des expositions d'art à l'étranger et donc à entrer dans le réseau de l'art contemporain. Cyprien Tokoudagba (Abomey, Bénin) a passé sa vie à faire des peintures relatant les mythes vodun sans toutefois être un initié. Cette intronisation avait été évoquée et sans doute est-il mort trop tôt pour qu'elle ait eu lieu. Ce n'est qu'à la suite de *Magiciens de la terre* et pour répondre à une demande qu'il s'est mis à reproduire sur des toiles les images qu'il peignait sur des murs. Quant à Efiaimbelo (Madagascar), son travail se bornait à des sculptures / colonnettes funéraires installées sur les tombes, ce qui entretenait chez lui une relation avec les ancêtres et les esprits. Le fait que ces ouvrages soient devenus des objets mobiliers et qu'ils s'échangent les a fait rentrer dans l'art. Ils rejoignaient les préoccupations d'artistes européens et américains qui se posaient la sempiternelle question de l'existence de Dieu. Outre Joseph Beuys, Antoni Tàpies et Yves Klein (*Ex-voto dédié à sainte Rita de Cascia*), plusieurs d'entre eux ont expressément mis l'accent sur la question religieuse.

Sans s'affranchir d'une conception monothéiste, Christian Boltanski, né d'un père juif et d'une mère catholique devenue communiste, s'est posé sa vie durant la question de l'existence de Dieu et de la relation qu'il pouvait entretenir avec lui. Sa rencontre peu avant sa mort avec la femme rabbin Delphine Horvilleur l'a satisfait, lorsqu'elle lui a dit que l'essence même de la religion juive était la question de l'existence de Dieu. Se disant expressionniste, il persistait dans une quête ininterrompue de l'émotion qu'il tentait de susciter chez le regardeur. Au-dessus de l'entablement de l'autel, les images pieuses sont remplacées par des portraits flous et piètrement éclairés au point de perdre toute personnalité et de suggérer la mort.

Depuis son installation de 1983 *Chambre pour saint Jean de la Croix*, les références faites par Bill Viola à la religion, au mystère de la foi et à la mort sont innombrables, au point qu'on a pu qualifier son œuvre de mystique. Contrairement

it to take place. It was only after *Magiciens de la terre* and in response to demand that he began to reproduce on canvas the images he had painted on walls. As for Efiaimbelo (Madagascar), his work was limited to sculptures/funerary columns installed on tombs, which fostered his relation with ancestors and spirits. The fact that these works became movable objects and that they were exchanged brought them into the realm of art. They echoed the concerns of European and American artists who were asking the age-old question of the existence of God. In addition to Joseph Beuys, Antoni Tàpies, and Yves Klein (*Ex-voto dedicated to Saint Rita of Cascia*), several expressly focused on the issue of religion.

Born of a Jewish father and a Catholic mother who became a communist, Christian Boltanski never broke away from a monotheistic viewpoint, but throughout his life he questioned the existence of God and the relationship he could have with him. His meeting shortly before his death with the woman rabbi Delphine Horvilleur satisfied him when she told him that the very essence of the Jewish religion was the question of the existence of God. Calling himself an expressionist, he persisted in a never-ending quest for the emotion he was trying to arouse in the viewer. Above the entablature of the altar, pious images are replaced by blurred portraits, so poorly lit that they lose all personality and suggest death.

Since his 1983 installation *Chambre pour saint Jean de la Croix*, Bill Viola has made countless references to religion, the mystery of faith and death, to the point where his work has been described as mystical. In contrast to Boltanski's modest restraint in his search for emotion, Hermann Nitsch focuses on the rite itself, which he exacerbates. In his *Theatre of Orgies Mysteries*, the suffering of Christ takes on the appearance of a pagan ceremony. To make the human suffering clearly felt, he erases the transmutation and reincarnates the pain by pouring streams of animal blood over the participants.

José Bedia Valdés is concerned with the search for spirituality in archaic manifestations. Of Cuban origin, he has developed a passion for

the four Afro-American cults: Santeria (Yoruba Nigeria tradition), Abakua (secret society of Kalabar), Arara (Fon tradition), and Palo Monte (Congo tradition), of which he is an initiate. While living in Miami, he reverses the process of transculturation that affects Indigenous cultures by trying to delve into the roots of these so-called voodoo cults. He sees himself as somewhere between modernity and primitivism, between the civilised and the savage.

Then comes a new generation of artists who mark a third stage in this reconquest of spirituality and, for the representatives of indigenous cultures, a hybridity that respects and revives their traditions, while allowing them to make use of the freedom and strategies of contemporary art. There are many, and only a few, considered to be exemplary in their diversity, are represented in this exhibition.

Hervé Youmbi is my favourite for having fully grasped and activated the challenges of globalisation and biculturalism. Originally from Cameroon, he studied at the IFA in Mbalmayo (Cameroon), then at the École supérieure des arts décoratifs in Strasbourg. He has produced all kinds of public commissions in his country, demonstrating his perfect assimilation of the codes of modernity. Far from being content with this local evolution of aesthetic canons, he has approached traditional chiefdoms to introduce his creations into the context of popular festivals. His masterstroke was to convince these local chiefs to let him introduce masks of his own design into the dance ceremonies, instead of the endless copies of masks that had been handed down from generation to generation, with varying degrees of skill. He began by using a ghost mask from Munch's *Scream*, and his interpretations have become increasingly diverse and free. The masks can then be shown in Europe or the United States in their dual roles: contextualised with ethnological images and commentary, and as independent works of art. With literally one foot in each culture and in each Western category (art and ethnology), his great totems thwart the old Western taxonomy and the sclerosing fetishisation of styles by ethnicity established by colonisation. The pleasure of

à la retenue pudique de Boltanski dans sa recherche d'émotion, Hermann Nitsch s'attache au rite lui-même en l'exacerbant. La souffrance du Christ prend dans son *Théâtre des Orgies et Mystères* l'allure d'une cérémonie païenne. Pour bien faire sentir la souffrance humaine, il efface la transmutation et réincarne la douleur en déversant des flots de sang d'animaux sur les participants.

La quête d'une spiritualité dans des manifestations archaïques préoccupe également José Bedia Valdés. D'origine cubaine, il s'est passionné pour les quatre cultes afro-américains : la santeria (tradition yorouba, Nigeria), Abakua (société secrète de Kalabar), Arara (tradition fon) et Palo Monte (tradition congo), dont il est un initié. Tout en vivant à Miami, il inverse le processus de transculturation qui affecte les cultures autochtones en essayant de plonger dans les racines de ces cultes dits vodun. Il se dit entre la modernité et le primitivisme, entre le civilisé et le sauvage.

Arrive ensuite une nouvelle génération d'artistes qui marquent une troisième étape dans cette reconquête de la spiritualité et pour les représentants des cultures autochtones une hybridité assumée dans le respect et la réanimation de leurs traditions, tout en leur permettant un usage de la liberté et des stratégies de l'art contemporain. Ils sont nombreux et ne sont représentés dans cette exposition que par quelques-uns, considérés comme exemplaires dans leur diversité.

Hervé Youmbi est celui qui a ma préférence pour avoir pleinement saisi et activé les enjeux de la mondialisation et du biculturalisme. D'origine camerounaise, il a étudié à l'IFA de Mbalmayo, Cameroun, puis à l'École supérieure des arts décoratifs de Strasbourg. Il a réalisé toutes sortes de commandes publiques dans son pays, qui montrent sa parfaite assimilation des codes de la modernité. Loin de se contenter de cette évolution locale des canons esthétiques, il s'est rapproché des chefferies traditionnelles pour introduire ses créations dans le contexte des fêtes populaires. Son coup de maître a été de convaincre ces chefs locaux de le laisser introduire dans les cérémonies de danse des masques qu'il a lui-même conçus, au lieu de sempiternelles copies de masques repris avec plus ou moins de talent des modèles transmis de génération en génération. Il a commencé par se servir d'un masque de fantôme issu du *Cri de Munch* et ses interprétations se sont faites de plus en plus diverses et libres. Les masques peuvent ensuite être montrés en Europe ou aux États-Unis sous leur double vocation, à la fois contextuelle avec images et commentaire ethnologique et artistique en tant qu'œuvre d'art indépendante. Avec littéralement un pied dans chaque culture et dans chaque catégorie occidentale (art et ethnologie), ses grands totems déjouent la vieille taxinomie occidentale et la fétichisation sclérosante des styles par appartenance ethnique établie par la colonisation. Le plaisir du jeu à partir de l'invention des formes africaines et la vivacité des couleurs lui fournissent un répertoire idiosyncratique, qui se libère à la fois des critères dogmatiques de l'art dit primitif et de ceux de l'art dit contemporain, car son « éclectisme bariolé » est d'un parfait mauvais goût aux yeux des amateurs, ce qui est le meilleur signe d'une rupture créative, telle qu'on l'attend d'un artiste.

Sans aller jusqu'à se réintroduire dans des festivités rituelles, certains artistes, africains ou asiatiques entre autres, se réfèrent très directement à leur propre culture tout en utilisant le langage de l'art contemporain qui est heureusement assez souple et poreux pour assimiler des signes et des symboliques propres à des cultures autrefois colonisées. La libération des normes imposées par les colonisateurs comme universelles a enfin permis une polyphonie et une polysémie pouvant s'exprimer en son sein. Le Béninois Romuald Hazoumè met en valeur les signes du *Fâ* en peinture et transpose les lourds vêtements chamarrés et tourbillonnants des *egunguns* en installations. Le même Hazoumè qui, pour une projection multi-écran de commentaires d'artistes lors de l'exposition *Picasso.mania* (Paris, Grand Palais, 2015) était le seul à dire, au milieu d'une pléthore de propos louangeurs, que l'Afrique n'avait rien à faire de Picasso.

playing with the invention of African forms and the liveliness of colour provide him with an idiosyncratic repertoire that frees him from the dogmatic criteria of so-called primitive art and those of so-called contemporary art, because his 'variegated eclecticism' is in perfect bad taste in the eyes of connoisseurs, which is the best sign of creative disruption, as can be expected of an artist.

Without going so far as re-entering into ritual festivities, some artists, including Africans and Asians, refer very directly to their own culture while using the language of contemporary art, which is fortunately flexible and porous enough to assimilate signs and symbols specific to cultures that were once colonised. The liberation from the norms imposed by the colonisers as universal has finally allowed polyphony and polysemy to be expressed within it. The Beninese artist Romuald Hazoumè highlights the signs

of Fâ in his paintings and transposes the heavy, colourful, and swirling garments of the *egunguns* into installations. It was also Hazoumè who, for a multi-screen projection of artists' comments at the *Picasso.mania* exhibition (Paris, Grand Palais, 2015) was alone in saying, amid a plethora of laudatory remarks, that Africa had nothing to do with Picasso.

Younès Rahmoun, a practicing Muslim, lets his faith filter unostentatiously through sacred figures and spatial conditions, whose purity and bareness compel contemplation. The great liberalism of Buddhism has had an influence on him, as it has on Kimsooja, a Korean Christian. Her needle-woman attitude imposes its monastic and ethical uprightness on the whirlwind of frenetic urban life.

Others, like George Nuku, found themselves at odds. Faithful to the heritage of the Māori

Hervé Youmbi
Alo Alo, 2018
Installation multimédia de 7 totems avec perles, bois, intégrés avec des pierres, bois, perles, colle, fil de coton, silicone mastic. Dimensions variables.
Into Nature: Out of Darkness, Drenthe, Pays-Bas, 2018

Hervé Youmbi
Alo Alo, 2018
Multimedia installation of 7 beaded, wood, columnar totems, embedded in stones, wood, beads, glue, cotton thread, silicone mastic. Various dimensions,
Into Nature: Out of Darkness, Drenthe, The Netherlands, 2018

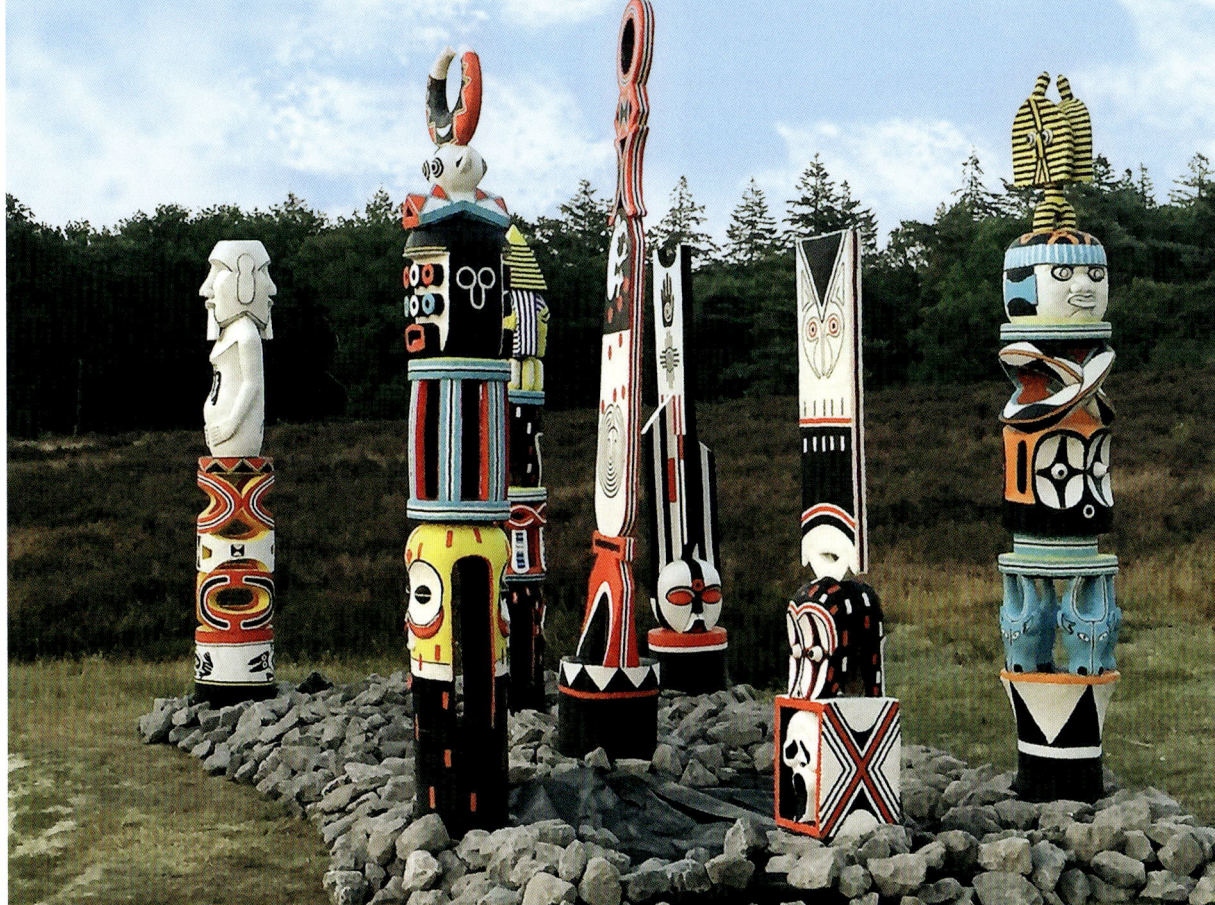

Younès Rahmoun, musulman pratiquant, laisse filtrer sa foi sans ostentation à travers les chiffres sacrés ou les mises en condition spatiales dont la pureté et le dénuement imposent le recueillement. La grande libéralité du bouddhisme a influé sur lui, de même que sur Kimsooja, coréenne chrétienne. Son attitude de femme-aiguille impose sa droiture monacale et éthique au tourbillon des frénétiques vies urbaines.

D'autres se sont retrouvés, comme George Nuku, en porte-à-faux. Fidèle à l'héritage du vocabulaire formel māori, il l'a transposé dans un matériau inattendu, le Plexiglas, dont la transparence prend une valeur métaphorique. Les croyances chamaniques et un mode de pensée spirituelle, éradiqués aussi bien par le communisme soviétique que par le libéralisme capitaliste, refont surface dans les films de l'Ouzbèque Saodat Ismailova.

La Chilienne Sandra Vásquez de la Horra, dont les dessins sont si troublants, se passionne pour les religions américaines. Elle n'hésite pas à reprendre des éléments d'autels vodun dont elle respecte la valeur spirituelle pour en faire des installations lourdement chargées de sens. De manière plus simpliste – mais après tout ne faut-il pas faire feu de tout bois pour préserver une culture ? – Sara Flores (Pérou) reprend les motifs chamaniques complexes des céramiques shipibo en les reportant sur de grandes toiles d'allure géométrique très décorative, qui n'en sont pas moins des dédales de voies médiumniques.

Pas besoin non plus d'aller aux quatre coins de la planète pour trouver des œuvres chargées de spiritualité, voire de magie, à nos côtés. On sait qu'une part de nos saints et de nos fêtes ne sont que des reprises par l'Église de cultes antérieurs au christianisme. Des réminiscences de ces croyances existent encore dans certaines régions, en particulier en Corse où le mazzérisme se pratique toujours. Cette croyance se transmet d'une génération à l'autre surtout chez les femmes. Elle veut que la mazzera se livre en rêve à des chasses mortelles qui peuvent par la suite se révéler être des sorts jetés à des humains. De manière plus générale, cette sorte de chamane est régulièrement guidée par des voix qui lui intiment des ordres à suivre. C'est le cas de Marion Laval-Jeantet, fondatrice avec Benoît Mangin d'Art Orienté Objet, qui confectionne des tambours, instrument basique du chamane, pour guérir des personnes en souffrance, ainsi que pour des causes plus vastes de protection ou d'incitation.

Une société victime de la surexploitation des ressources de la planète est en quête d'une spiritualité que sa religion traditionnelle dépréciée par les scandales et par l'incapacité de sa hiérarchie à se réformer n'est pas en mesure de lui offrir. L'art moderne s'est efforcé de répondre à cette attente, mais en restant asservi à la notion de progrès industriel dont on ne peut plus aujourd'hui suivre béatement le développement destructeur. L'art tel qu'il est conçu de nos jours par de nombreux artistes se rapprocherait plus d'un art de vivre. Quel que soit le respect dû à la science en tant que socle de notre civilisation, l'être humain ne peut se satisfaire d'un pur rationalisme. La nécessité grandissante de se sentir appartenir à la nature et de n'être qu'une espèce animale parmi d'autres va amener l'humanité à une rupture épistémologique, si toutefois elle ne se saborde pas d'elle-même. Toutes les voies irrationnelles sont désormais explorées : animisme, chamanisme, parapsychologie, méditation, yoga, voyance, médiumnité, spiritisme, etc. Le succès récent de l'art brut et autres formes d'art intuitif n'en est qu'une des marques évidentes. La question de savoir si l'art peut changer le monde est un poncif récurrent. Il peut se croire aussi naïvement politique qu'il aime tant se le dire, il n'empêchera pas les guerres.
En revanche, dans nos sociétés incroyablement interconnectées, l'art pourrait bien devenir le vecteur de diffusion et de propagation de ce mode de vie qui permettrait de renouer avec une appartenance à une communauté et au cosmos. Il ne faut surtout pas qualifier ce mouvement qu'on sent poindre de tous côtés de « nouveau », car il ne l'est justement pas. Il consiste au contraire pour l'humanité à se reconnecter avec une spiritualité qui n'a jamais totalement disparu, mais qui a été asservie à un matérialisme excessif, servi par la course à la cupidité du capitalisme.

formal vocabulary, he has transposed it into an unexpected material, Plexiglas, whose transparency takes on a metaphorical value. Shamanic beliefs and a spiritual way of thinking, eradicated by both Soviet communism and capitalist liberalism, resurface in the films of Uzbek artist Saodat Ismailova.

The Chilean artist Sandra Vásquez de la Horra, whose drawings are so disturbing, has a passion for American religions. She has no qualms about taking elements from voodoo altars, whose spiritual value she respects, and turning them into installations that are heavily charged with meaning. In a more simplistic way – but after all, isn't it necessary to use any means necessary to preserve a culture? – Sara Flores (Peru) takes the complex shamanic motifs of Shipibo ceramics and transfers them to large canvases with a highly decorative geometric appearance, which are nonetheless mazes of mediumistic channels.

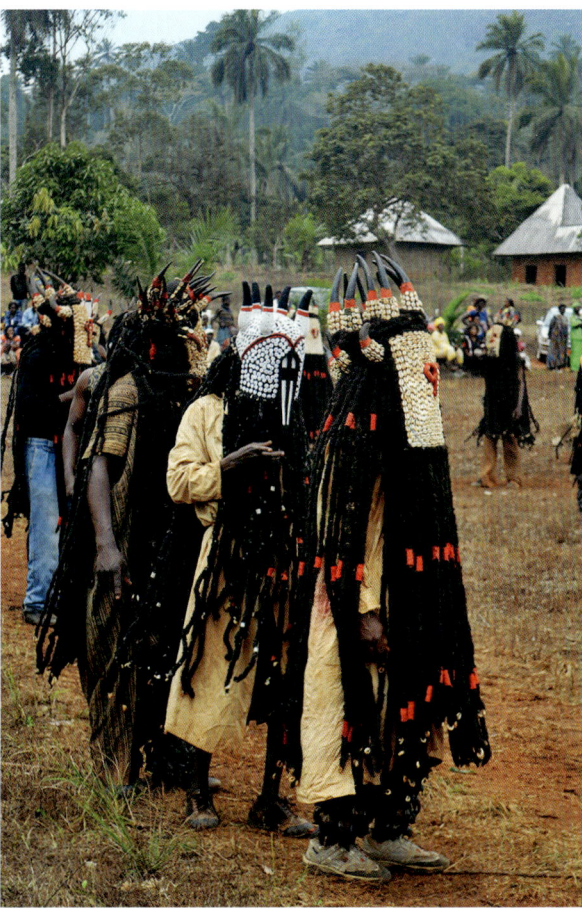

Hervé Youmbi
Visages de masques /
Two-faced /
Double visage,
2016
Installation multimédia compris: Bamileke Yegué Dogon Crocodile Masque, 2016

Hervé Youmbi
Visages de masques /
Two-faced /
Double visage,
2016
Multimedia installation including: Bamileke Yegué Dogon Crocodile Mask, 2016

Nor do we need to go to the far ends of the planet to find works charged with spirituality, even magic, at our side. We know that some of our saints and festivals are simply the Church's revival of cults that predate Christianity. Reminiscences of these beliefs still exist in certain regions, particularly in Corsica, where *Mazzerism* is still practiced. This belief is passed down from one generation to the next, especially among women. The *mazzeri* are said to go on deadly hunts in their dreams, which may later turn out to be spells cast on humans. More generally, this kind of shaman is regularly guided by voices that give orders that are to be obeyed. This is the case of Marion Laval-Jeantet, founder, with Benoît Mangin, of Art Orienté Objet, who makes drums, the basic instrument of the shaman, to heal people in pain as well as for wider causes of protection or incitement.

A society suffering from the over-exploitation of the planet's resources is searching for a spirituality that its traditional religion, depreciated by scandals and the inability of its hierarchy to reform itself, is unable to offer. Modern art has endeavoured to meet this need but has remained subservient to the notion of industrial progress, the destructive development of which we can no longer unquestionably follow. The concept of art for many artists today is closer to an art of living. With all the respect due to science as the bedrock of our civilisation, human beings cannot be satisfied with pure rationalism. The growing need to feel that we belong to nature and that we are just another species of animal will lead humanity to an epistemological rupture, if it does not sabotage itself. All kinds of irrational avenues are being explored: animism, shamanism, parapsychology, meditation, yoga, clairvoyance, mediumship, spiritualism, etc. The recent success of *art brut* and other forms of intuitive art is just one of the obvious signs of this trend. The question of whether art can change the world is a recurring *cliché*. It can be as naively political as it likes to pretend, but it won't prevent wars. On the other hand, in our incredibly interconnected societies, art could well become the vehicle for disseminating and propagating this way of life, which would enable us to reconnect with a sense of belonging to a community and to the cosmos.

Voilà pourquoi il est nécessaire à la fois d'écouter ces voix et de regarder ces voies qui nous viennent de nos artistes, et pas que des jeunes, quelques vieux également, aussi bien que des cultures autochtones. Comme d'habitude, on se réveille trop tard. Il n'est que de lire le constat catastrophique de Nastassja Martin (*À l'Est des rêves*, Paris, La Découverte, 2022). Les chamanes sauront-ils trouver un nouveau souffle et se renouveler, alors que leurs congénères s'éloignent de leurs croyances ?

Cette exposition est un rappel : il est temps de cesser de ne s'intéresser aux autels que lorsqu'ils datent d'avant la période coloniale et de croire qu'il y aurait perte de pureté (laquelle ?) dès qu'il y a contact avec notre civilisation. Certes, l'autel de *Mami Wata* n'a pas grand-chose à voir avec la jolie statuette baoulé à la belle patine trônant sur la commode XVIIIe du collectionneur. Les religions ne sont pas que « l'opium du peuple ». Dans beaucoup de cultures autochtones, elles sont le ciment qui maintient la vie communautaire et servent un intérêt de résistance politique.

Créer, hors des métropoles de l'art, de nouvelles formes obtenant leur examen de passage dans la modernité n'a pas empêché des artistes de rester fidèles à leurs racines et à leurs croyances. Grâce à la malléabilité de l'art contemporain (installations, vidéo, performance…), de plus en plus d'étrangers peuvent, sans renier leur culture, introduire leurs idées et leur mode de vie et nouer ainsi un dialogue avec des Européens en quête de réponses aux nouvelles données climatiques et environnementales.

En guise de conclusion, il convient de revenir sur le titre *Rien de trop beau pour les dieux* qui pointe la diversité des esthétiques servant à honorer le divin, dont on ne peut imaginer qu'aucune puisse utiliser la laideur à cet effet. La tradition judéo-chrétienne a privilégié l'ordre et a évacué en le métaphorisant le sacrifice et ses effluves organiques et sanguinolents. L'ouverture de la modernité à d'autres cultures a fait accepter toutes sortes d'objets de culte dits d'art primitif recouverts de matière sacrificielle, à la faveur d'une fascination pour les cérémonies de transe, entre autres du Vodun. Ce qui relève à notre regard du chaos (les coulures de matière organique recouvrant les statues à l'Autel Lobi) peut donc avoir une valeur esthétique digne d'honorer le divin. C'est cette importante distorsion que tente d'éclairer cette exposition, car elle rejaillit sur la création contemporaine et sa partielle indifférence à la beauté. Elle déplace également la vieille relation ordre et chaos.

Les principaux obstacles qui se dressent pour l'établissement d'un nouveau récit de l'art universel sont ceux des différences de hiérarchies des genres et techniques autant que d'interprétation du monde. La formule du dialogue des cultures semble encourageante, mais ne va pas bien au-delà d'un comparatisme montrant similitudes et différences. C'est pourtant Hervé Youmbi qui lui donne un nouveau lustre en inversant radicalement un processus pourtant bien ancré, hérité du colonialisme. En effet, pour les collectionneurs d'art africain classique, deux critères sont absolument essentiels et exclusifs : le masque ou le fétiche doit avoir été d'usage dans son contexte ou il doit être passé dans une collection répertoriée de la première moitié du XXe siècle. Une œuvre identique de la même main sans ces antécédents n'a pas de valeur aux yeux des spécialistes qui lui attribuent le qualificatif péjoratif de « fait pour le blanc ». Or, Youmbi inverse le processus en présentant ses masques d'abord dans des expositions d'art contemporain avant de les fournir aux danseurs camerounais. Voilà une relation d'un nouveau genre qui fait évoluer le dialogue des cultures dans un sens ouvrant des horizons innovants.

This movement, which we can feel emerging on all sides, should certainly not be described as 'new', because that is precisely what it is not. On the contrary, it involves the reconnection of humanity with a spirituality that has never totally disappeared, but which has been enslaved by excessive materialism, served by capitalism's greed-driven race.

This is why we need to both listen to these voices and to look at the channels coming to us from our artists, and not just the young but some of the old too, as well as from Indigenous cultures. As usual, we're waking up too late. Just read Nastassja Martin's catastrophic assessment (*À l'Est des rêves*, Paris, La Découverte, 2022). Will the shamans be able to find new inspiration and renew themselves at a time when their peers are drifting away from their beliefs?

This exhibition is a reminder: it's time to stop taking an interest in altars only when they date from before the colonial period, and to stop believing that there is a loss of purity (what purity?) as soon as there is contact with our civilisation. Admittedly, Mami Wata's altar has little in common with the pretty Baule statuette with its beautiful patina that sits on the collector's eighteenth-century chest of drawers. Religions are not just 'the opium of the people'. In many Indigenous cultures, they are the bond that holds a community together and contribute to political resistance.

Creating new forms outside art metropoles that pass the test of modernity has not prevented artists from remaining true to their roots and beliefs. Thanks to the plasticity of contemporary art (installations, video, performance art, etc.), more and more foreigners can introduce their ideas and lifestyles without disowning their own culture and establish a dialogue with Europeans seeking answers to new climatic and environmental conditions.

To conclude, it is worth reflecting on the title *Rien de trop beau pour les dieux* (Nothing too beautiful for the gods), which points to the diversity of aesthetics used to honour the divine, none of which can conceivably use ugliness to this end.

The Judeo-Christian tradition has privileged order and evacuated the sacrifice by turning its organic, bloody effluvia into a metaphor. Modernity's openness to other cultures has led to the acceptance of all kinds of cult objects known as primitive art, covered in sacrificial material, thanks to a fascination with trance ceremonies, particularly voodoo. What we see as chaos (the drips of organic matter covering the statues at the Lobi Altar) can therefore have an aesthetic value worthy of honouring the divine. It is this important distortion that this exhibition seeks to illuminate, as it reflects on contemporary creation and its partial indifference to beauty. It also shifts the old relationship between order and chaos.

The main obstacles to the establishment of a new universal art narrative are the differences in the hierarchies of genres and techniques, as much as in the interpretation of the world. The idea of the dialogue of cultures seems promising, but it does not go much further than a comparative approach showing similarities and differences. However, Hervé Youmbi gives this dialogue new lustre by radically reversing a process firmly rooted in colonialism. For collectors of classical African art, two criteria are essential and exclusive: the mask or fetish must have been used in context, or it must have passed through a listed collection from the first half of the twentieth century. An identical work by the same hand without these antecedents has no value in the eyes of the specialists, who attribute to it the pejorative qualifier of 'made for white people'. But Youmbi reverses the process, first showing his masks at contemporary art exhibitions and then supplying them to Cameroonian dancers. It is a new kind of relationship, one that takes the dialogue between cultures in a direction that opens new horizons.

AFRIQUE AFRICA

Autel des ancêtres,
culte ancestral
Abomey et
Ouidah, Bénin

Altar of ancestors,
ancestral cult
Abomey and
Ouidah, Benin

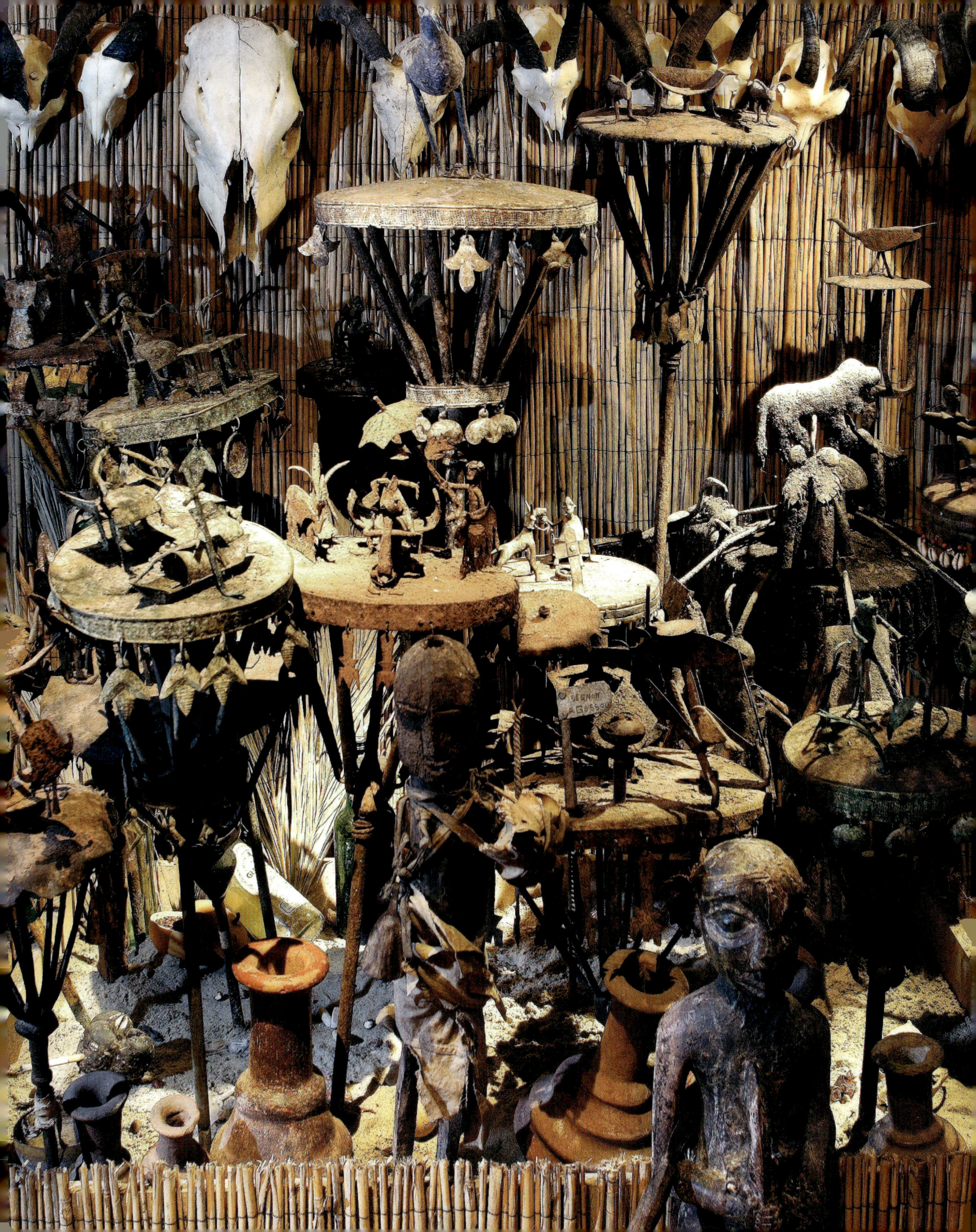

AUTEL IBEJI POUR JUMEAUX
IBEJI ALTAR FOR TWINS
1980–1990
Culte des jumeaux chez les Ewe, Mina et Adja / Twin cult of the Ewe, Mina, and Adja
BENIN

Bois, vêtements, plastique, terre cuite
Wood, clothes, plastic, terracotta
80 × 119 × 85 cm
Soul of Africa Museum, Essen, Allemagne / Germany

Ces effigies incarnent le double aspect traditionnel des jumeaux. Le peuple Ewe les appelle *venavi* et les vénère. L'apparence moderne s'explique par le fait que les jumeaux morts sont considérés comme des personnes vivantes, parce qu'ils ont accepté les modes de vie modernes. Les personnages portent des chaussures, des pantalons et d'autres objets. Les statues sont un souvenir de jumeaux morts. On ne dit jamais qu'un jumeau est mort, mais qu'il ou elle est dans la brousse en train de chercher du bois pour le feu. Cela signifie qu'il ou elle n'est pas loin et reviendra bientôt. Les jumeaux sont comme immortels. Dès leur naissance, ils sont regardés à l'instar des dieux ou des esprits et doivent toujours faire l'objet d'une attention particulière.

Pour que les jumeaux soient source de bienfaits, ils doivent être particulièrement bien hébergés et soignés, et recevoir ce qu'il y a de mieux en matière de nourriture, de boisson et d'habillement. On essaie de les gâter de toutes les manières possibles, afin qu'ils déploient leurs pouvoirs au profit de la famille, plutôt que de leur donner le sentiment d'être tellement négligés qu'ils pourraient faire du mal.

Chez certains groupes, tels les Yorouba au Nigeria, les Ewe au Togo et les Fon au Bénin, un véritable culte des jumeaux s'est développé. Les jumeaux sont comme les élus des puissances spirituelles. Leur étonnante proximité, qui survivrait même à la mort, est soulignée. Les Yorouba croient qu'ils ont une âme commune. Si l'un meurt, l'autre risque également de mourir. Leur âme a perdu son équilibre et oscille entre ce monde et l'autre. Le jumeau décédé s'efforce avec détermination d'attirer le survivant vers lui le plus rapidement possible. Il faut s'y opposer : non seulement les parents s'investissent plus que jamais pour l'enfant survivant, mais ils essaient aussi de garder l'enfant mort parmi eux.

These figures embody the traditional double appearance of twins. The Ewe people call them *venavi*, and they are revered. The modern appearance is explained by the fact that dead twins are seen as living people, because they have accepted modern ways. The figures wear shoes, trousers, and other objects. The statues are a remembrance of dead twins. No one ever says a twin has died. They say he or she is in the bush fetching firewood. This means that he or she is not far and will come back soon. Twins are considered to be immortal. From birth on they are regarded as gods or spirits and must always get special care.

If twins are to be of any benefit, they must be housed and looked after particularly well. They must be given the best food, drink, and clothes. One tries to spoil them in every possible way, in order for them to display their abilities for the benefit of the family, rather than making them feel so neglected that they might do harm. Among some groups, such as the Yoruba in Nigeria, the Ewe in Togo, and the Fon in Benin, a real twin cult has sprung up. Twins are as the chosen ones of the spirit powers. Their amazing closeness, which is believed to survive even death, is stressed. The Yoruba believe that twins have a joint soul. If one dies, the other twin is also threatened with death. Their soul has lost its equilibrium and sways between this world and the next. The dead twin determinedly tries to pull the survivor over to him/her as soon as possible. That has to be opposed. Not only do the parents put more effort than ever into the surviving child, they also try to keep the dead one in their midst.

Henning Christoph

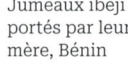

Jumeaux ibeji portés par leur mère, Bénin

Ibeji twins carried by their mother, Benin

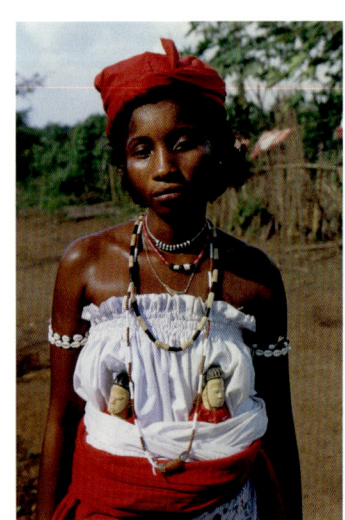

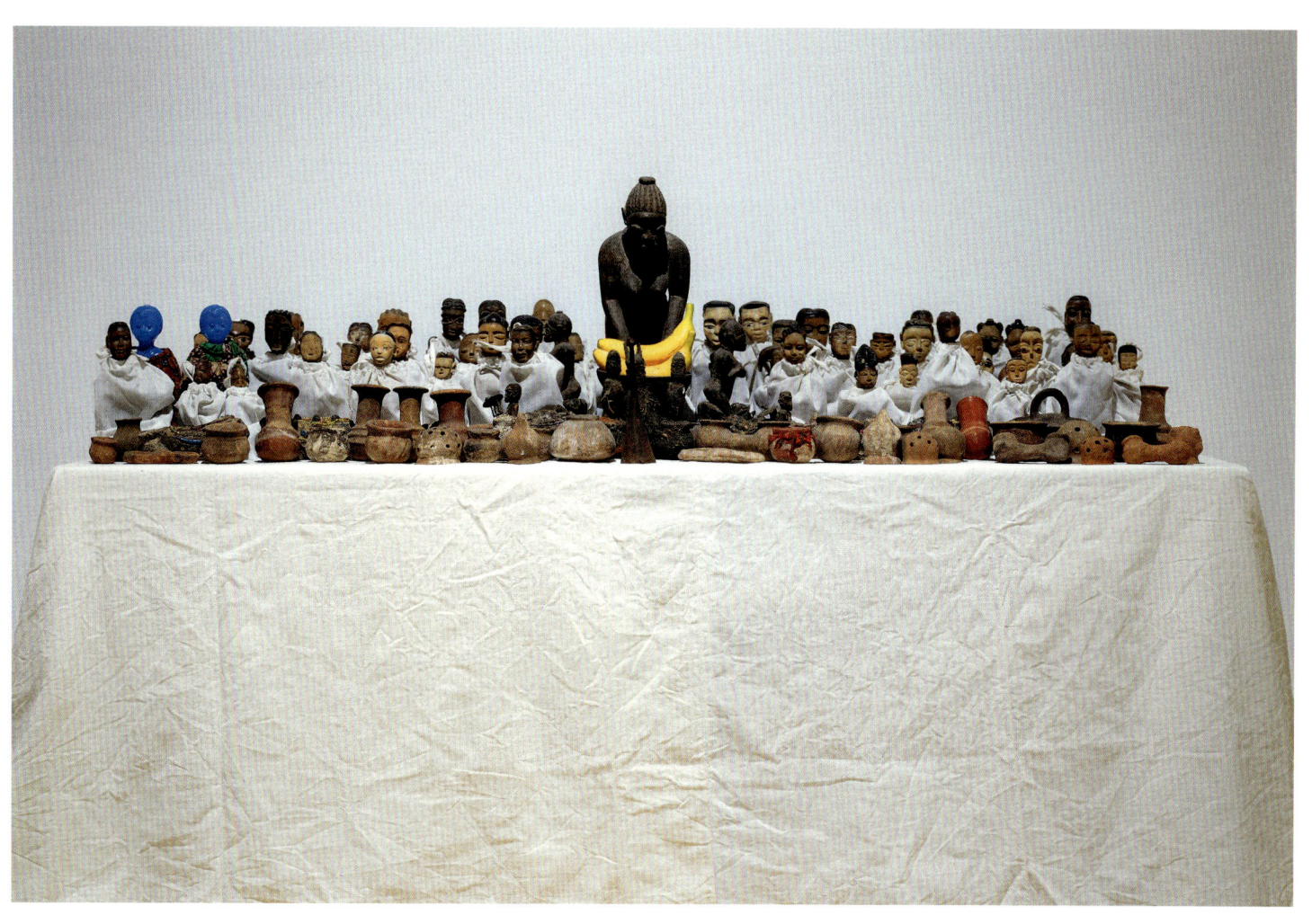

Africa

CRUCIFIX BOCIO
avant / before 2023
Culte vodun / Vodun cult
TOGO

Crucifix en bois, objets divers / Wooden crucifix with many attached objects
170 × 90 × 25 cm
Soul of Africa Museum, Essen, Allemagne / Germany

Les *bocios* sont des objets vodun qui reçoivent une charge magique lors des rituels et qui peuvent être utilisés pour communiquer avec les dieux. *Bo* signifie « pouvoir », *Cio* signifie « corps » dans la langue de l'ethnie fon. On remarque surtout les objets généralement attachés autour du ventre des *bocios*. Tous ces objets ont une fonction particulière. Il s'agit principalement de plantes ou d'os d'animaux auxquels est attribué un certain effet magique. Dans le vodun, on croit que l'âme d'une personne se trouve dans son estomac. C'est pourquoi les objets sont fixés autour du ventre des personnages. Les prêtres chargent les *bocios* en versant sur eux des liquides spécifiques (par exemple de l'huile de palme, de l'alcool ou du sang animal). Chaque dieu a une préférence pour des liquides différents.

Ce *Crucifix bocio* a été acquis par le Soul of Africa Museum en 2023. Il est assez rare et constitue un développement récent dans la conception en constante évolution des *bocios*. La croix servant de base à cet objet était autrefois accrochée dans une église chrétienne du Togo avant d'être remplacée par une autre. L'emploi d'une croix est une contre-initiative envers les églises pentecôtistes qui convertissent activement les croyants vodun et font preuve d'un comportement hostile à l'égard de la religion vodun. En outre, le dieu vodun Hevioso / Shango, responsable des éclairs, est souvent représenté sur une croix.

Bocios are Vodun objects that are magically charged in rituals and can be used to communicate with the gods. *Bo* means 'power', *Cio* means 'body' in the language of the Fon ethnic group. What stands out are the objects that are usually tied around the stomach of the *bocios*. All these objects have a certain function. They are usually plants or animal bones to which a certain magical effect is attributed. In Vodun, it is believed that a person's soul is located in their stomach. This is why the objects are tied around the belly of the figures. Priest charge *bocios* by using specific liquids (e.g., palm oil, alcohol, or animal blood) which are poured over them. Every god likes different liquids.

This *Crucifix bocio* was acquired by the Soul of Africa Museum in 2023. It is quite rare and a recent development in the ever-changing design of *bocios*. The cross that is used as a base for this item used to hang in a Christian church in Togo before it was replaced with another one. Using a cross is a counter initiative against Pentecostal churches that have been actively converting Vodun believers and have shown hostile behaviour towards the Vodun religion. Furthermore, the Vodun god Hevioso/Shango, who is responsible for lightning bolts, is often depicted on a cross.

Henning Christoph

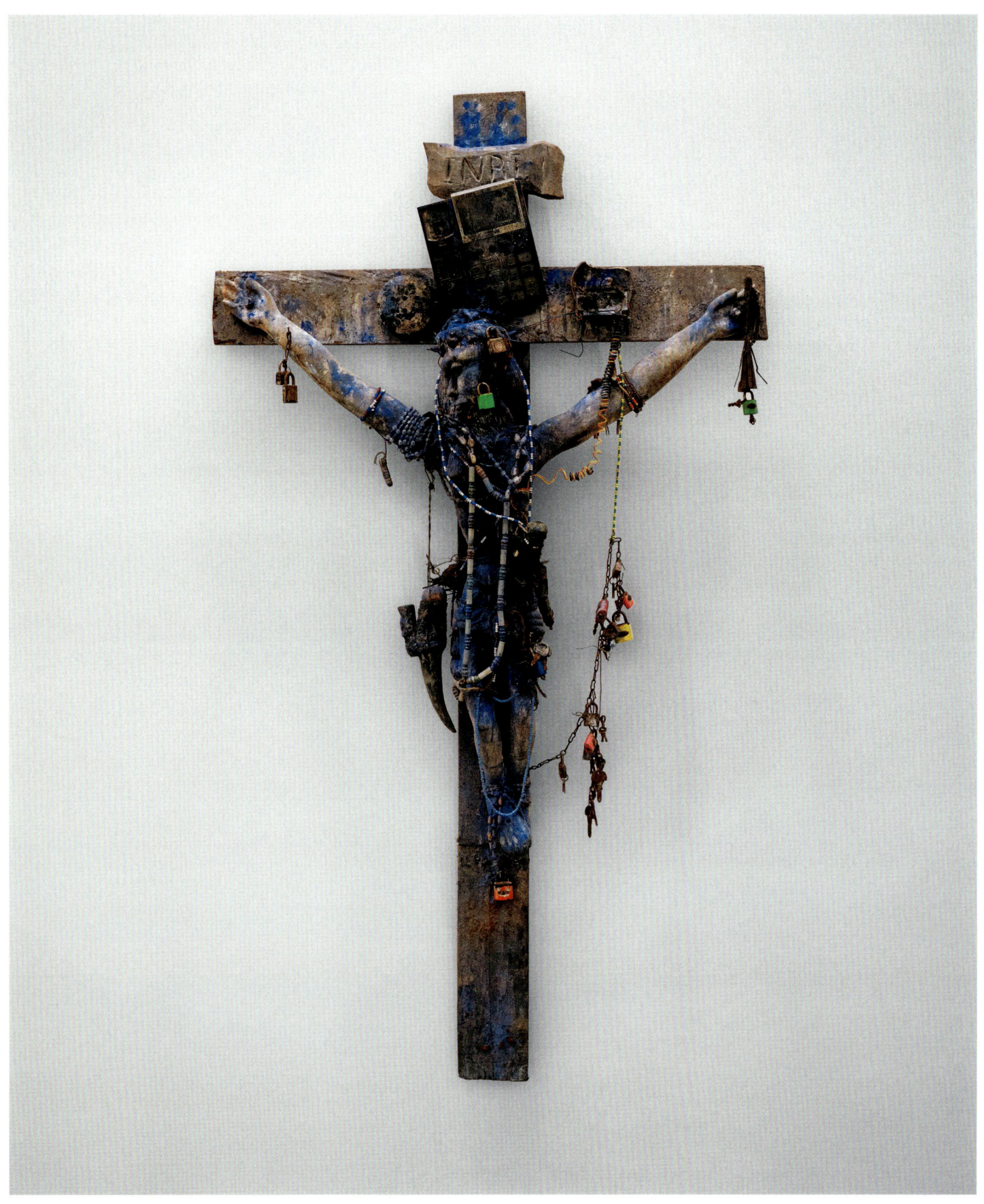

Africa

DEIDI VON SCHAEWEN (1941)

De gauche à droite
Zaka (enclos familial) / *Zaka* (family enclosure)
Tiemoko Soul, village Lobi / Lobi village, Burkina Faso
Impression photographique / Photographic print
310 × 210 cm

Autel Lobi du maître spirituel Palenkité Noufe / Lobi altar of Palenkité Noufe Spiritual Master
Burkina Faso
Impression photographique / Photographic print
310 × 210 cm

La *zaka* relie les chambres, les greniers, les terrasses et les cuisines en un seul ensemble. Cet autel hérissé de branchages, d'objets en métal, etc. côtoie d'autres autels sur le toit de la *zaka*.

The *zaka* connects the bedrooms, attics, terraces and kitchens into a single whole. This altar bristling with branches, metal objects, etc. is next to other altars on the roof of the *zaka*.

DVS

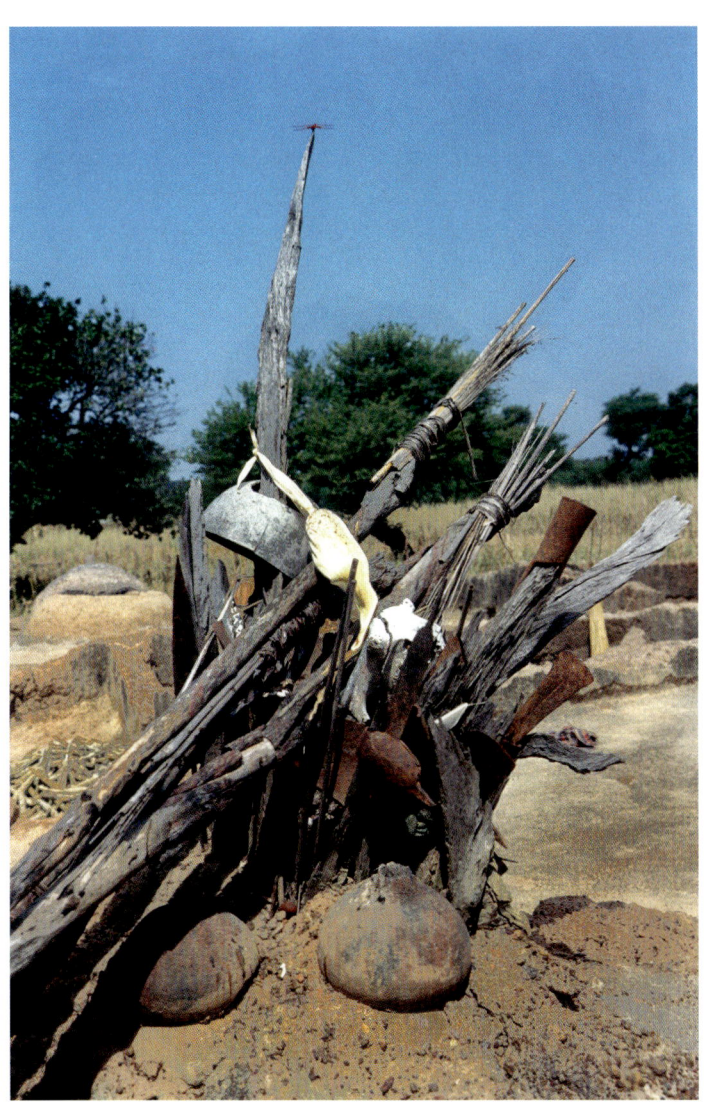

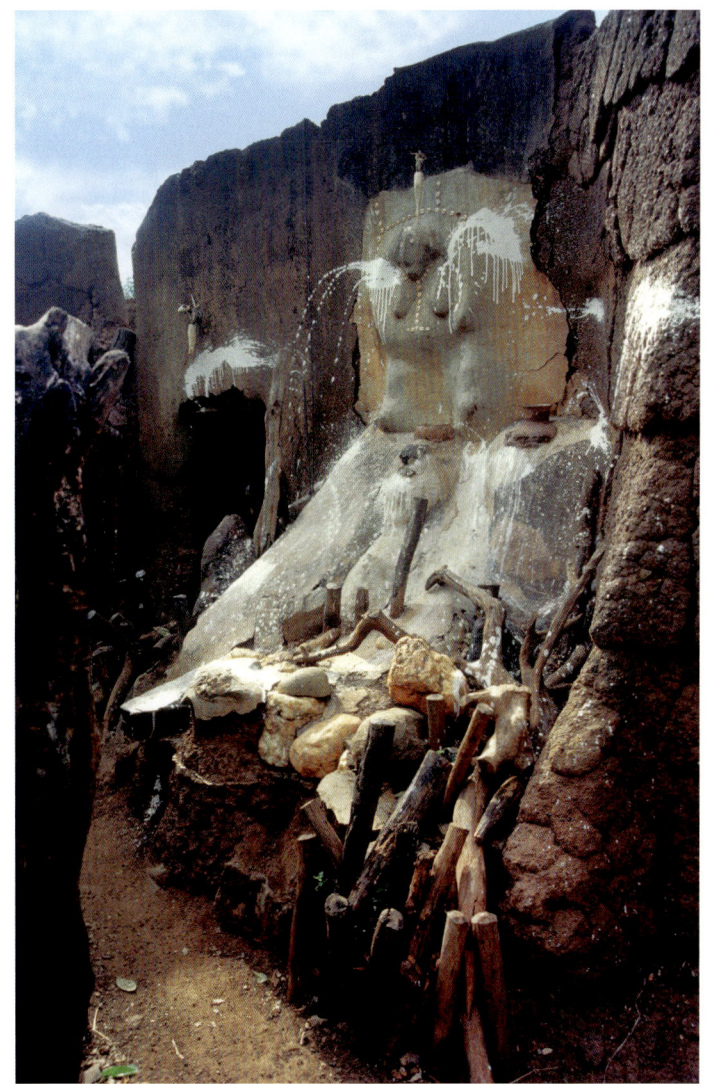

AUTEL ASEN
ASEN ALTAR
1994
Culte des ancêtres / Ancestors cult
BENIN

Métal et terre cuite / Metal and terracotta
130 × 40 × 40 cm
Soul of Africa Museum, Essen, Allemagne / Germany

Un *asen* est utilisé par le peuple fon du Bénin pour honorer les ancêtres décédés. Dans certains villages, une hutte entière est consacrée à ces objets métalliques. Les femmes les plus âgées du village présentent des offrandes, comme de l'alcool, à l'*asen* en le lui crachant dessus. Les symboles figurant sur l'*asen* sont souvent très difficiles à interpréter, car seuls le forgeron et l'ancêtre qui a commandé l'objet en connaissent la véritable signification. Heureusement, l'histoire de l'*asen* exposé dans notre musée nous est connue : après la mort de l'ancêtre, celui-ci souhaitait que ses deux épouses maintiennent l'unité de la famille. Cette volonté est symbolisée par la corde que tiennent les deux femmes. Il désirait s'envoler vers les Amériques pour recueillir les âmes de tous les Africains qui ont été réduits en esclavage et qui sont morts là-bas, afin de les ramener par la porte vers la mère Afrique. C'est pour cela que l'*asen* comporte un avion et une porte.

An *asen* is used by the Fon people in Benin to honour deceased ancestors. In some villages a whole hut is dedicated to these metal objects. The oldest women of the village give offerings like alcohol to the *asen* by spitting it over them. The symbols on the *asen* are often very hard to interpret since only the smith and the ancestor who commissioned the object know its true meaning. Fortunately the story of the *asen* that is on display in our museum is known to us: after the death of the ancestor, he wished that his two wives keep the family together. This is symbolised by the rope that both women hold. He wished to fly to the Americas to collect the souls of all Africans that have been enslaved and died there, to bring them back through the gate to mother Africa. That's why there is a plane and a gate on the *asen*.

Henning Christoph

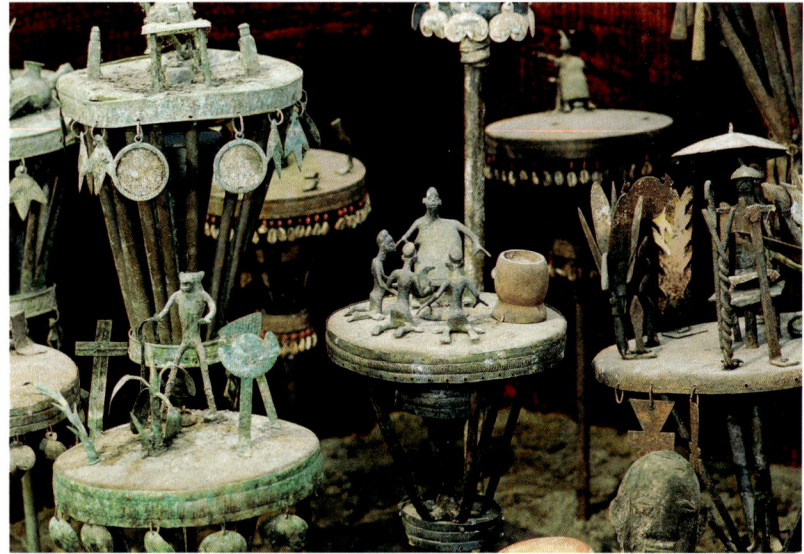

Autel des ancêtres,
culte ancestral
Abomey et
Ouidah, Bénin

Altar of ancestors,
ancestral cult
Abomey and
Ouidah, Benin

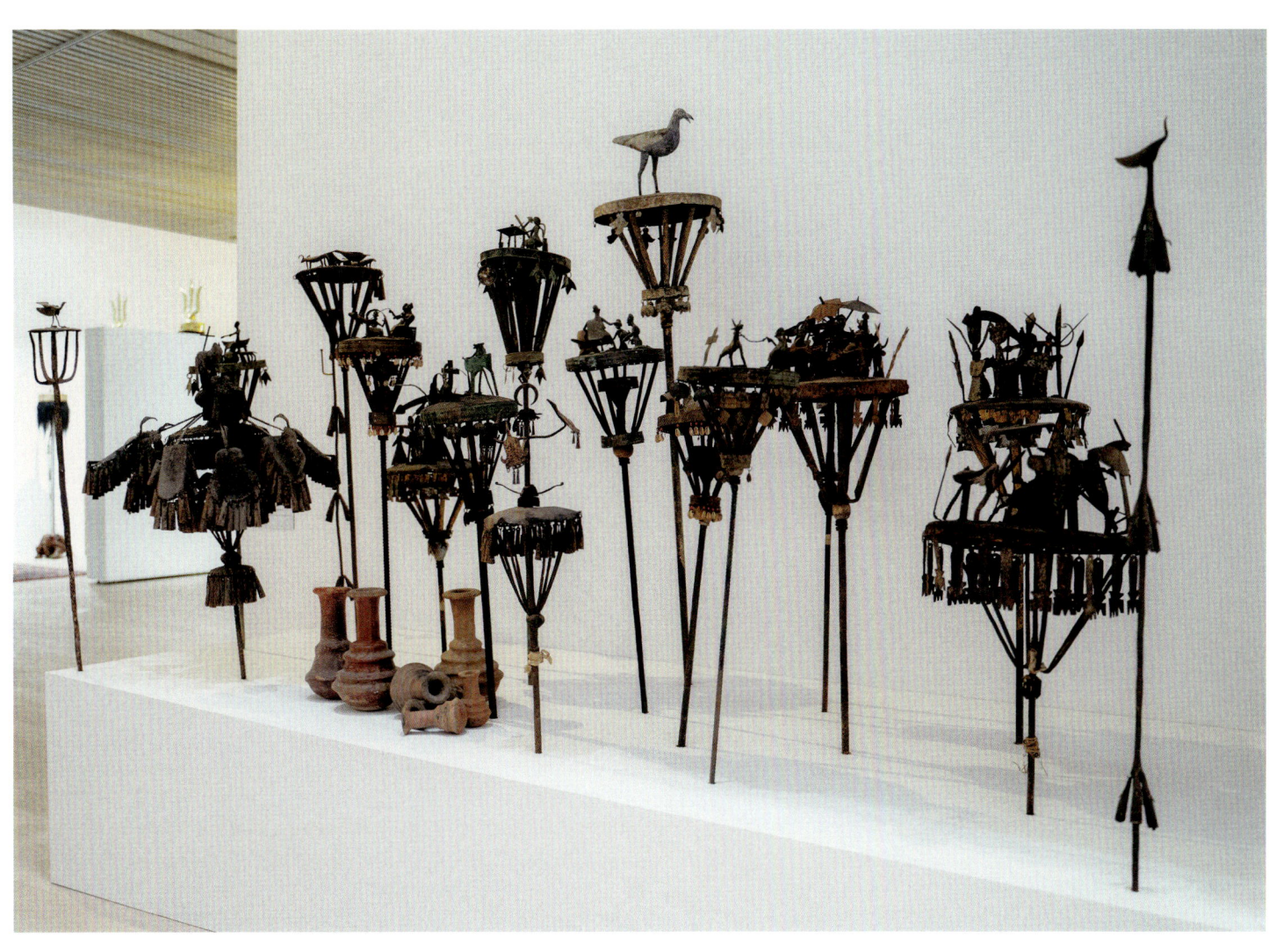

Une fois que les ancêtres ont terminé leur
repas et écouté les inquiétudes de leurs
proches, la femme la plus âgée de la famille
asperge les *asen* d'une gorgée de bière avec
sa bouche. Sur ce, elle dit au revoir à ses
ancêtres. Abomey, Bénin

Once the ancestors have finished their
meal and listened to the concerns of their
loved ones, the eldest woman in the family
sprinkles the *asen* with a mouthful of
beer from her mouth. With that, she says
goodbye to her ancestors. Abomey, Benin

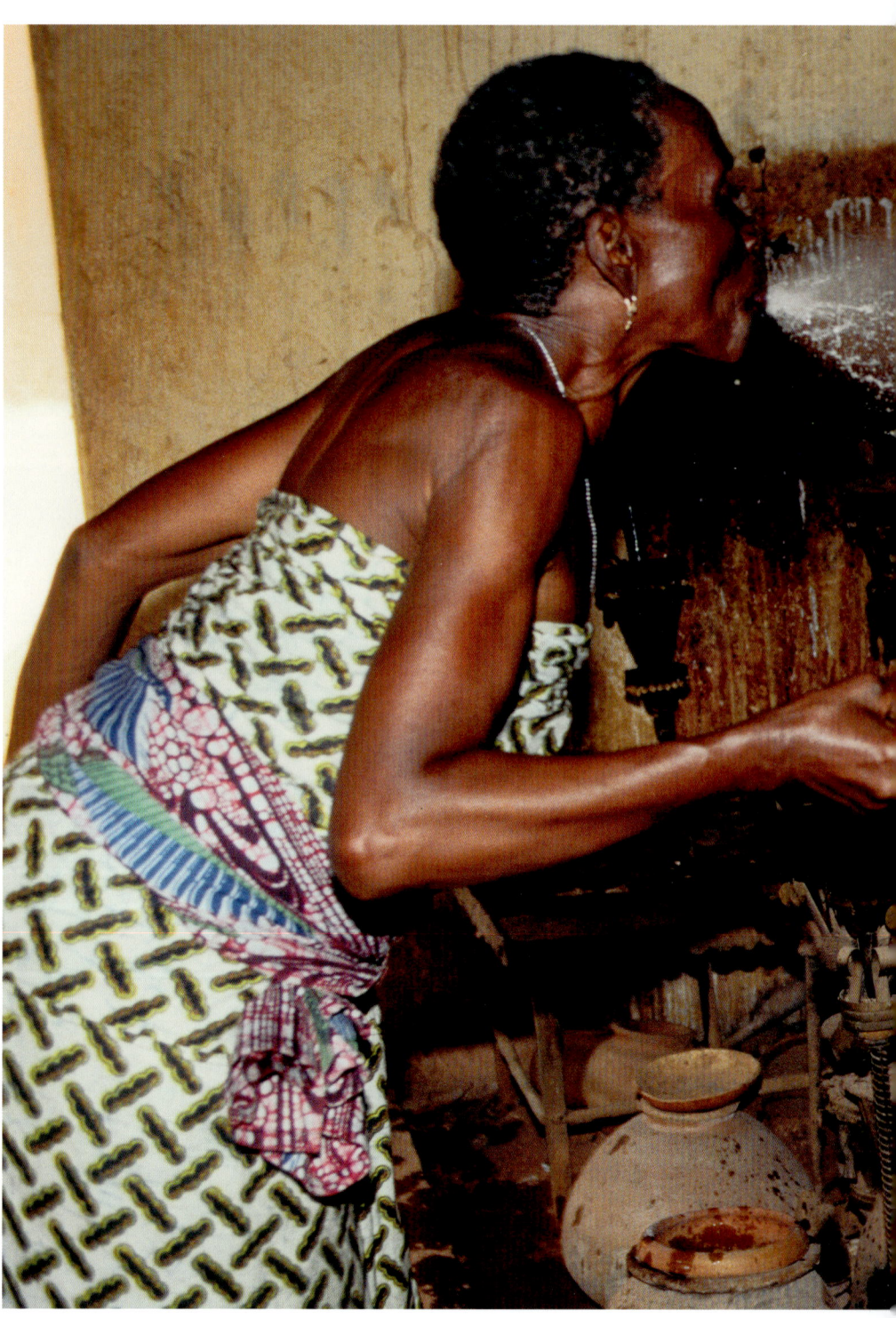

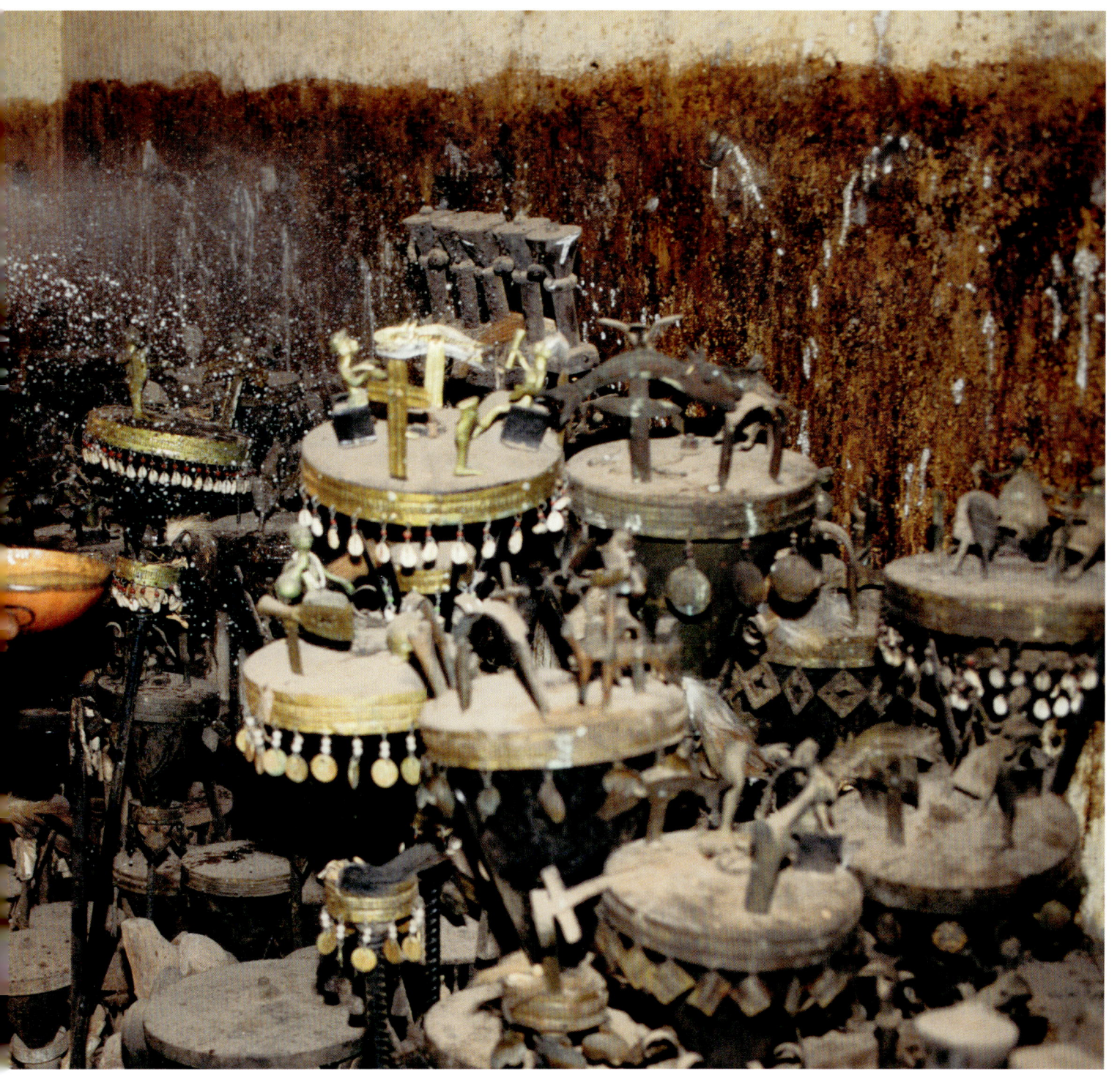

AUTEL DE MAMI WATA / MAMI WATA ALTAR
SOSSA GUEDEHOUNGUE & DJALE
1999
Culte vodun / Vodun cult
BENIN

Matériaux divers / Mixed media
370 × 290 cm env. / approx.
Soul of Africa Museum, Essen, Allemagne / Germany

Certains dieux vodun sont stricts et d'autres violents. Mami Wata, quant à elle, rencontre ses fidèles dans la bonne humeur et les laisse s'amuser et rire pendant les cérémonies se déroulant dans son temple. Elle est souvent représentée comme une sirène, car les *vodunsi* disent qu'elle vient des profondeurs des océans. Son visage ressemble à celui d'une poupée, il est beau et généralement blanc, expression symbolique de sa spiritualité divine et surnaturelle. La déesse est habituellement figurée avec de longs cheveux, sous la forme d'un demi-poisson, une représentation très atypique pour un dieu vodun. Elle promet à ses fidèles richesse et pouvoir. En transe, ses initiés adoptent ses gestes, boivent du parfum, se poudrent le visage et la poitrine de talc et dansent jusqu'à l'extase. Mami Wata aime la beauté et la pureté. Ses adeptes portent du blanc lors des cérémonies et veillent à ce que le temple soit toujours propre.

Cet autel unique pour la divinité vodun Mami Wata a été spécialement commandé pour le musée Soul of Africa et fabriqué au Bénin. Pour commencer, trois figurines ont été fabriquées pour « espionner » leur environnement. Tous les trois mois, des photos des figurines devaient être rapportées au Bénin afin que les prêtres puissent déterminer si l'environnement convenait à un autel à Mami Wata. Les figurines en bois de l'autel sont des esprits de l'eau, appelés *Tohossou*, vus en rêve par les prêtres du culte de Mami Wata et apportés en Allemagne. Il y a également de nombreuses représentations de la divinité de la mer Mami Wata elle-même sur l'autel. Toutes les figurines sont sculptées en bois d'iroko, un arbre sacré pour le vodun. L'arbre a dû être consulté par un prêtre avant d'être abattu et transformé. Pour que l'autel puisse être utilisé par les croyants, il doit être activé. Dans ce but, un groupe de treize initiés du culte Mami Wata est venu en Allemagne en 1999. Ce groupe était composé de prêtres, de percussionnistes et d'adeptes. Avec le directeur du musée Soul of Africa, Henning Christoph, ils se sont rendus sur certains des plus grands fleuves d'Allemagne et y ont célébré des cérémonies. L'autel est absolument unique en Allemagne et sert encore aujourd'hui régulièrement à divers croyants.

Some vodun gods are strict and others are violent. Mami Wata, however, meets her followers cheerfully and lets them have fun and laugh during the ceremonies in her temple. She is often shown as a mermaid, because the *vodunsi* say that she comes from the depths of the oceans. Her face is doll-like, beautiful, and usually white, a symbolic expression of her divine spiritual otherworldliness. The goddess is usually portrayed with long hair and as a half fish, a very nontypical representation of a vodun god. She promises her followers wealth and power. In trance, her initiates take on her gestures, drink perfume, powder their faces and breasts with talcum powder, and dance themselves into ecstasy. Mami Wata loves beauty and purity. Her followers wear white during ceremonies, and they pay attention that the temple is always kept clean.

This unique altar for the vodun deity Mami Wata was specially commissioned for the Soul of Africa Museum and made in Benin. Initially, three figures were made to "spy out" the surroundings. Every three months, photos of the figures had to be brought back to Benin so that the priests could interpret whether the surroundings were suitable for a Mami Wata altar. The wooden figures on the altar are water spirits, called *Tohossou*, and were dreamed up by priests of the Mami Wata cult and then brought to Germany. There are also many different representations of the sea deity Mami Wata herself on the altar. All the figures were carved from the wood of the iroko tree, which is sacred in vodun. The tree had to be consulted by a priest before it could be felled and processed. For the altar to be used by believers, it had to be activated. For this purpose, a group of thirteen initiates of the Mami Wata cult came to Germany in 1999. The group consisted of priests, drummers, and adepts. Together with the director of the Soul of Africa Museum, Henning Christoph, they travelled to some of the largest rivers in Germany and performed ceremonies there. The altar is absolutely unique in Germany and is still regularly used by various believers today.

Henning Christoph

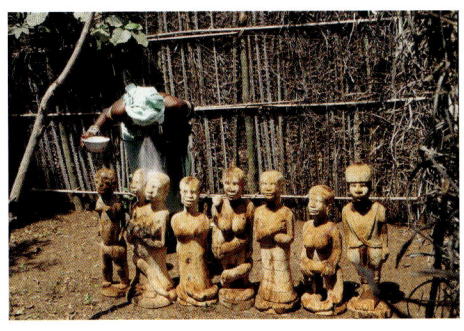

Prêtresse Mami Wata Delassi faisant une offrande pour les statues d'autel nouvellement sculptées à Dotou, Bénin en 1996

Mami Wata priestess Delassi doing an offering for the newly carved altar statues in Dotou, Benin in 1996

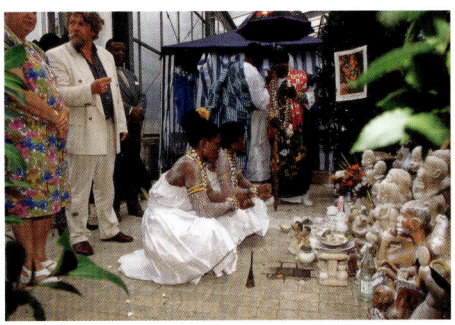

Prêtresse Mami Wata et adeptes activant l'autel Mami Wata à Essen en 1999

Mami Wata priestess and adepts activating the Mami Wata Altar in Essen in 1999

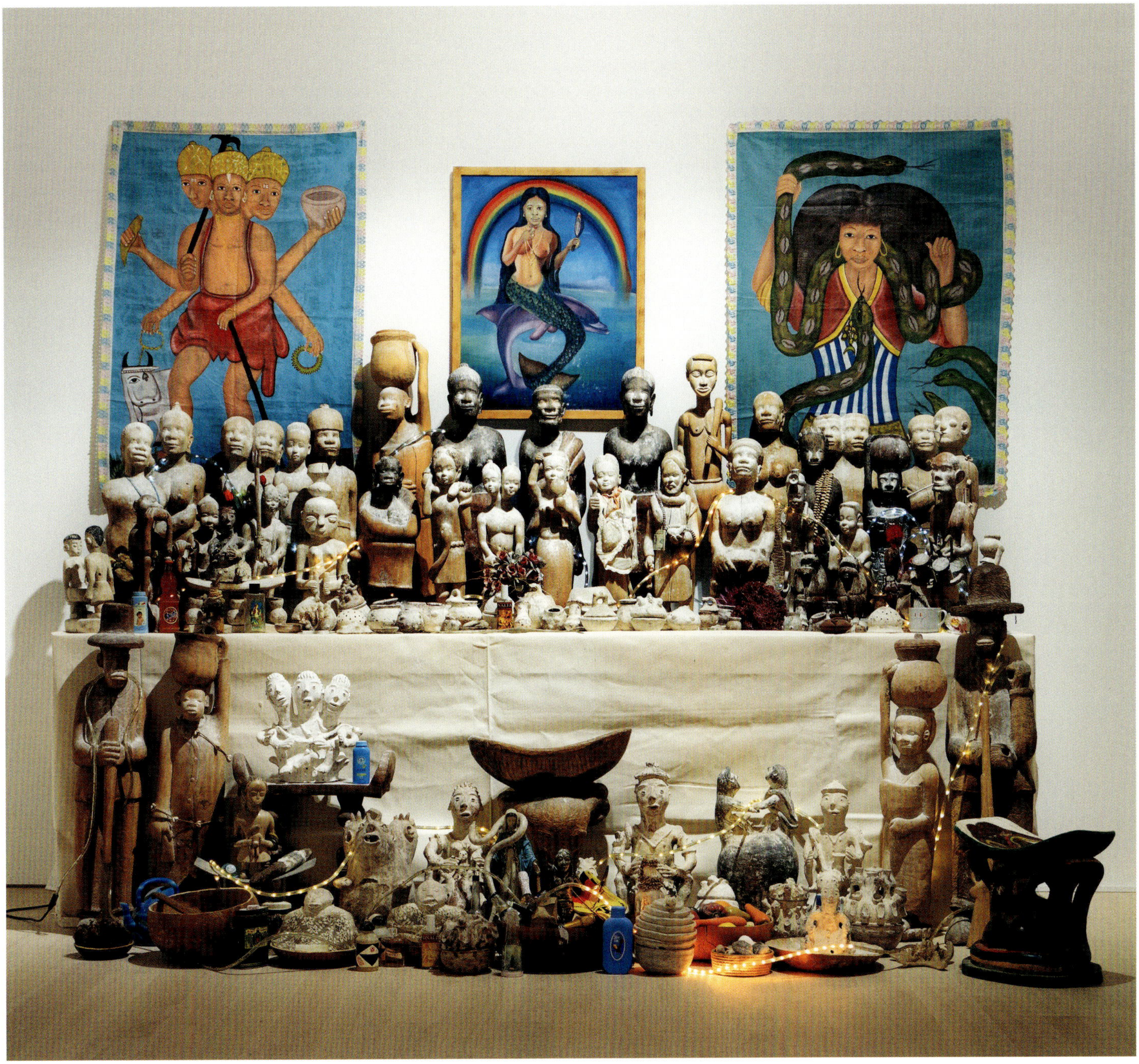

Africa

CYPRIEN TOKOUDAGBA (1939–2012)
BENIN

Sans titre / Untitled
Acrylique sur toile / Acrylic on canvas
132,5 × 238 × 3 cm
The Jean Pigozzi African Art Collection,
Genève, Suisse / Geneva, Switzerland

Cyprien Tokoudagba se fait remarquer très jeune en tant que talentueux dessinateur. Il est sollicité pour des peintures dans des sanctuaires vodun d'Abomey et sa notoriété grandit rapidement. Des commandes lui parviennent de tout le Bénin et il devient le restaurateur des bas-reliefs du palais d'Abomey. Il est initié au vodun et à ses règles, sans toutefois obtenir le grade de prêtre-féticheur. À la suite de sa venue à Paris en 1989 pour l'exposition *Magiciens de la terre*, il se met à peindre à l'acrylique sur toile.

La Mami Wata à trois têtes voisine avec le Serpent arc-en-ciel qui se mord la queue. Cette figure tricéphale a été empruntée à des images pieuses hindoues qui étaient vendues en Afrique de l'Ouest. Leur signification était inconnue et les artistes locaux les ont intégrées à leur panthéon vodun remarquablement flexible. Le Serpent arc-en-ciel est Dan, le dieu de la sagesse, de l'intelligence, du bonheur et de la richesse.

Cyprien Tokoudagba gained recognition at a very early age as a talented draughtsman. He was commissioned to paint vodun shrines in Abomey, and his reputation quickly grew. He received commissions from all over Benin and became the restorer of the Abomey palace bas-reliefs. He was initiated into vodun and its rules, but did not obtain the rank of priest-fetishist. After coming to Paris in 1989 for the *Magiciens de la terre* exhibition, he began painting in acrylic on canvas.

The three-headed Mami Wata stands next to the rainbow snake biting its own tail. This three-headed figure is borrowed from Hindu devotional images that were sold in West Africa. Their meaning was unknown, and local artists incorporated them into their remarkably flexible vodun pantheon. The Rainbow serpent is Dan, the god of wisdom, intelligence, happiness, and wealth.

JHM

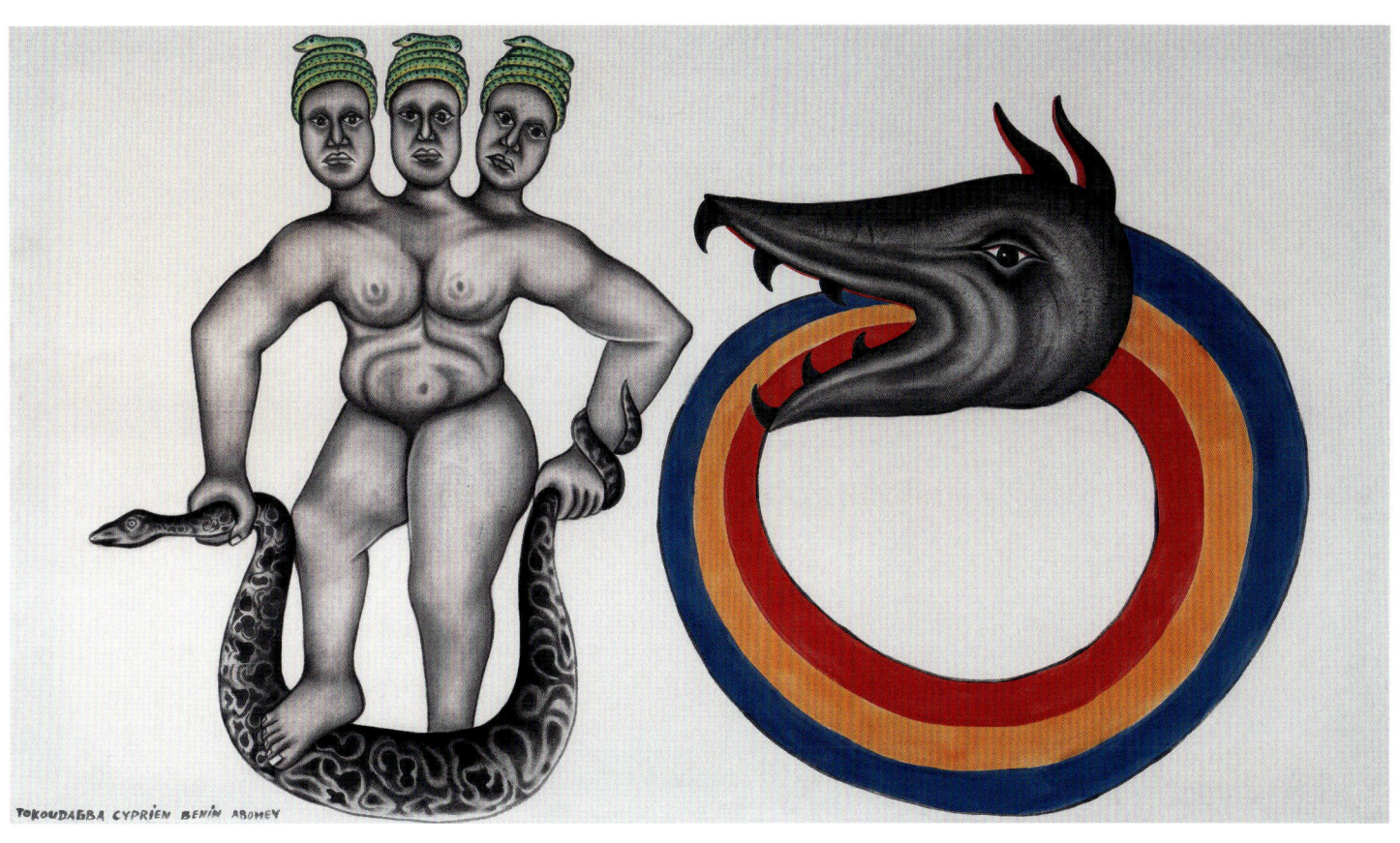

TOKOUDAGBA CYPRIEN BENIN ABOMEY

ROMUALD HAZOUMÈ (1962)
BENIN

Rupture, 2011
Acrylique sur toile / Acrylic on canvas
123 × 125 cm
Galerie MAGNIN-A, Paris, France

Issu d'une famille de notables yorouba, dont un des ancêtres était un *babalao*, Romuald Hazoumè se sent investi du devoir de défendre sa culture. Contrairement à ses confrères Pascale Marthine Tayou et Barthélémy Toguo, il réside toujours au Bénin, même s'il fait de nombreux voyages en Europe. Il essaie de poursuivre une tradition d'artistes africains itinérants, les Arés. Conscient des méfaits toujours catastrophiques de la mondialisation aussi bien sur le plan économique que social et spirituel, il tente coûte que coûte de préserver sa culture, en particulier au travers du *Fâ*. Reprenant la technique des femmes qui peignaient leur maison avec de la bouse de vache, il se sert de la pratique de la géomancie divinatoire qu'est le *Fâ* et de ses seize principaux symboles qui ont valeur d'oracle. Leur manipulation requiert « une extrême prudence, car chaque symbole dicte ses lois ». De ce fait, il se refuse à signer ses peintures sur la face, car ce serait s'emparer d'un pouvoir qui ne lui appartient pas. « Qui suis-je ? Rien qu'un humain ! » Outre ces peintures qui ont près d'une trentaine d'années, il s'est fait connaître avec ses masques qui se moquaient avec une ironie féroce de nos stéréotypes africains et plus récemment avec des installations révélant les dommages tragiques de la mondialisation.

Born into a family of Yoruba notables, one of whose ancestors was a *babalao*, Romuald Hazoumè feels it is his duty to defend his culture. Unlike his colleagues Pascale Marthine Tayou and Barthélémy Toguo, he still lives in Benin, although he travels frequently to Europe. He tries to continue a tradition of itinerant African artists, the Arés. Aware of the disastrous effects of globalisation on the economic, social, and spiritual spheres, he tries at all costs to preserve his culture, particularly through the *Fâ*. Following in the footsteps of the women who used to paint their houses with cow dung, he uses the divinatory geomancy of the *Fâ* and its sixteen main symbols as oracles. Handling them requires 'extreme caution, as each symbol dictates its own laws'. For this reason, he refuses to sign his paintings on the face, as this would be to seize a power that does not belong to him. 'Who am I? Nothing but a human being!' Aside from these paintings, from almost thirty years ago, he has made a name for himself with his masks, which mock our African stereotypes with ferocious irony, and more recently with installations revealing the tragic evils of globalisation.

JHM

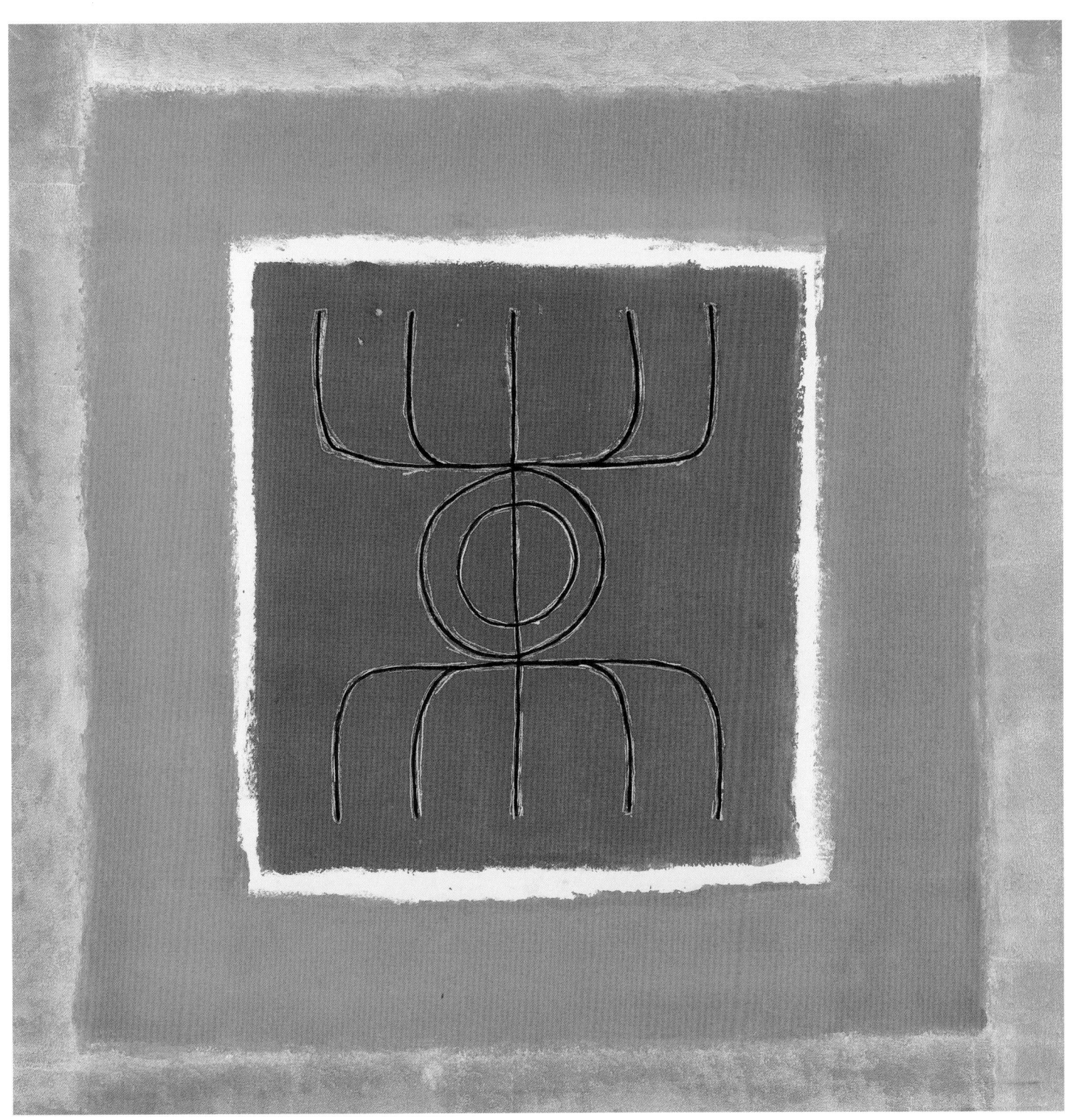

Africa

EL ANATSUI (1944)
GHANA–NIGERIA

Les Ancêtres se sont à nouveau rassemblés /
The Ancestors Converged Again, 1995
Déchets de bois et de métaux / Wood and metal waste
Dimensions variables / Various dimensions:
100 × 290 cm env. / approx.
Collection privée, Afrique du Sud / Private collection,
South Africa

Se dégageant des stéréotypes de l'art africain classique, El Anatsui plonge dans les racines de sa culture pour renouer avec un archaïsme mâtiné de modernisme. Son culte des ancêtres s'exerce dans le bois pour atteindre ce qu'il appelle un « multiversalisme ». La rudesse des figures respecte les formes des branches coupées d'un arbre qui relie les humains entre eux, hors des différences culturelles. Ces ancêtres, dont la danse immobile écrit une calligraphie muette, sont tous faits de la même matière.

Eschewing the stereotypes of classical African art, El Anatsui delves into the roots of his culture to reconnect with an archaism mixed with modernism. His cult of the ancestors is expressed in wood, to achieve what he calls 'multiversalism'. The roughness of the figures respects the shapes of the cut branches of a tree that links humans together, beyond cultural differences. These ancestors, whose motionless dance writes a silent calligraphy, are all made of the same material.

JHM

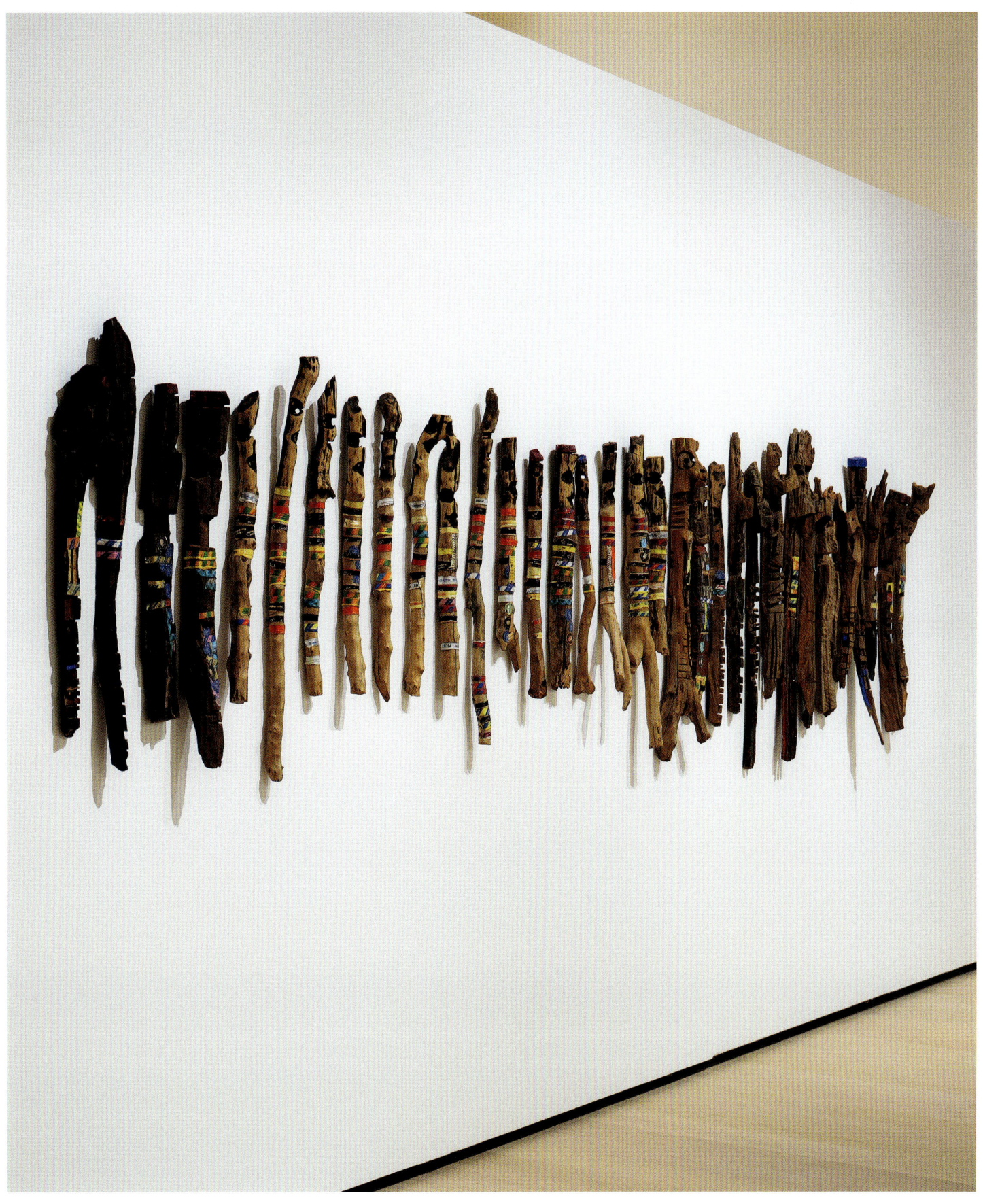

Africa

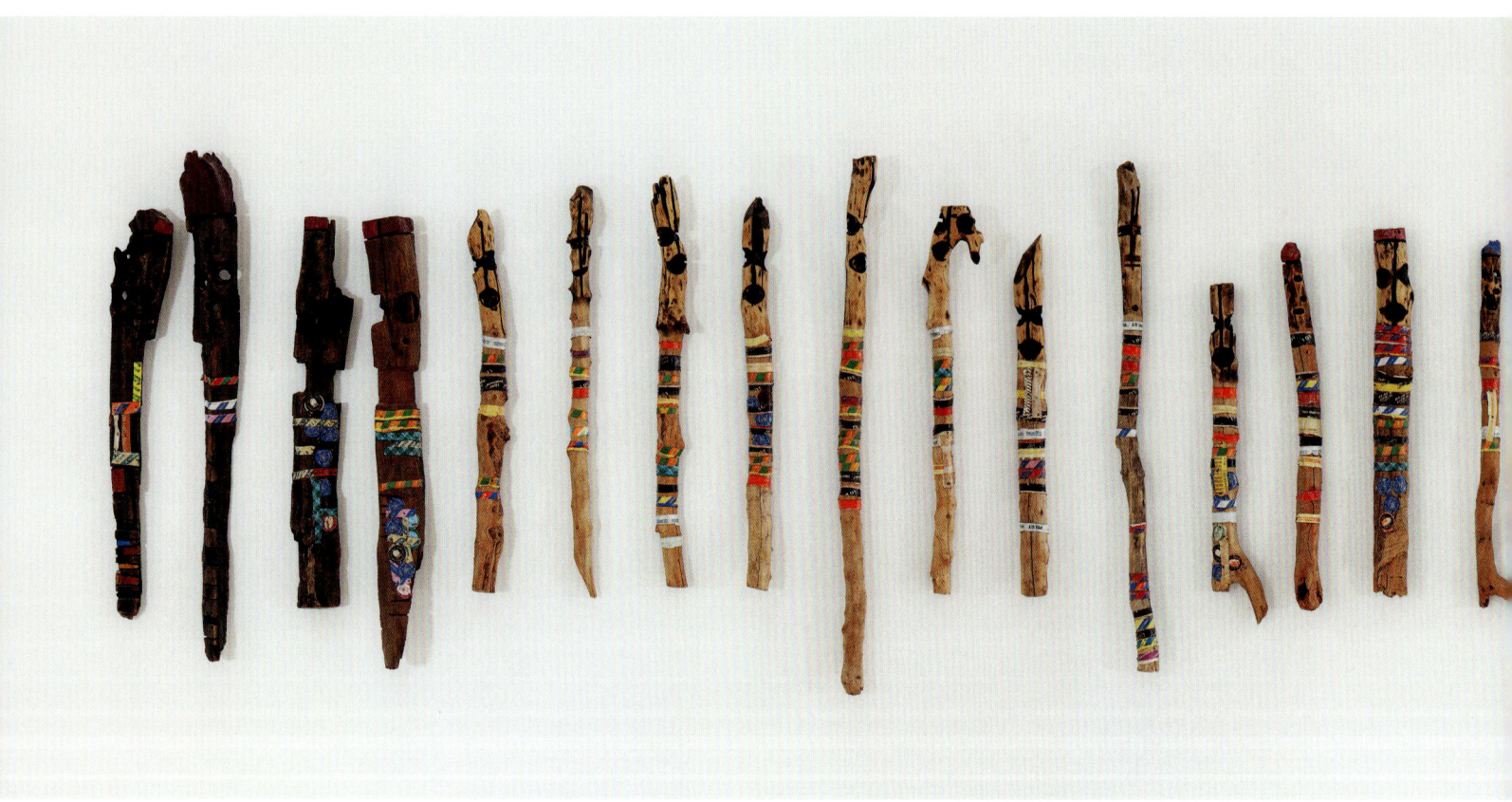

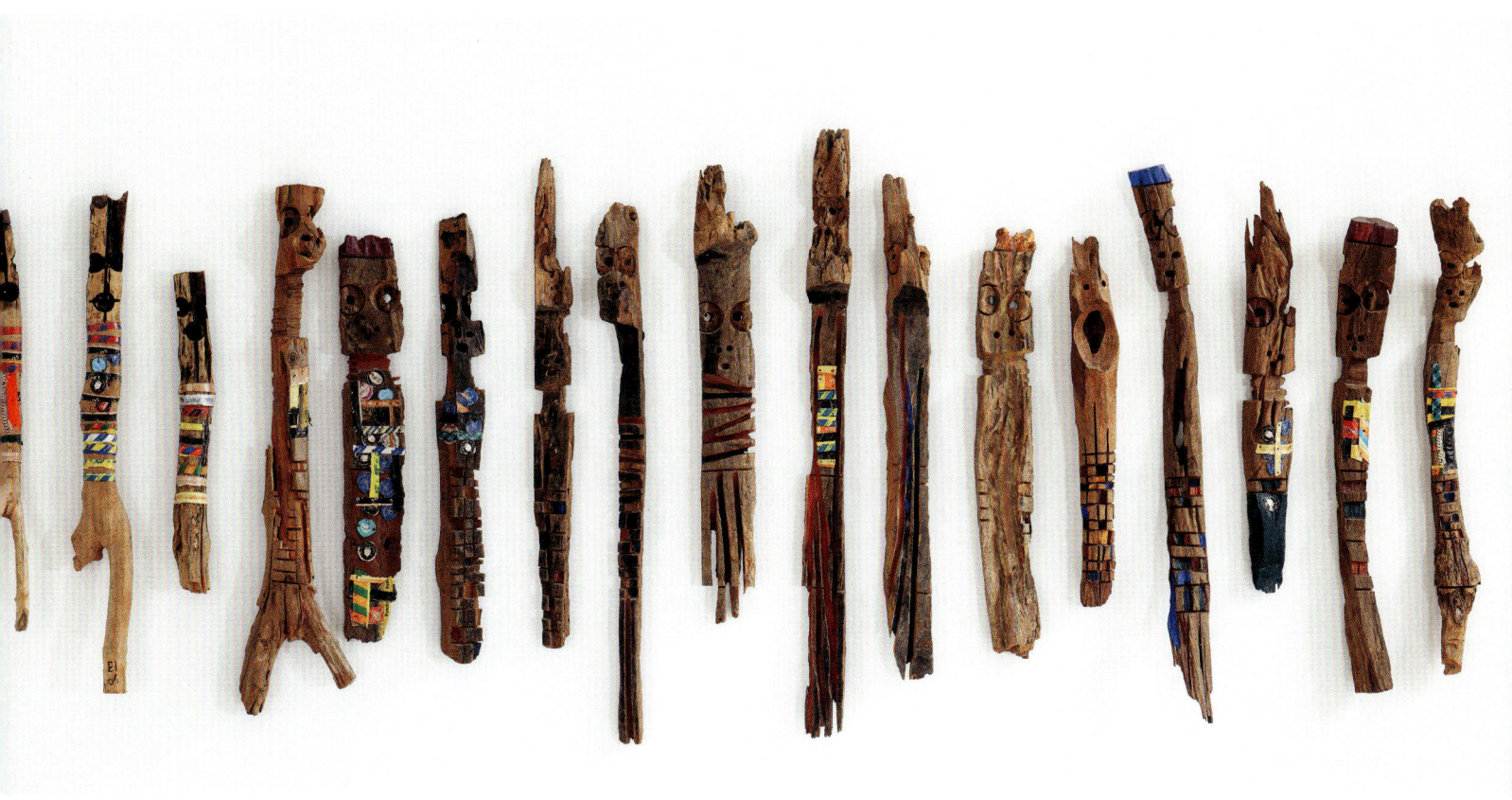

YOUNÈS RAHMOUN (1975)
MAROC / MOROCCO

Tâqiya-Nôr (Bonnet-Lumière / Cap-Light), 2016
Installation de 77 bonnets. Laine, résine, métal,
ampoules, fils électriques et prises / Installation
of 77 caps. Wool, resin, metal, light bulbs, electric
wires and plugs
Dimensions variables / Various dimensions
Centre national des arts plastiques - CNAP (en dépôt
au / on loan to CAPC, musée d'Art contemporain
de Bordeaux), France

L'installation *Tâqiya-Nôr* (Bonnet-Lumière) donne l'impression d'une vue aérienne d'un village africain de nuit. Younès Rahmoun s'intéresse à l'artisanat local en voie de disparition. Les bonnets de laine colorée qui composent cette œuvre ont été fabriqués par un vieil artisan de Tétouan à partir de pulls recyclés. À l'instar des maîtres derviches et leurs disciples, les bonnets de laine sont organisés en rangées parallèles avec un bonnet qui domine chacun des dix groupes et qui se positionne devant. Ils sont tous liés par une même source de lumière. Tandis que le bonnet représente le corps, le halo lumineux, lui, est symbole de l'âme. Les nombres 10 et 77 font allusion au nombre des branches de foi selon l'enseignement du Prophète de l'Islam : dix branches principales et soixante-dix-sept branches secondaires. Certains de ces enseignements sont universels, comme sourire à des étrangers ou ôter du chemin quelque chose qui pourrait blesser quelqu'un. D'autres sont plus spécifiques à l'Islam, comme croire à un seul et même Dieu et à Mohammad comme prophète messager de Dieu.

The *Tâqiya-Nôr* (Cap-Light) installation gives the impression of an aerial view of an African village at night. Younès Rahmoun is interested in endangered local crafts. The colourful woollen caps in this work were made by an old craftsman in Tétouan from recycled jumpers. Like dervish masters and their disciples, the woollen bonnets are arranged in parallel rows, with one bonnet dominating each of the ten groups and positioned in front. They are all linked by the same source of light. While the cap represents the body, the luminous halo symbolises the soul. The numbers ten and seventy-seven allude to the number of branches of faith according to the teachings of the Prophet of Islam: ten main branches and seventy-seven secondary branches. Some of these teachings are universal, such as smiling at strangers or removing from the way something that might hurt someone. Others are more specific to Islam, such as belief in one and the same God and in Mohammad as God's prophet and messenger.

Centre national des arts plastiques – CNAP

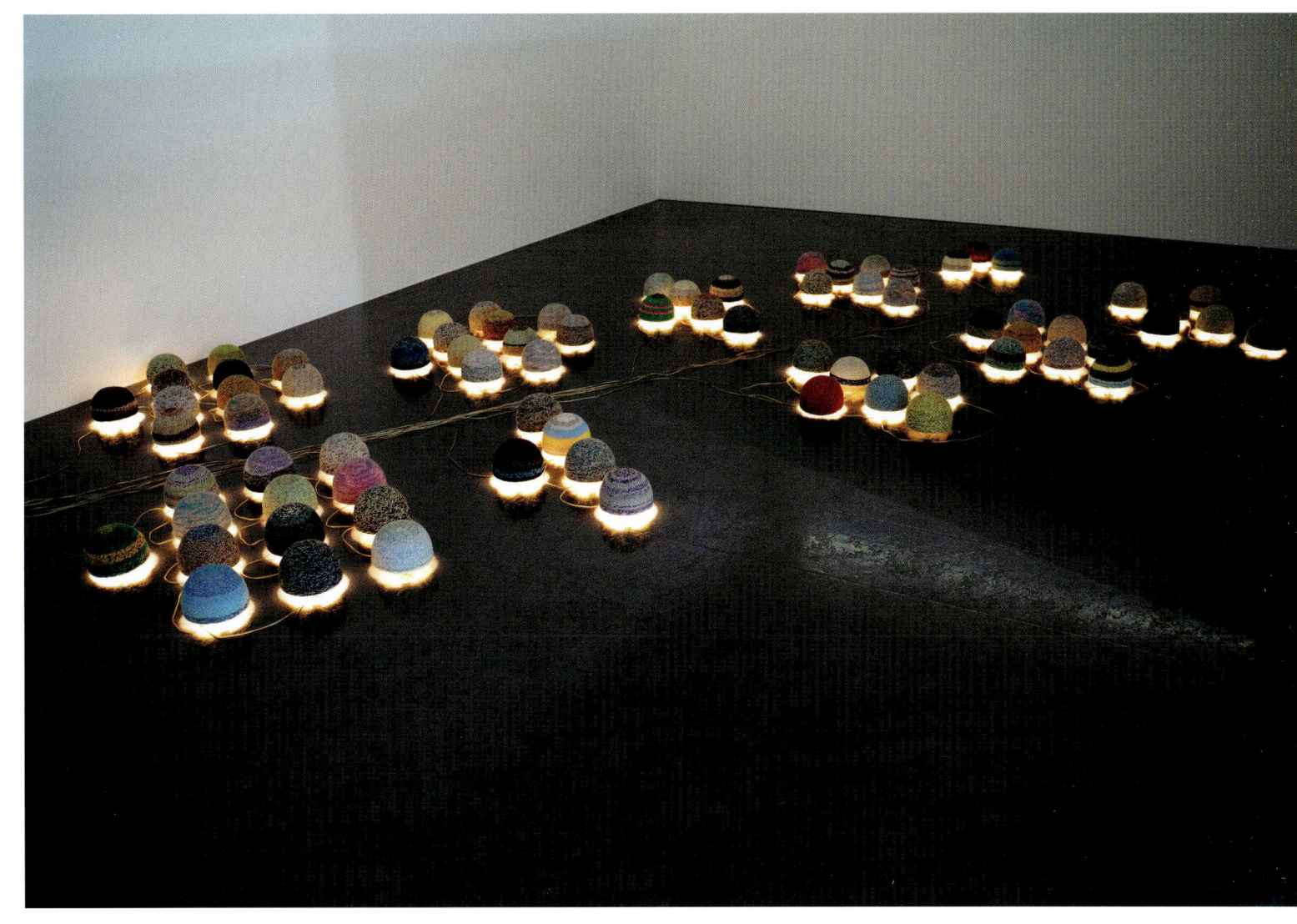

YOUNÈS RAHMOUN (1975)
MAROC / MOROCCO

Rida-Sof-Dahab (Cape-laine-or / Cape-wool-gold), 2022
Laine, sequins dorés / Wool, gold sequins
180 × 100 × 25 cm
Younès Rahmoun - Galerie Imane Farès, Paris, France

Cette sculpture, née de deux étoffes, tisse un dialogue entre le brut et le brillant. À l'extérieur, la laine de mouton, humble et terrestre, évoque le masculin. Elle porte encore les traces végétales, comme autant de souvenirs. Mais à l'intérieur, caché sous les paillettes dorées, se trouve un secret lumineux. Ce tissu, habituellement réservé aux robes féminines, révèle une lueur intérieure, discrète et précieuse.

La forme de la sculpture, mi-cercle, mi-arc, rappelle un corps humain en élévation. Vu de dos, tête baissée, il semble méditer, se retirer du monde matériel. Orienté vers une lumière presque visible, il abandonne tout derrière lui : biens, connaissances, êtres chers. Dans cette quête de pureté, il s'approche de la source originale, comme un mystique en harmonie avec l'univers.

This sculpture, created from two fabrics, weaves a dialogue between the rough and the shiny. On the outside, sheep's wool, humble and earthy, evokes the masculine. It still bears plant traces, like so many memories. But inside, hidden beneath the golden sequins, lies a glowing secret. This fabric, usually reserved for feminine dresses, reveals a discreet and precious inner light.

The shape of the sculpture, half-circle, half-arc, evokes a human body in elevation. Seen from behind, its head bowed, it seems to be meditating, withdrawn from the material world. Pointing towards an almost visible light, it leaves everything behind: possessions, acquaintances, loved ones. In this quest for purity, it approaches the original source, like a mystic in harmony with the universe.

Younès Rahmoun

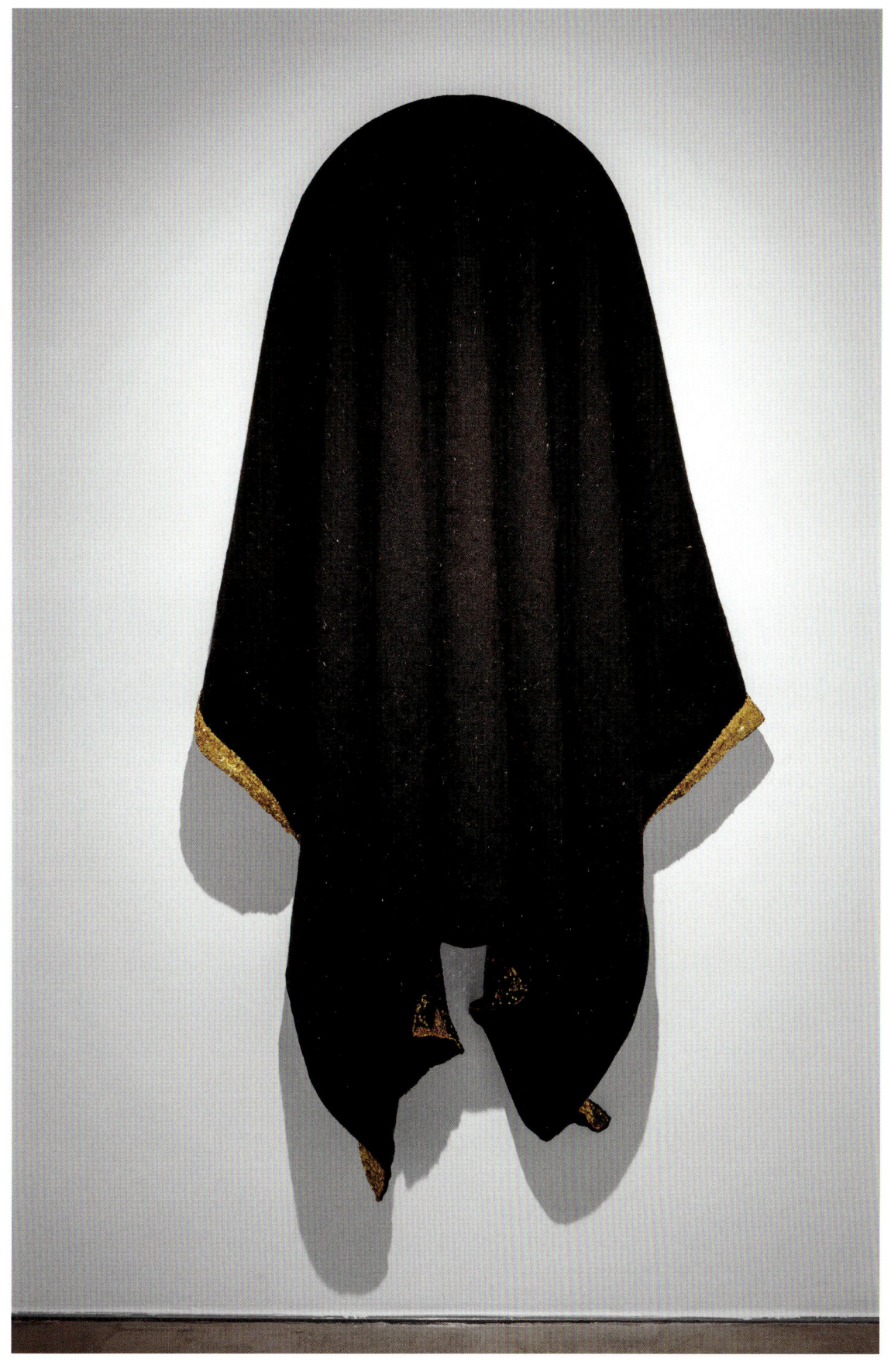

YOUNÈS RAHMOUN (1975)
MAROC / MOROCCO

Wâhid, 2023
Performance, video HD, 2 min
Younès Rahmoun - Galerie Imane Farès, Paris, France

Wâhid est le titre d'une performance qui se déroula lors de l'inauguration de l'exposition au centre culturel de Warande à Turnhout (Belgique). Lors de cette performance, seules les mains de l'artiste dépassaient de la djellaba noire dont il était vêtu et dont la capuche couvrait sa tête et son visage. Assis en tailleur sur un carré de tissu noir disposé sur le sol en direction de La Mecque, Younès Rahmoun psalmodiait 99 fois et pendant 99 secondes le mot *wâhid*, d'une voix au timbre moyen. Seuls ses doigts bougeaient, égrenant les 99 mots, un par seconde qui s'écoulait. De cette performance est née une vidéo, à la fois œuvre et trace au sein de l'exposition. Le dispositif comprenait un écran disposé en direction de La Mecque et diffusant les images des deux mains de l'artiste à échelle 1, bien éclairées et posées sur le fond de tissu noir de la djellaba, de façon à ce que le spectateur puisse les voir distinctement compter les 99 mots *wâhid*.

La vidéo et la photographie constituent une trace importante de cette performance.

Wâhid is the title of a performance that took place during the opening of the exhibition at the de Warande Cultural Centre in Turnhout (Belgium). During this performance only the artist's hands were visible as he wore a black djellaba with a hood that covered his head and face. Seated on a black cloth laid on the ground towards Mecca, the artist chanted 99 times and for 99 seconds the word *wâhid*, using the same soft tone. Only his fingers moved, reciting his 99 prayers, one prayer for each passing second. A video of this performance was made; it is both a separate artwork and the evidence of the exhibition performance. The system comprised a screen that was oriented towards Mecca, showing the full-scale images of the artist's two hands clearly lit and placed on the djellaba's black cloth, so the viewer could see him counting the ninety-nine words *wâhid*.

The video and the photograph form an important trace of the performance.

Younès Rahmoun

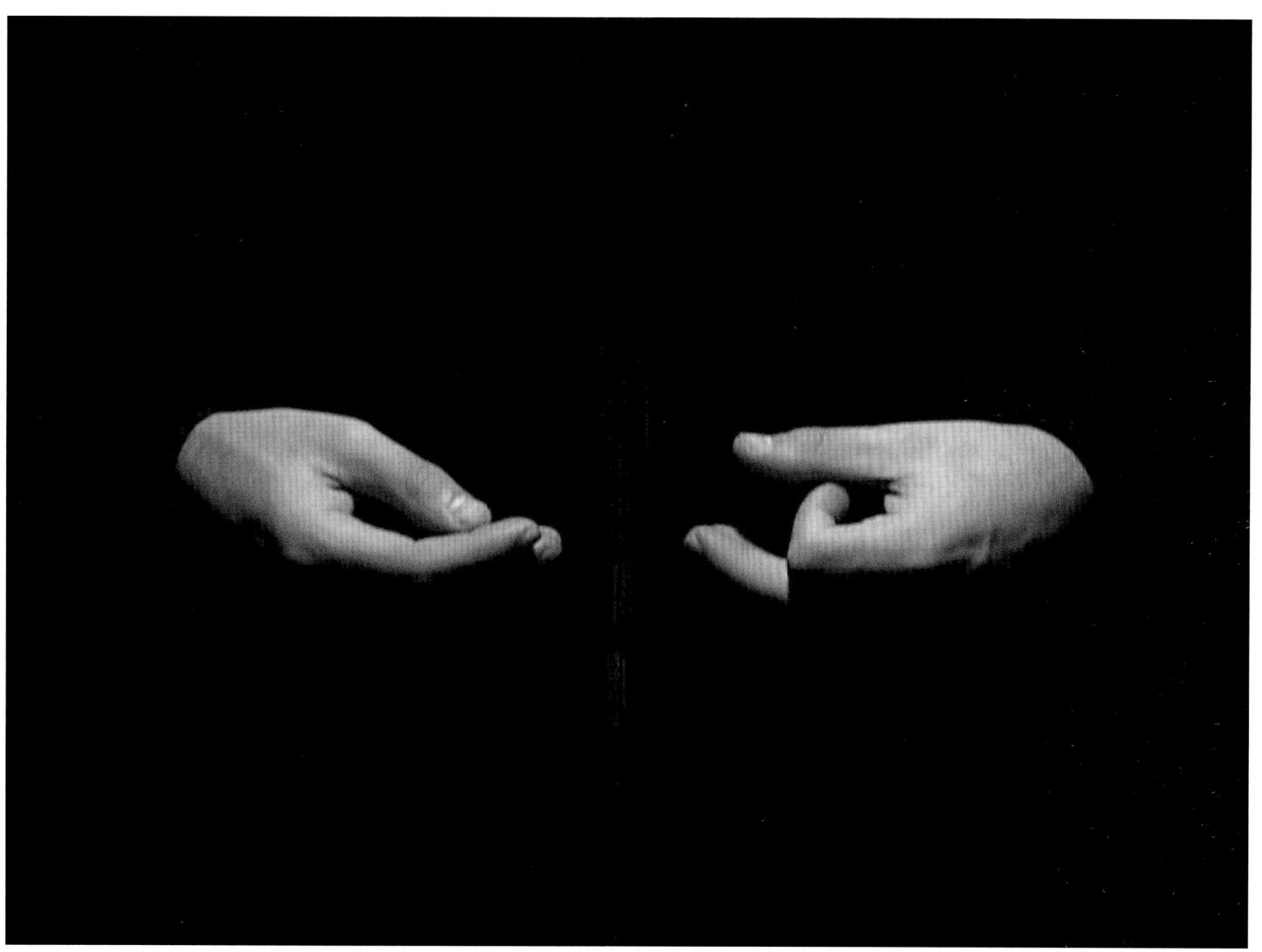

Africa

HERVÉ YOUMBI (1973)
CAMEROUN / CAMEROON

Masque Tso Cri Léopard – Série Visages de masques
Tso Scream Leopard Mask - Faces of Masks series,
2022

L'installation d'Hervé Youmbi intitulée *Masque Tso Cri Léopard* (*Tso Scream Leopard Mask*), issue de son projet *Visages de masques*, bouleverse les stéréotypes occidentaux sur les styles « tribaux » africains et les distinctions entre art « traditionnel » et art « contemporain » d'Afrique. Youmbi a commandé un masque traditionnel Tso Bamileke à différents artisans du Cameroun, mais il l'a conçu de manière à s'écarter des conventions stylistiques ; il intègre en effet le masque populaire d'Halloween de Ghostface, un personnage du film *Scream* (1996) de Wes Craven, inspiré du tableau *Le Cri* d'Edvard Munch, et adopte des attributs formels des masques classiques de l'ouest et du nord-ouest du Cameroun : un masque Tso Bangwa et un masque en bois Babanki Tungo représentant un haut personnage surmonté d'un léopard. Hervé Youmbi a commandé son masque hybride *Tso Cri Léopard* pour la société Nka'a Kossi, même s'il s'éloigne des conventions stylistiques du masque Tso Bamileke qu'ils utilisent habituellement dans le contexte rituel.

Hervé Youmbi a fait autoriser le masque *Tso Cri Léopard* par les anciens de la société Nka'a Kossi. Le masque a été rituellement habilité et activé par Michel Youmbi (qui

Hervé Youmbi's installation titled *Tso Scream Leopard Mask*, from his project *Faces of Masks*, wreaks havoc with Western stereotypes of African 'tribal' styles and distinctions between 'traditional' and 'contemporary' art from Africa.

Youmbi commissioned a traditional Bamileke Tso mask from different craftspeople in Cameroon, but he designed it to deviate from the stylistic conventions of a Bamileke Tso mask insofar as it integrates the popular Halloween mask of Ghostface, a character in Wes Craven's 1996 film *Scream*, inspired by Edvard Munch's painting *The Scream*, as well as adopting formal attributes from classic West and North-West Cameroon masks: a Tso Bangwa mask and a Babanki Tungo wood mask representing a person of stature surmounted by a leopard. Youmbi commissioned his hybrid *Tso Scream Leopard Mask* to be used by the Nka'a Kossi society, even though it deviates from the stylistic conventions of the Bamileke Tso mask they normally use in ritual context.

Youmbi had *Tso Scream Leopard Mask* authorized by the elders of the Nka'a Kossi society. It was ritually empowered and performed by Michel Youmbi (not a member of the artist's family) at a Nka'a Kossi society funerary ceremony at Fondanti Chieftaincy, which Hervé Youmbi filmed and photographed on Saturday, 3 December 2022. The ceremonial funeral was for Papa Foyang, at which his son Latta Christophe was chosen as his successor.

Youmbi's role as contemporary artist included commissioning aspects of the mask from several specialists – Alassane Mfouapon (carver), Ngwa Kingsley Shu (costumier), Marie Kouam and Nadine Chewo (beaders) – and having it performed in a funerary parade while he adopted the ethnographer's role of 'participant observer' to record 'his' object being performed by a Nka'a Kossi society member.

Youmbi highlights the ambiguous status of the mask with museum-type labels that present the *Tso Scream Leopard Mask* both as contemporary art and, alternatively, as ethnographic artefact. The crate built to ship the mask forms part of the installation, together with

Hervé Youmbi
"Field Photograph"
Masque Tso Cri Léopard, 2022

Hervé Youmbi
"Field Photograph" Tso Scream Leopard Mask, 2022

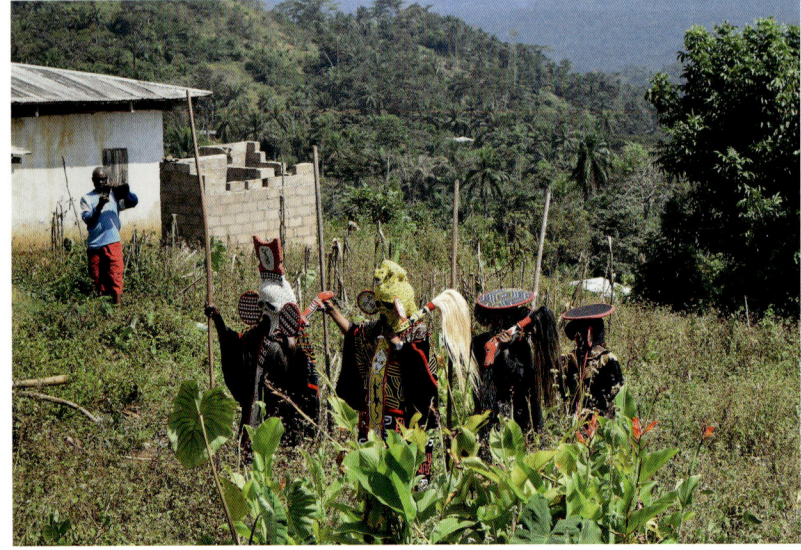

Installation multimédia, bois, pigment, textile, colle,
tissu de velours et de coton, broderie de soie, crin
de cheval, fibre, perles, peinture sur bois, colle, vidéo
monocanal, moniteur, haut-parleurs/casques
Multimedia installation, wood, pigment, textiles, glue,
velvet and cotton fabric, silk embroidery, horsehair,
fibre, beads, wood paint, glue, single-channel video,
monitor, speakers/headphones
Dimensions variables / Various dimensions
Collection de l'artiste / Collection of the artist, Douala
Cameroon & Axis Gallery, New York, USA

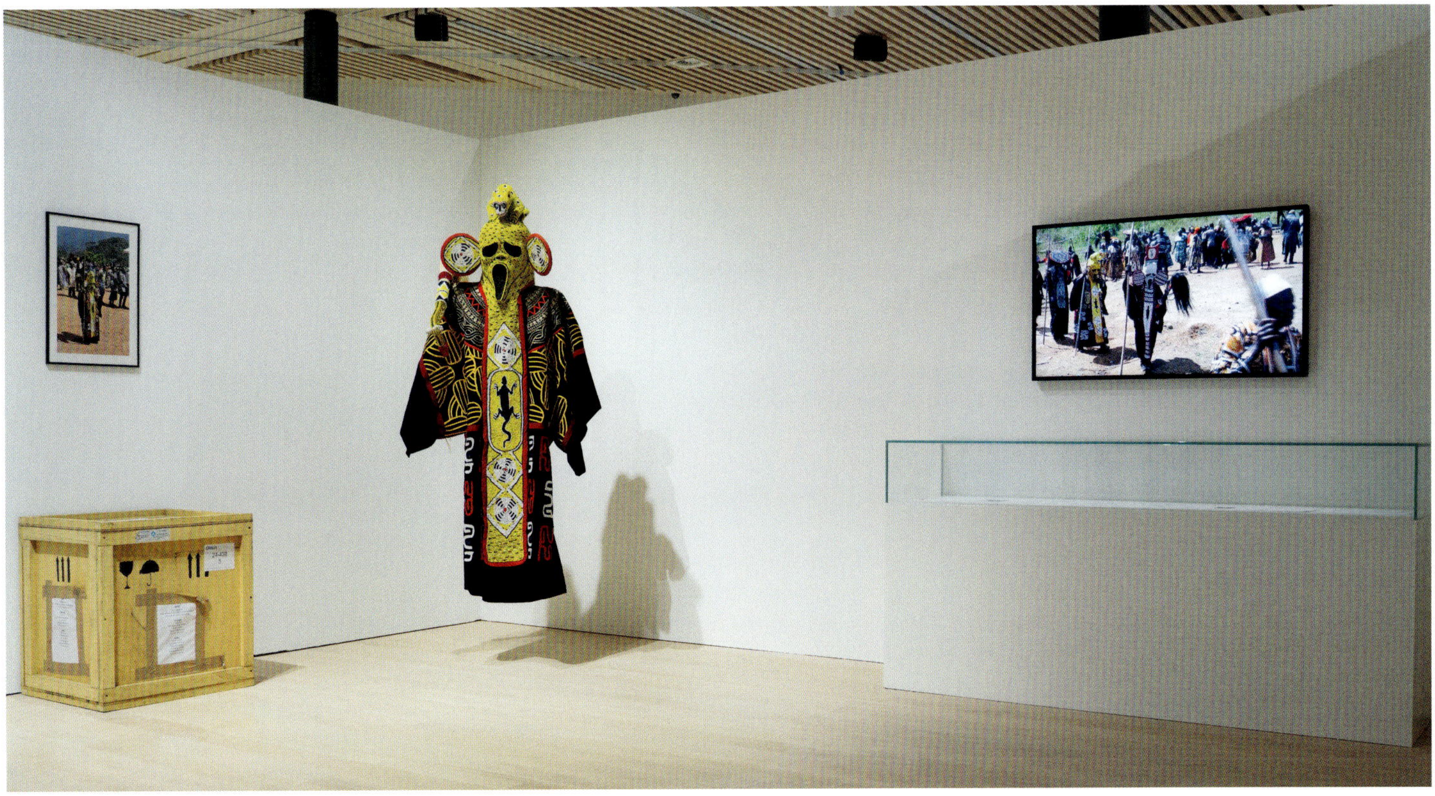

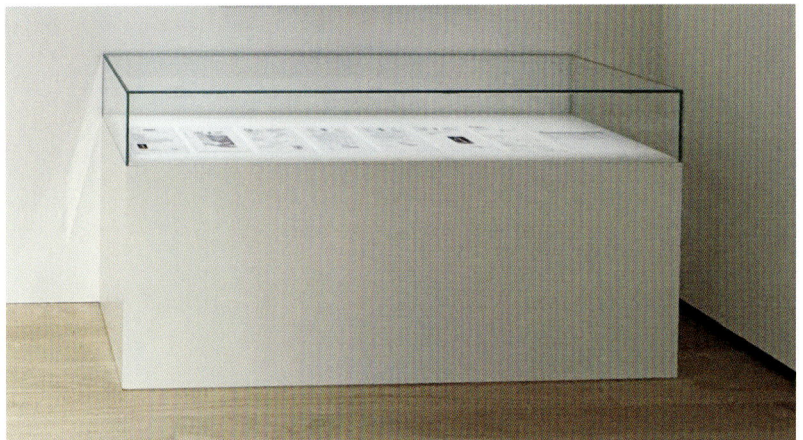

Vitrine avec
les documents
d'expédition
et de douane
(détail de l'œuvre)

Display case
with shipping
and customs
documents
(artwork detail)

n'est pas membre de la famille de l'artiste) lors d'une cérémonie funéraire de la société Nka'a Kossi à la chefferie Fondanti, qu'Hervé Youmbi a filmée et photographiée le samedi 3 décembre 2022. Il s'agit de la cérémonie funéraire de Papa Foyang, au cours de laquelle son fils Latta Christophe a été désigné comme son successeur.

Le travail d'artiste contemporain de Youmbi a consisté entre autres à commander certains des éléments du masque à plusieurs spécialistes – Alassane Mfouapon (sculpteur), Ngwa Kingsley Shu (costumier), Marie Kouam et Nadine Chewo (perles) – et à le faire activer durant un défilé funéraire, tout en adoptant le rôle d'ethnographe « observateur participant » pour enregistrer l'activation de « son » objet par un membre de la société Nka'a Kossi. Youmbi souligne le statut ambigu du masque avec des étiquettes de type muséal qui le présentent à la fois comme de l'art contemporain et comme un artefact ethnographique. La caisse construite pour l'expédier fait partie intégrante de l'installation, tout comme ses documents d'expédition et de douane, qui en reflètent le statut « officiel », ainsi que la valeur douanière déclarée pour l'exportation et qui permettent aussi de suivre ses déplacements.
Les institutions qui acquièrent l'œuvre peuvent choisir de maintenir le masque rituellement actif en le renvoyant périodiquement au Cameroun pour participer à de futures cérémonies. Elles peuvent également choisir de ne pas le faire, auquel cas un masque « jumeau » sera créé pour poursuivre une vie parallèle dans le monde rituel.

its shipping and customs documentation, which reflect the 'official' status and declared customs value of the mask for export and also tracks its travels.
Institutions that acquire the work may opt to keep the mask ritually active by returning it periodically to Cameroon to participate in future ceremonies. They can, however, choose not to, in which case a 'sister' mask will be created to continue a parallel life in the ritual world.

Axis Gallery, New York

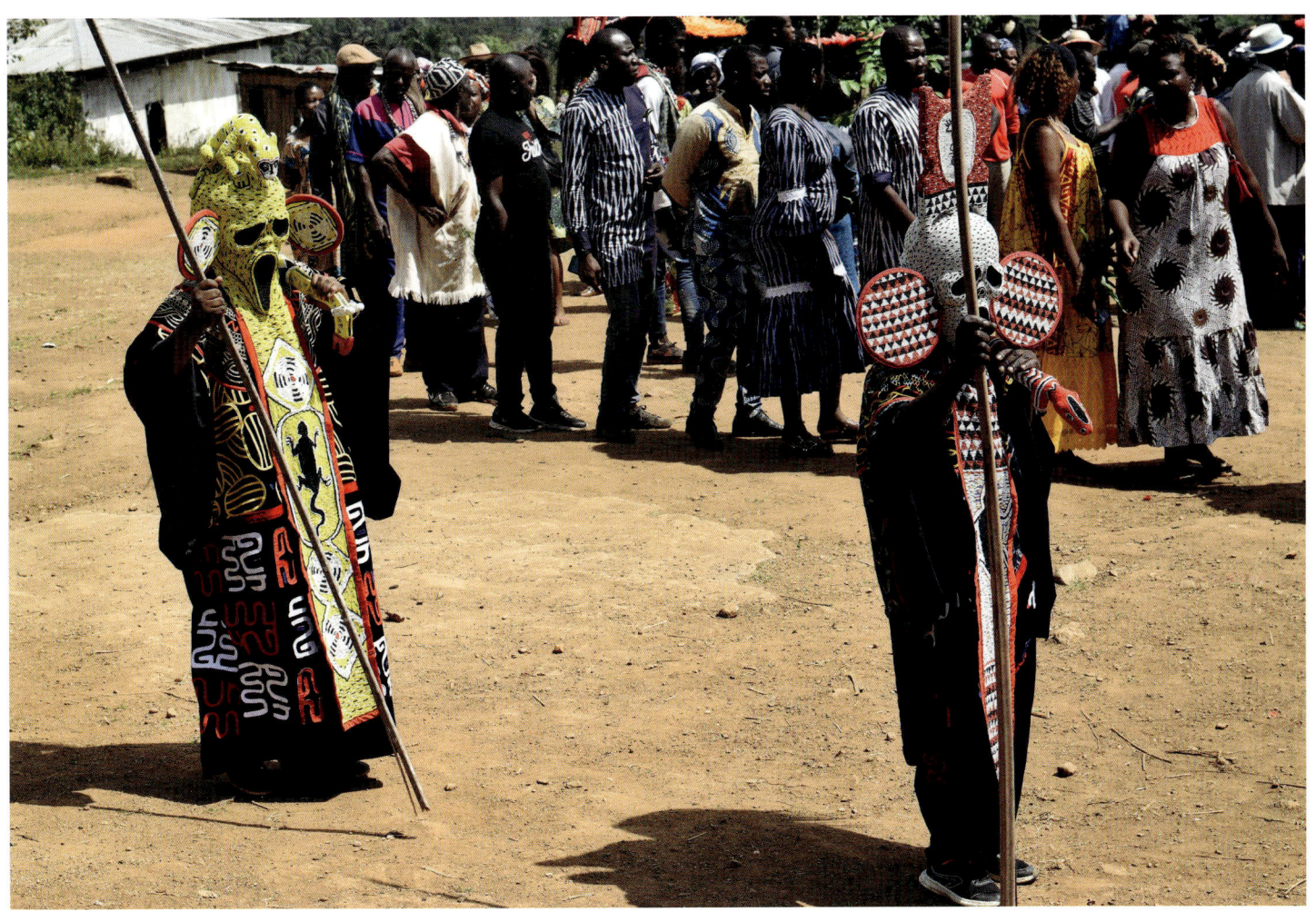

Tso Scream Mask and Tso Scream Leopard Mask lors d'une cérémonie rituelle à Fondanti, Cameroun, décembre 2022.
Courtesy the artist and Axis Gallery, NY & NJ

Tso Scream Mask and Tso Scream Leopard Mask in a ritual ceremony in Fondanti, Cameroon, December 2022.
Courtesy the artist and Axis Gallery, NY & NJ

Africa

JEAN-JACQUES EFIAIMBELO (1925–2006)
MADAGASCAR

L'Homme solitaire (Tokam-Bata) /
The Solitary Man (Tokam-Bata), 2000
Bois peint / Painted wood
193 × 42 × 11 cm
The Jean Pigozzi African Art Collection,
Genève, Suisse / Geneva, Switzerland

Suivant la tradition mahafal de Madagascar, les tombes sont ornées d'*aloalos*, des poteaux sculptés de figures. Des saynètes symboliques ou biographiques en lien avec la vie du défunt ont petit à petit remplacé les animaux. Le zébu, synonyme de richesse, est souvent représenté soit accompagné par son gardien, soit lors d'un vol de l'animal. La partie inférieure présente une succession de huit motifs (chiffre de la plénitude) étagés, dont le dernier est une pleine lune. Efiaimbelo et son fils Jean-Jacques sont les sculpteurs les plus créatifs. Outre la finesse et la variété de leurs figurines, ils se sont distingués en y ajoutant la polychromie.

In the Mahafal tradition of Madagascar, tombs are decorated with *aloalos*, posts sculpted with figures. Symbolic or biographical sketches relating to the life of the deceased have gradually replaced animals. The zebu, synonymous with wealth, is often depicted either accompanied by its guardian, or when the animal is stolen. The lower section features a succession of eight stepped motifs (the number of fullness), the last of which is a full moon. Efiaimbelo and his son Jean-Jacques are the most creative sculptors. In addition to the finesse and variety of their figures, they have distinguished themselves by adding polychromy.

André Magnin

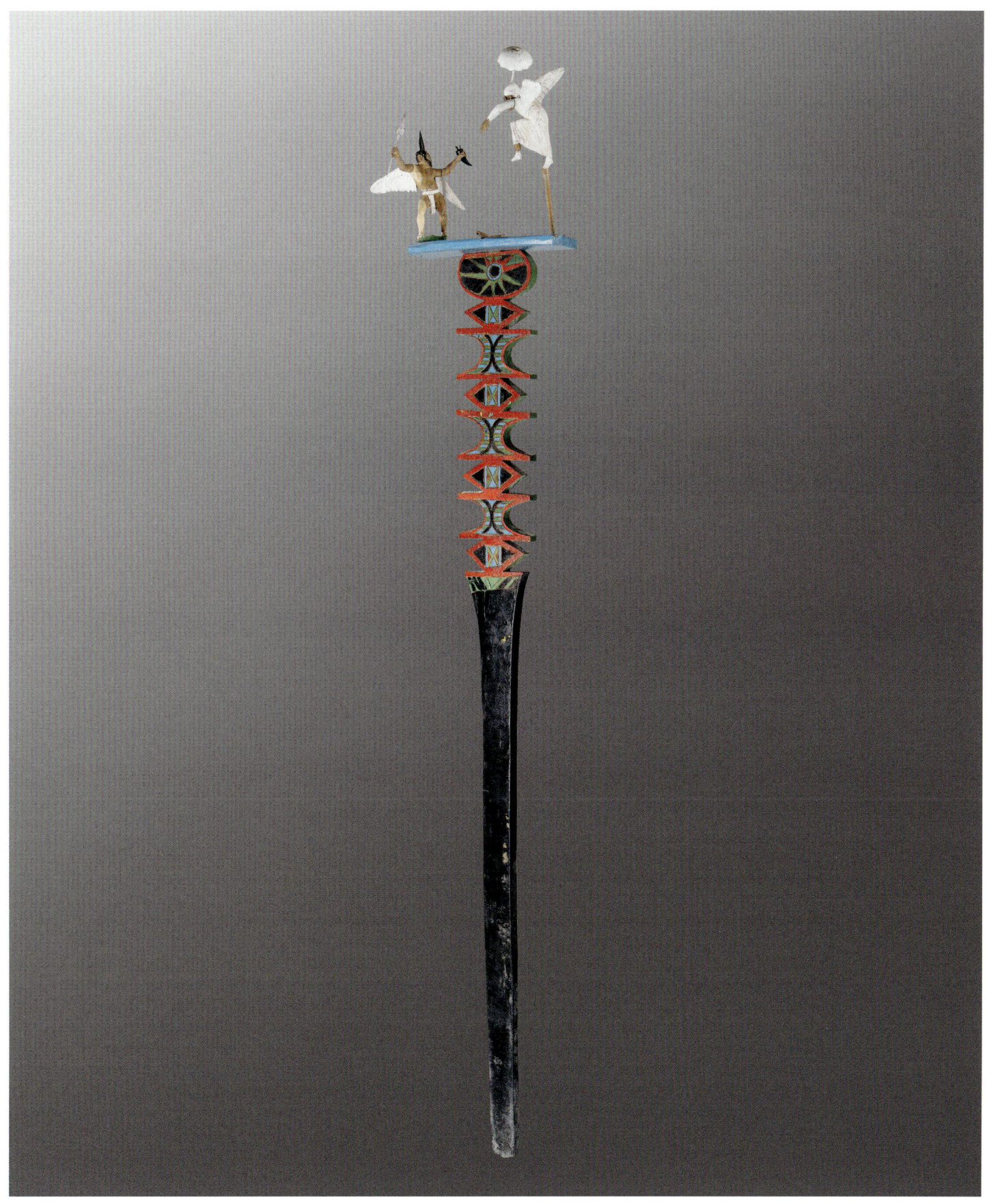

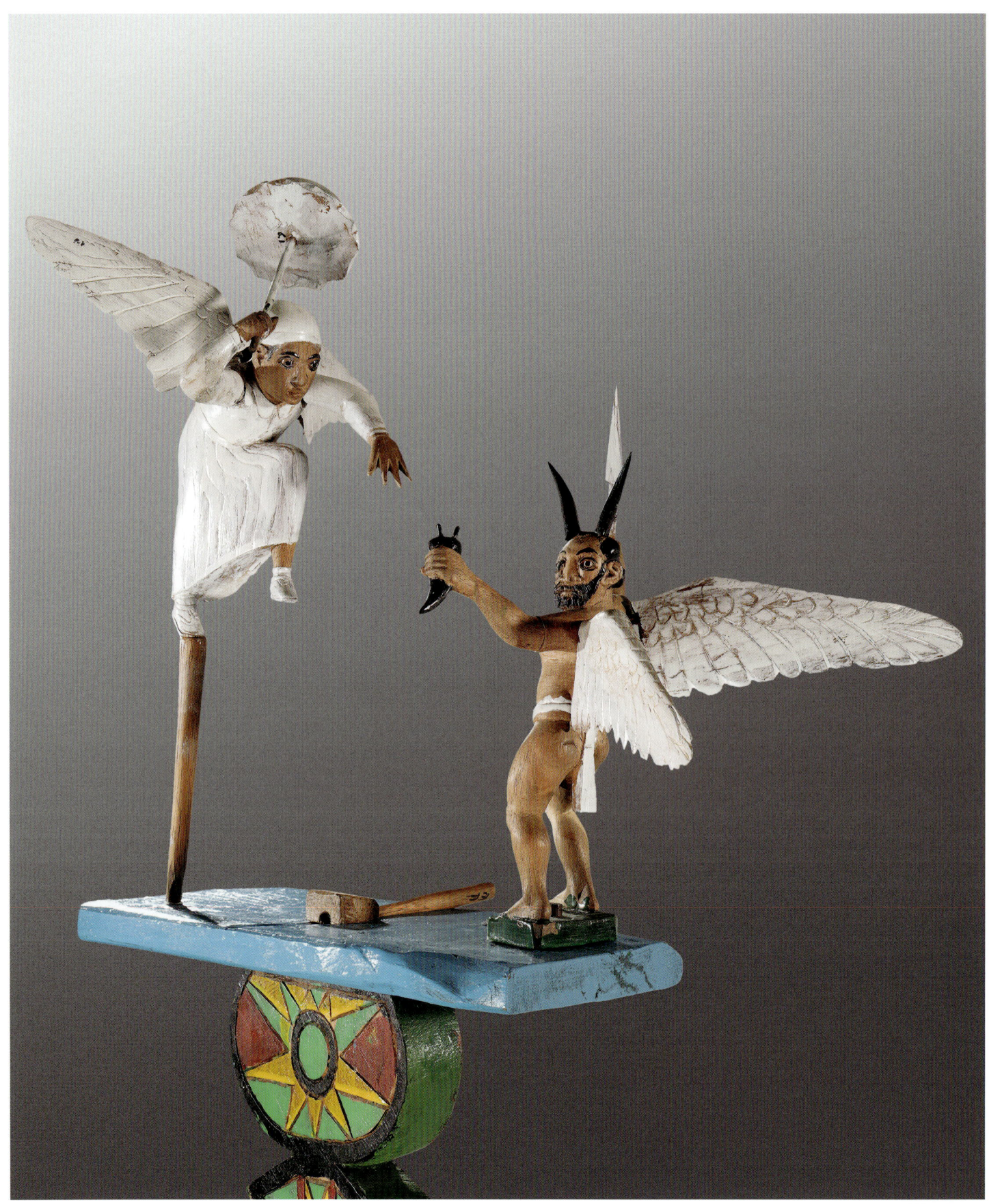

Afrique

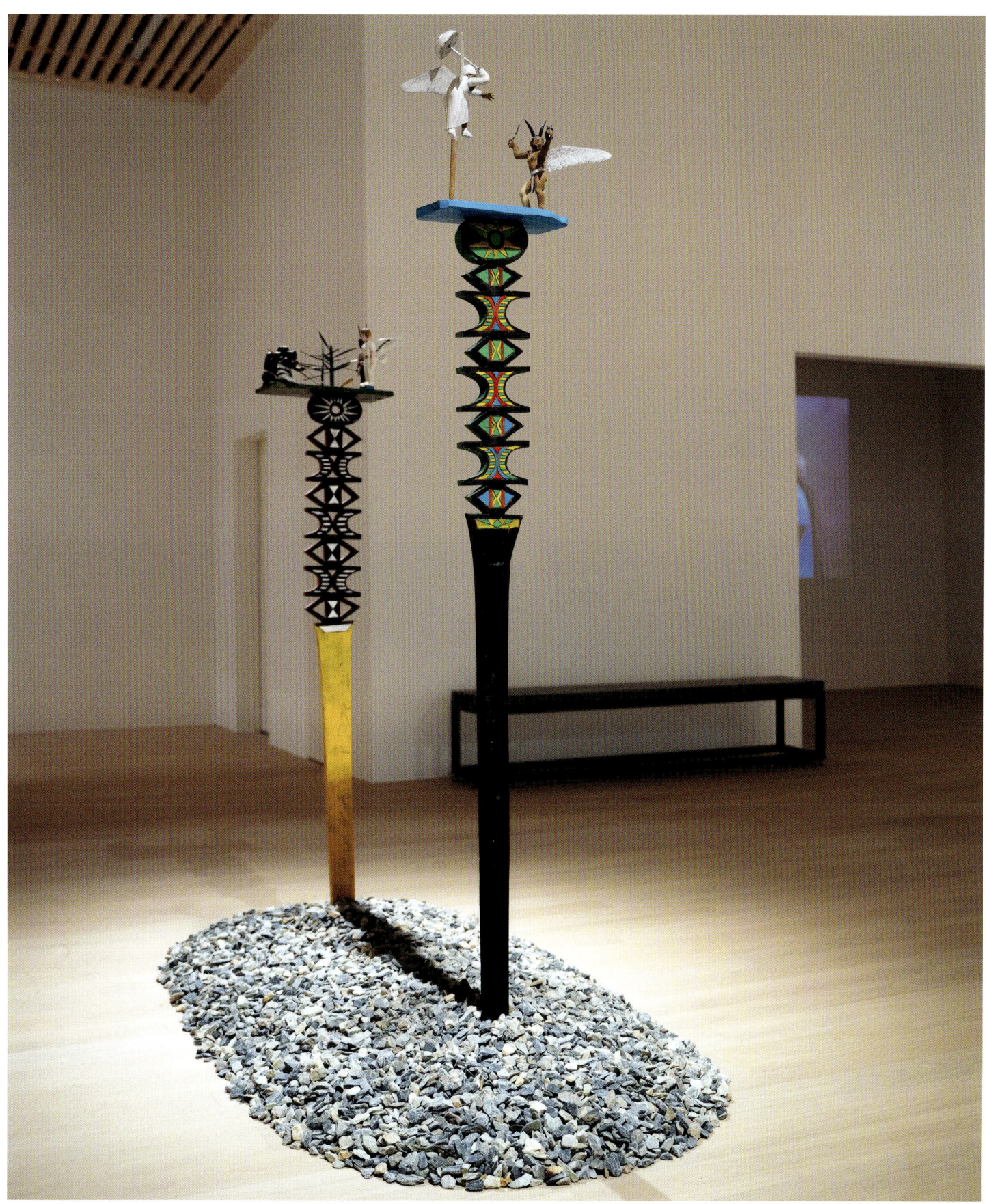

Africa

JEAN-JACQUES EFIAIMBELO (1925–2006)
MADAGASCAR

Défi entre Dieu et Andrianabilisy / Challenge between God and Andrianabilisy, 1997
Bois peint / Painted wood
186 × 38 × 18 cm
The Jean Pigozzi African Art Collection,
Genève, Suisse / Geneva, Switzerland

L'*aloalo Défi entre Dieu et Andrianabilisy* présente quatre personnages. Un ange avec des ailes, tout en blanc, représente Dieu, tandis qu'à ses côtés, un personnage en noir, avec une corne au-dessus de la tête, représente le Diable. C'est le fils de Dieu, il s'appelle Andrianabilisy. Un couple assis leur fait face et s'adresse à Dieu en l'implorant de mettre au monde un garçon. La femme tomba enceinte et enfanta un garçon. Ils retournent alors vers Dieu et lui font une offrande.

Andrianabilisy, le premier fils de Dieu, est jaloux et ne suit pas les ordres de son père. Il part dans la forêt où il vit et où il a inventé la force diabolique.

C'est une histoire ancestrale, une coutume de la vie traditionnelle.

This *aloalo*, titled *Défi entre Dieu et Andrianabilisy*, features four figures. An angel with wings, all in white, represents God. Beside him is a black figure with a horn above his head, representing the Devil. He is God's son, and his name is Andrianabilisy.

A seated couple faces them, imploring God to give birth to a boy. The woman became pregnant and gave birth to a boy. They then return to God and made an offering. Andrianabilisy, God's first son, is jealous and does not follow his father's orders. He leaves for the forest where he lives and where he invents diabolical force.

This is an ancestral story, a custom from traditional life.

André Magnin

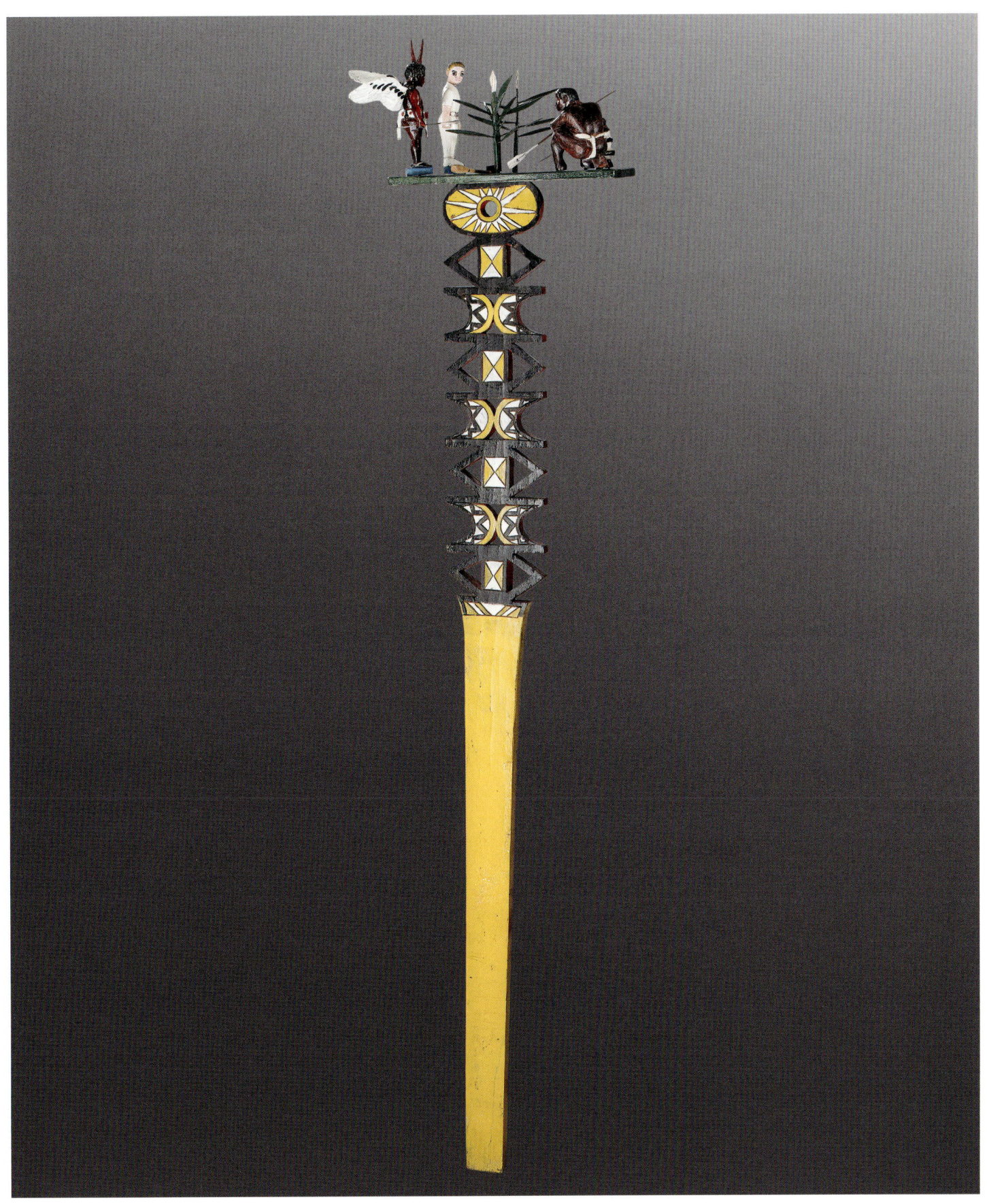

Africa

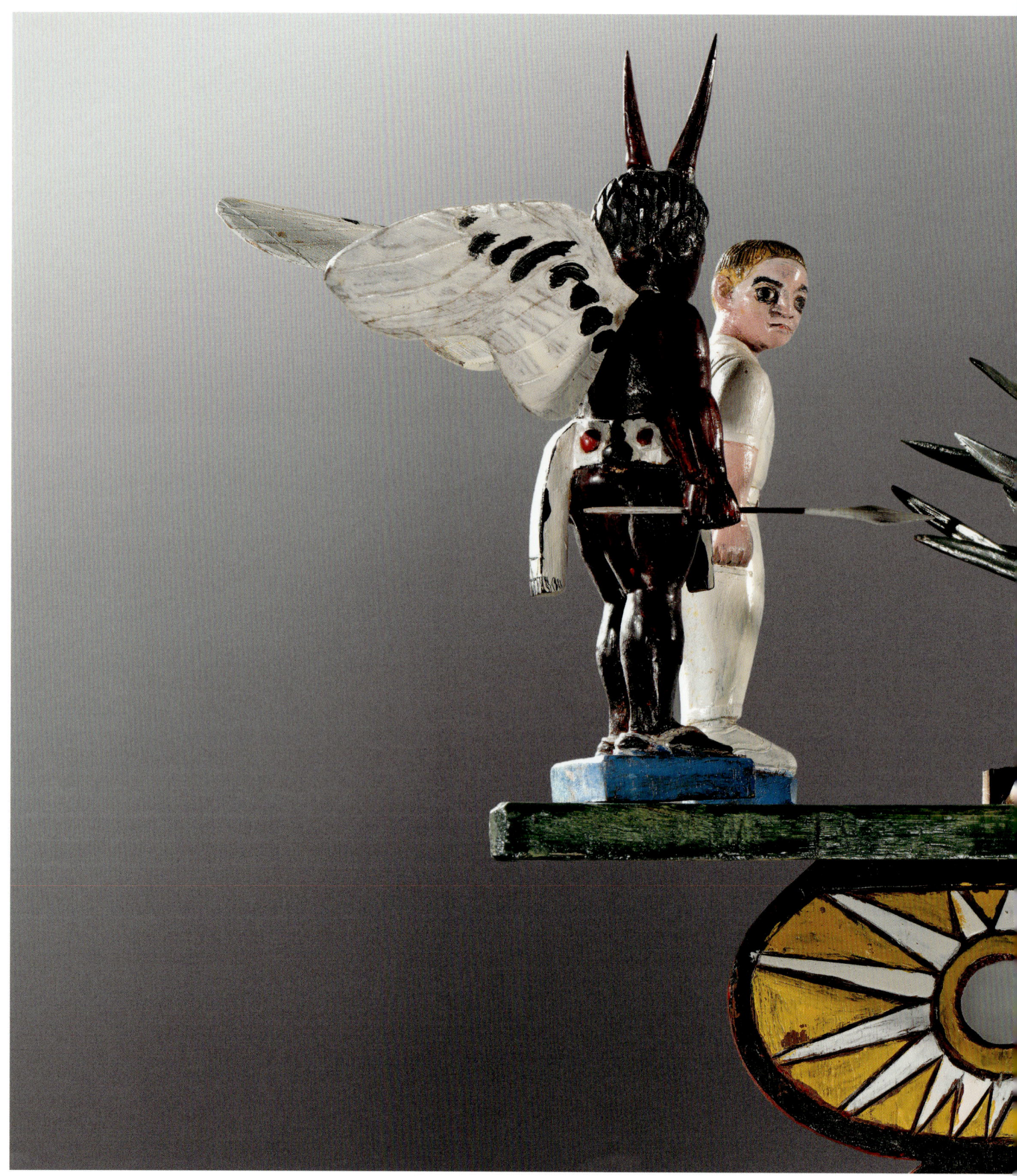

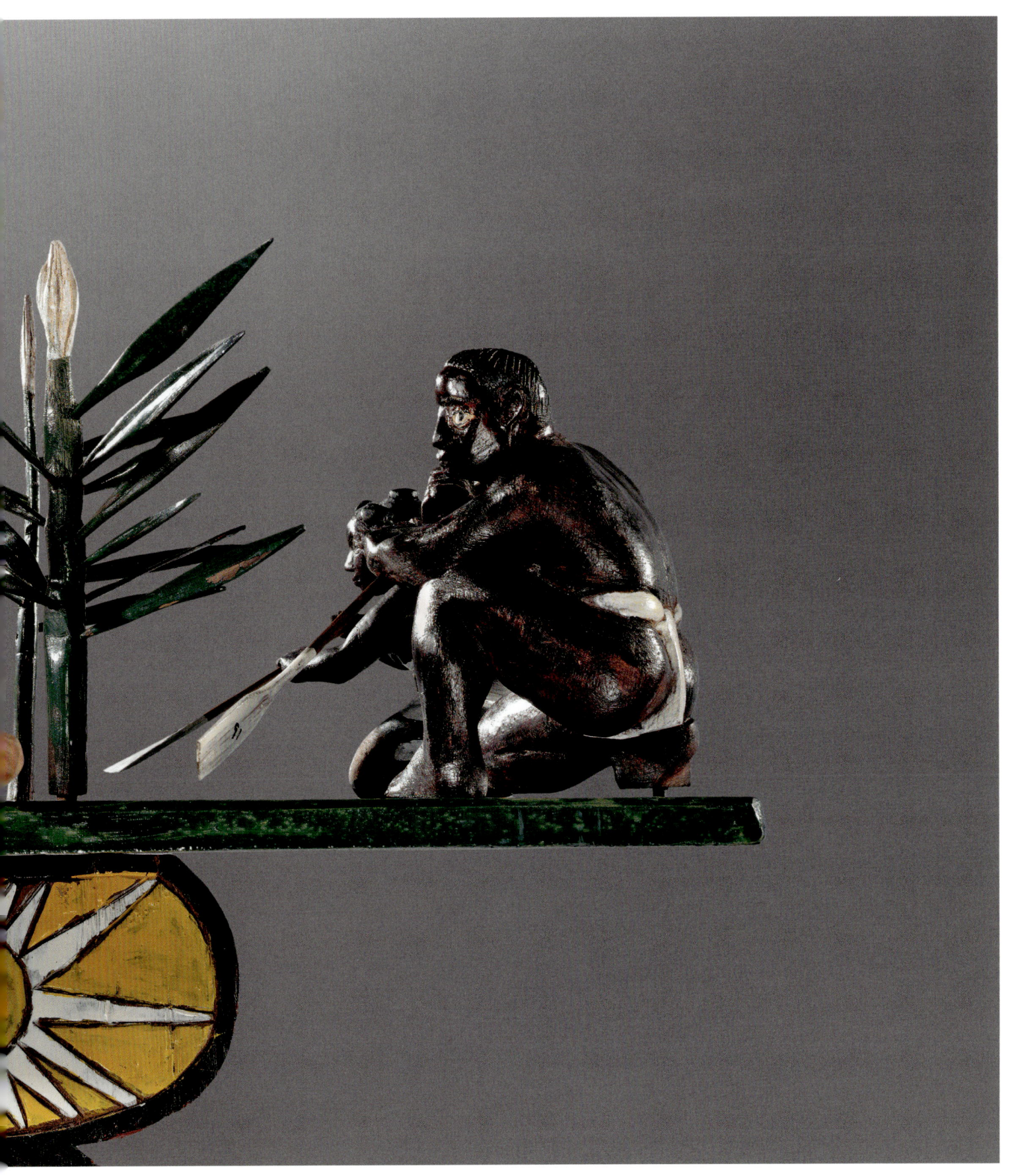

AMÉRIQUE
AMERICA

AUTEL MESA / MESA ALTAR

RICARDO LINARES GARCÍA

SANTOS MOTOAPOHUA DE LA TORRE

AUTEL KONGO ARBRE / KONGO TREE ALTAR

CULTE VAUDOU / VOODOO CULT

AUTEL DE QUIMBANDA / QUIMBANDA ALTAR

MESTRE DIDI

RUBEM VALENTIM

JOSÉ BEDIA

SANDRA VÁSQUEZ DE LA HORRA

Autel de
Quimbanda, Brésil

Quimbanda altar,
Brazil

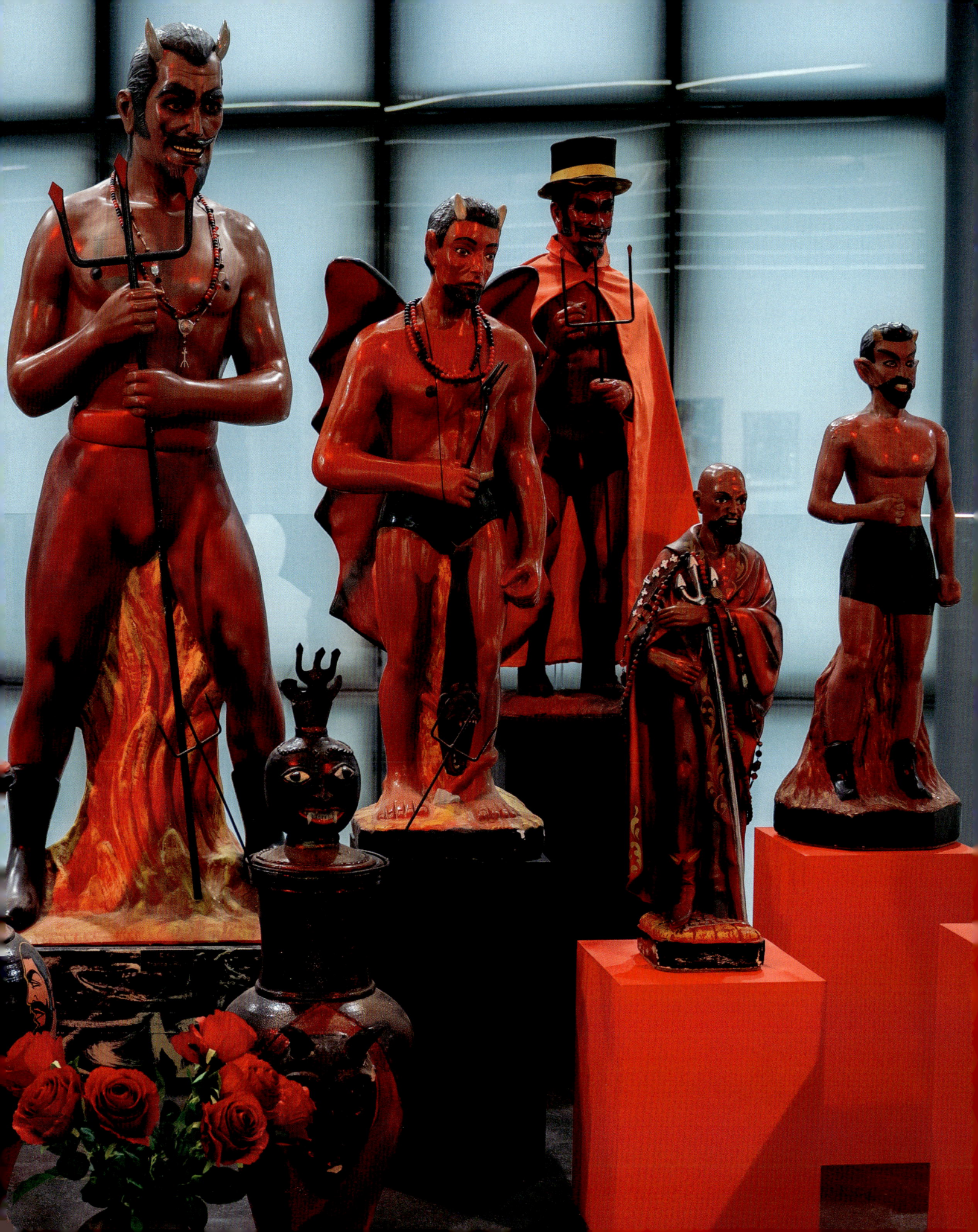

AUTEL MESA / MESA ALTAR
2001
VÍCTOR BRAVO CAJUSOL
PÉROU / PERU

Cérémonie de guérison chamanique / Shamanic Healing Ceremony
Matériaux divers / Mixed media
280 × 380 cm
Religionskundliche Sammlung Philipps-Universität Marburg, Allemagne / Germany

Ces *mesas* (littéralement « tables ») sont des autels rituels du Pérou. Ils sont érigés par des maîtres de la médecine cérémonielle traditionnelle pour effectuer des rituels de guérison. Au cours de séances nocturnes, dans un lieu extérieur spécialement choisi, divers objets de pouvoir sont disposés sur un linge selon un ordre clairement établi et utilisés pour éloigner le mal du patient. La *mesa* est toujours divisée en deux parties, définies par les objets présents. La moitié droite de l'autel, dite zone de guérison, contient des images pieuses, des pierres, des aimants, des drapeaux et des flacons d'herbes, tous employés comme instruments magiques de protection. La partie gauche de l'autel, la zone dite animale, est décorée d'objets représentant des animaux, de coquillages et de pierres. Une pierre phallique sert à invoquer la fertilité.

These *mesas* (literally, tables) are ritual altars from Peru. They are erected by masters of traditional ceremonial medicine to perform healing rituals. During night-time seances, at a specially chosen outdoor location, various objects of power are arranged on a cloth according to a clearly defined order and used to drive harm away from the patient. The *mesa* is always divided into two parts, defined by the objects present. The right half of the altar, the so-called healing area, contains Christian images, stones, magnets, flags, and bottles of herbs, all used as magical protective instruments. The left part of the altar, the animal area, is decorated with objects representing animals, and with shells and stones. A phallic stone is used to invoke fertility.

JHM

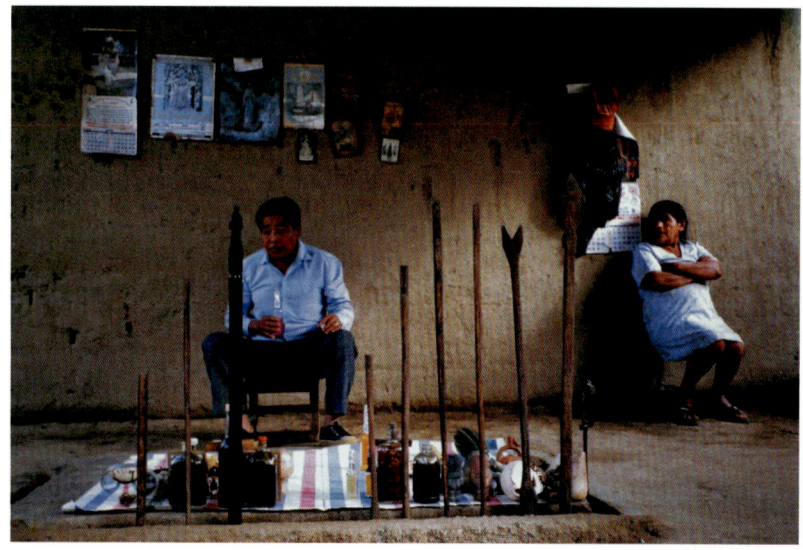

Víctor Bravo Cajusol devant l'autel consacré *mesa*, Tucumé, province de Lambayeque, Pérou

Victor Bravo Cajusol in front of the consecrated *mesa* altar, Tucumé, Lambayeque province, Peru

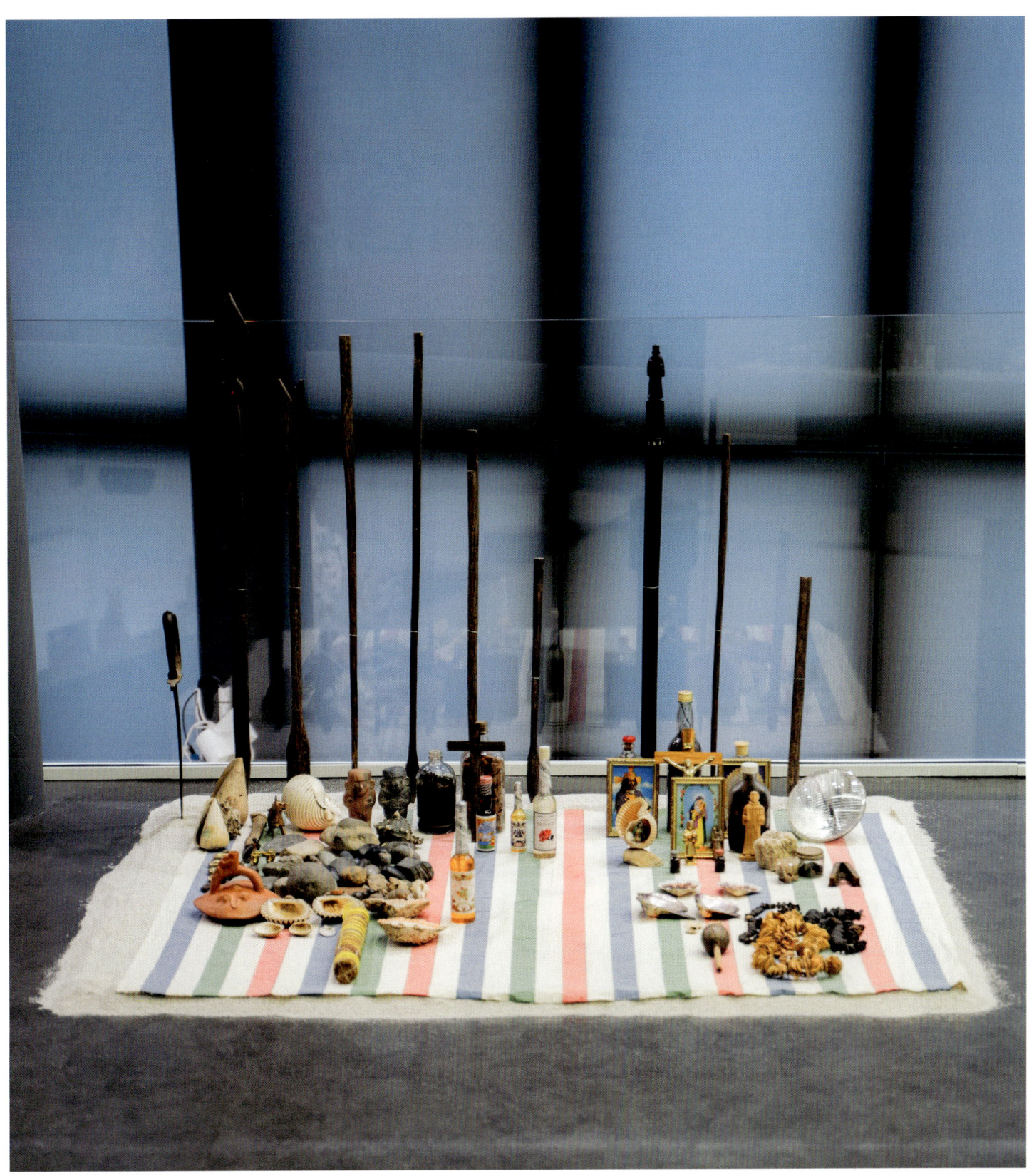

America

RICARDO LINARES GARCÍA (1968)
MEXIQUE / MEXICO

Altar de los Muertos / Autel des morts / Altar of the Dead, 2024
Papier mâché et techniques mixtes / Papier-mâché and mixed media
480 × 340 cm
Collection Fondation Opale, Suisse / *Switzerland*

La famille Linares s'est fait une réputation dans le domaine des autels au Mexique. Ricardo Linares est ainsi l'auteur avec son atelier de l'*Autel des morts*.

Le Jour des morts, veille de la Toussaint, est l'objet d'un culte et de toutes sortes de célébrations au Mexique. Des autels éphémères faits de personnages en papier mâché et dentelles de papier sont dressés ; les familles festoient en prenant des repas sur les tombes et dégustent des crânes en sucre richement décorés.

Une des figures les plus représentées est *La Catrina*, un squelette féminin coiffé d'un large chapeau. La source de ce personnage est à rechercher dans un dessin de José Guadalupe Posada de 1912, repris ensuite par l'artiste Diego Rivera qui lui a trouvé son nom. Rappelant que chacun est égal devant la mort, elle s'inspire du thème européen de la danse macabre. La *Catrina* caricaturait autrefois des femmes d'origine indigène qui se paraient de belles robes et de grands chapeaux à plumes, copiant la mode européenne et se donnant des allures de la classe dominante coloniale. Les partenaires masculins sont appelés *Catrin(s)*. Ils sont devenus des personnages emblématiques de la culture populaire mexicaine.

The Linares family has gained its reputation in the field of altars in Mexico. Ricardo Linares and his workshop created the *Altar of the Dead*.

The Day of the Dead, Halloween, is a day of worship and of all kinds of celebrations in Mexico. Ephemeral altars made of papier-mâché figures and paper lace are erected. Families feast on richly decorated sugar skulls, eating meals on the graves.

One of the most popular figures is *La Catrina*, a female skeleton wearing a large hat. This character originated in a drawing by José Guadalupe Posada in 1912, later taken up by the artist Diego Rivera, who gave the figure her name. Reminding us that everyone is equal in the face of death, it takes up the European theme of the *danse macabre*. The *Catrina* originally caricatured women of Indigenous origin who dressed up in beautiful dresses and large feathered hats, copying European fashion and giving themselves the allure of the colonial ruling class. The male partners are called *Catrin(s)*. They have become emblematic figures in Mexican popular culture.

JHM

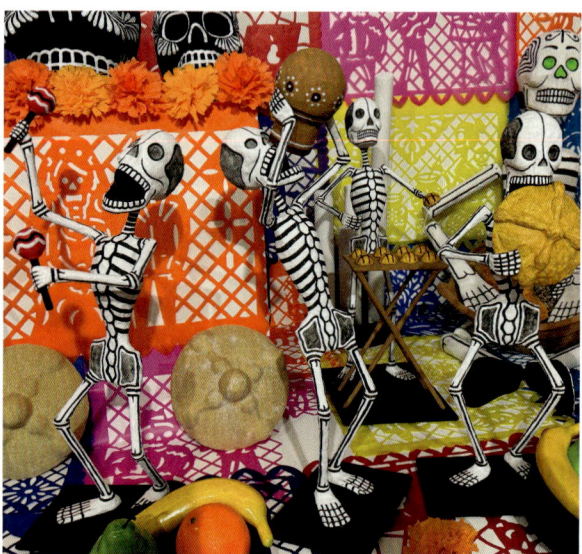

Détail de l'œuvre
p. 81

Artwork detail p. 81

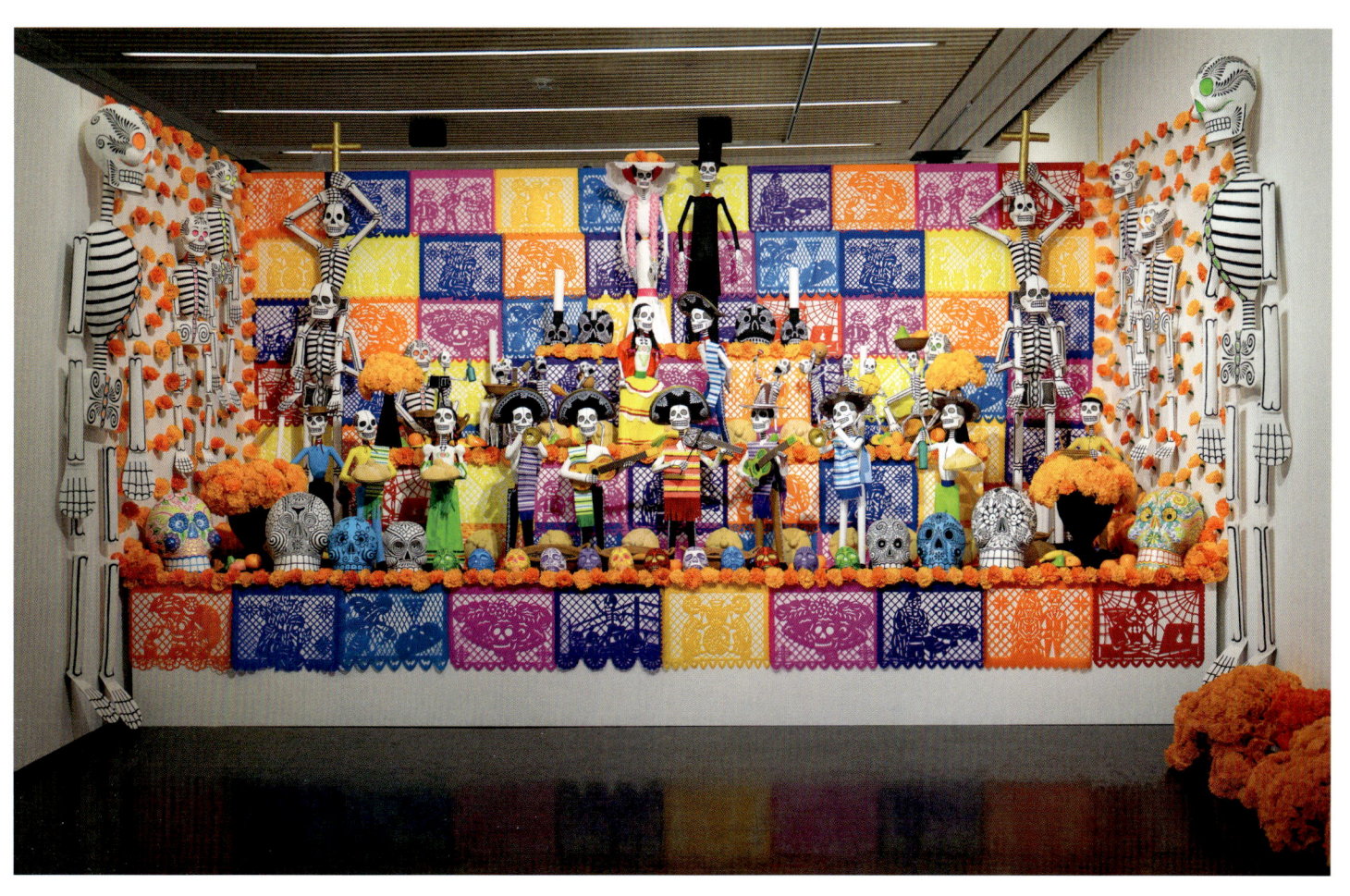

SANTOS MOTOAPOHUA DE LA TORRE (1942)

MEXIQUE / MEXICO

Dos Divinidades : Tatewari y el Àguila (Deux déités : Tatewari et l'Aigle / *Dos Divinidades: Tatewari y el Àguila* (Two deities: Tatewari and the Eagle), 2018
Huichol
Perles, cire d'abeille et contreplaqué / Beads, beeswax and plywood
150 × 120 cm
October Gallery, Londres / London

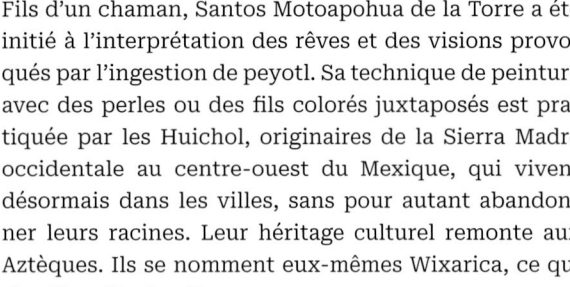

Fils d'un chaman, Santos Motoapohua de la Torre a été initié à l'interprétation des rêves et des visions provoqués par l'ingestion de peyotl. Sa technique de peinture avec des perles ou des fils colorés juxtaposés est pratiquée par les Huichol, originaires de la Sierra Madre occidentale au centre-ouest du Mexique, qui vivent désormais dans les villes, sans pour autant abandonner leurs racines. Leur héritage culturel remonte aux Aztèques. Ils se nomment eux-mêmes Wixarica, ce qui signifie « fils des dieux ».

Santos Motoapohua de la Torre est originaire de Santa Catarina Cuexcomatitlán et vit et travaille actuellement à Valparaiso. Son nom huichol se traduit par « Écho de la montagne ».

Une de ses œuvres a été offerte par le gouvernement mexicain pour être installée dans la station de métro Palais-Royal – Musée du Louvre à Paris.

Dans les deux panneaux centraux du piédestal figure Tatewari, Grand-Père Feu, dont l'immense pouvoir le relie aux dieux des montagnes du sud et du nord.

Ce pouvoir se diffuse dans le monde entier grâce à Tatei Yurienaka, Terre Mère fertile, qui apparaît dans le panneau inférieur droit. Le panneau inférieur gauche montre un Mara'akame (chaman huichol) guérissant la maladie au cours d'une cérémonie sacrée, le soleil brille et éclaire le travail des hommes. Cette manifestation a lieu sous la conduite de Toto Xaweri, le son du musicien, encadré sur un panneau blanc entouré de deux oiseaux qui symbolisent la présence permanente de l'amour dans tout ce qui est créé.

Au centre du tableau plane un aigle qui observe tout ce qui se passe et manifeste sa magnifique présence. Dans ses griffes, il tient deux serpents, sources de nourriture ; il est entouré de lézards, de scorpions, de papillons et d'autres animaux qui illuminent la terre. Au niveau du nombril, un cercle bleu représente l'eau bénite que les chamans dispersent en entonnant leurs chants sacrés.

Le panneau orange à droite donne à voir Mayumbe (le principe féminin et la lumière de la lune), associée à l'obscurité par opposition à la lumière du soleil, qui brille dans le monde souterrain, ici entourée d'oiseaux.

Le panneau vert foncé de gauche illustre le Cerf (Tamatsi

The son of a shaman, Santos Motoapohua de la Torre was initiated into the interpretation of dreams and visions brought about by the ingestion of peyote. His technique of painting with juxtaposed coloured beads or yarns is practiced by the Huichols, who originate from the Sierra Madre Occidental in west-central Mexico and have now spread to the cities, without abandoning their roots. Their cultural heritage goes back to the Aztecs. They call themselves Wixarica, meaning 'sons of the gods'.

Santos Motoapohua de la Torre is from Santa Catarina Cuexcomatitlán and now lives and works in Valparaiso. His Huichol name translates to 'Echo of the Mountain'.

One of his works was donated by the Mexican government for installation in the Palais-Royal - Musée du Louvre metro station in Paris.

In the two central panels of the pedestal is Tatewari, Grandfather Fire, whose immense power connects him to the gods of the south and north mountains.

This power is spread throughout the world thanks to Tatei Yurienaka, Mother Fertile Earth, who appears in the lower right panel. The lower left panel shows how a Mara'akame (Huichol shaman) heals disease in a sacred process as the sun shines and illuminates the work of men. This manifestation occurs under the guidance of Toto Xaweri, the sound of the musician, whose form is depicted on a white panel surrounded by two birds representing the permanent presence of love in all that is created.

At the centre of the painting, an eagle soars, observing all that is happening and manifesting its magnificent presence. In its claws it holds two snakes, sources of food, and around it are lizards, scorpions, butterflies, and other animals that illuminate the earth. At the navel point there is a blue circle representing the holy water that the shamans disperse when intoning their sacred songs.

The orange panel on the right represents Mayumbe (the feminine principle and moonlight), associated with darkness as opposed to sunlight, shining through the underworld, shown here surrounded by birds.

In the dark green panel on the left is the deer (Tamatsi

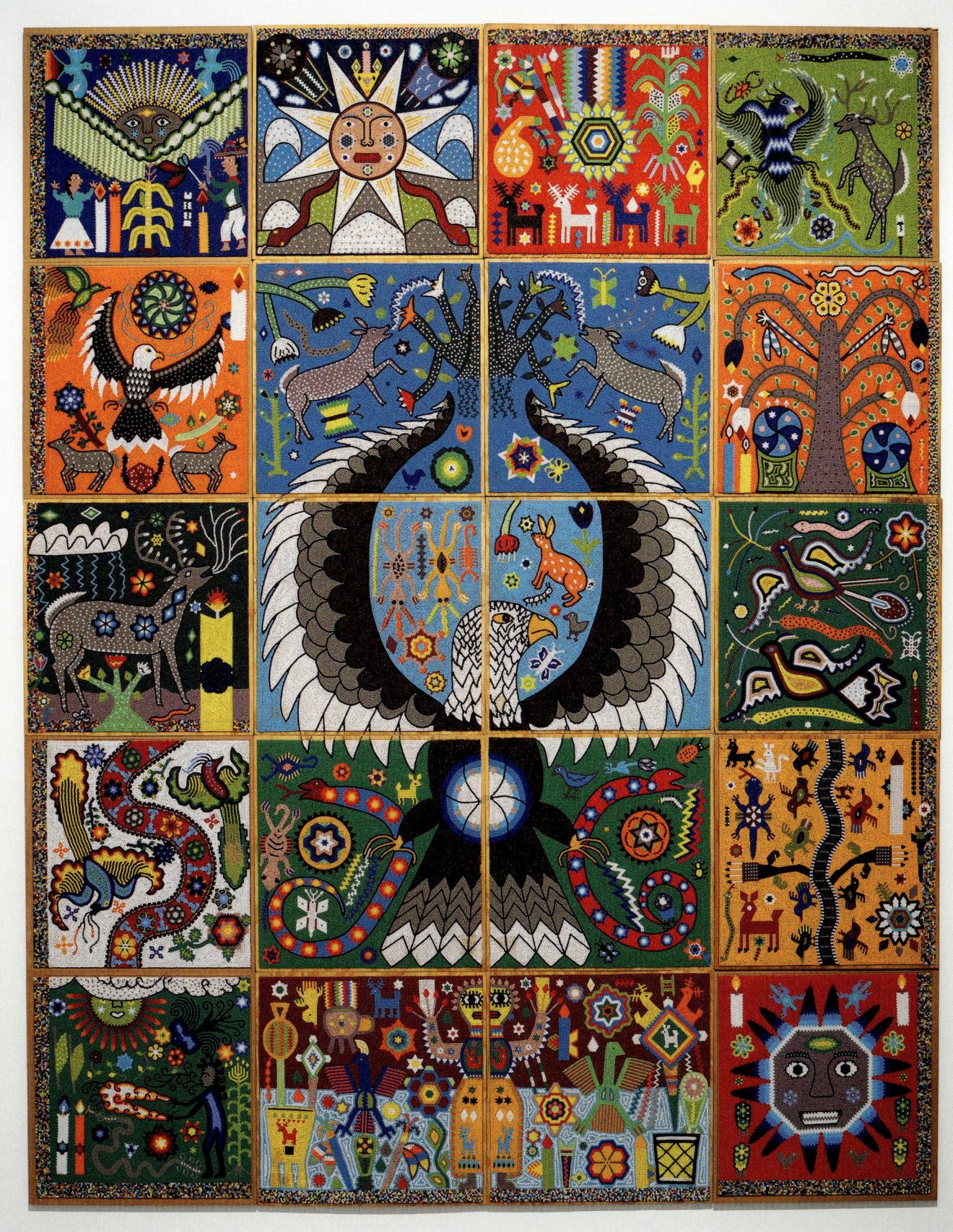

America

Kauyumari, « Notre grand frère qui ne connaît pas son nom »). Il est en train d'appeler (en prière/chant), attendant l'arrivée des nuages qui apporteront la pluie.

Au-dessus de lui, l'aigle chasse deux petits cerfs.

Surmontant la tête de l'aigle principal, dans les carreaux centraux du tableau, une explosion de la célébration du monde naturel : écureuils, scorpions, fleurs aux arômes exquis et, du battement rapide des ailes de l'oiseau sacré, surgissent des micro-organismes, des insectes et des plantes, qui servent tous à nourrir le cerf.

Dans le panneau vert à droite figurent deux oiseaux envoyés par l'aigle pour trouver de la nourriture. Au-dessus d'eux s'élève l'arbre Mayumbe en fleur, d'où tombent les bénédictions des fruits, et à ses pieds des offrandes votives de bougies, de fleurs et d'autres objets cérémoniels.

Dans la partie supérieure du tableau, dans le panneau de droite, le guide Mayumbe prend la forme de l'oiseau bleu qui annonce la présence du cerf pendant la chasse. Les deux animaux se battent, mais tout se termine par un jeu animé. Outre l'oiseau de Mayumbe, il y a un « Œil de Dieu », la bénédiction des quatre points cardinaux.

Sur le côté, un panneau rouge couvert d'offrandes exprime la profonde dévotion des Huichol : des broderies, des citrouilles, un épi de maïs, un cercle de pouvoir et un objet qui guide l'apprentissage de l'art du tissage.

À gauche de ce panneau, l'étoile blanche brillante qui a découvert la cachette de la divinité Tatewari, et à côté, dans le panneau supérieur gauche, un couple adresse une requête à la Mère Pluie au cours d'une cérémonie comportant des bougies et un récipient huichol utilisé pour brûler de l'encens. Le personnage de droite est vêtu en chaman.

Description transcrite à partir des explications de l'artiste à Chili Hawes

Kauyumari, 'Our Big Brother who does not know his name'). He is shown calling out (in prayer/song), awaiting the arrival of clouds which will bring rain.

Above him is the eagle hunting two small deer.

Above the head of the main eagle, in the central tiles of the painting, the celebration of the natural world explodes: squirrels, scorpions, flowers with exquisite aromas and, from the rapid beating of the sacred bird's wings, microorganisms, insects, and plants emerge, all of which serve to feed the deer.

In the green panel to the right are two birds sent by the eagle to find food. Above them is the blossoming Mayumbe tree, from which the blessings of fruit fall, and at its feet are votive offerings of candles, flowers, and other ceremonial objects.

In the upper part of the painting, in the right-hand panel, the Mayumbe guide takes the form of the blue bird that announces the presence of the deer during the hunt. The two animals fight, but it all ends in a wild game. In addition to Mayumbe's bird, there is an 'Eye of God', the blessing of the four cardinal points.

On the side, a red panel covered in offerings expresses the profound devotion of the Huichols: embroidery, pumpkins, a stalk of corn, a circle of power, and an object that guides the learning of the art of weaving.

To the left of this panel is the white shining star that discovered the hiding place of the deity Tatewari and, next to it, in the upper-left panel, a couple make a request to Mother Rain in a ceremony involving candles and a Huichol vessel used to burn incense. The figure on the right is formally dressed as a shaman.

Description transcribed from the artist's explanations to Chili Hawes

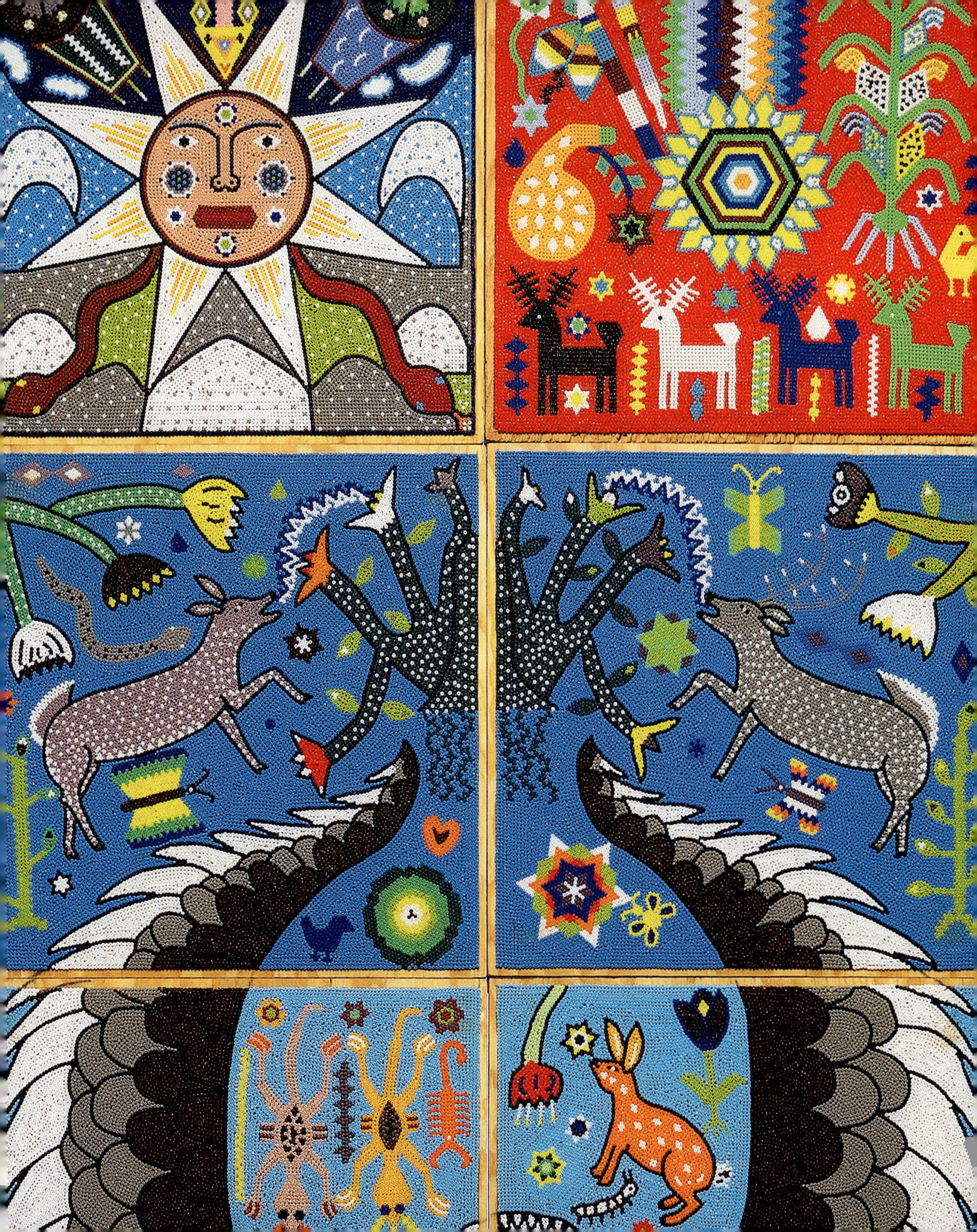

N'TI A NKINDA
AUTEL KONGO ARBRE AUX ANCÊTRES / KONGO ANCESTORS TREE ALTAR
1980–1990
Culte des ancêtres / Ancestors Cult
SUD DES ÉTATS-UNIS / SOUTHERN USA

Matériaux divers / Mixed media
Dimensions variables / Various dimensions

L'arbre à assiettes ou à bouteilles trouve son origine dans le royaume du Kongo, l'actuel Angola, et s'est répandu aux États-Unis par le biais de la traite des esclaves. Son édification s'apparente à la rédaction d'un document, puisqu'une fois achevé, il ne peut plus être modifié. Les arbres sacrés peuvent protéger une propriété agricole et les récoltes, ou être érigés sur une tombe. Ils transmettent des messages codés. Lorsque l'arbre accompagne un défunt, il relie les vivants aux ancêtres et à l'ensemble du monde spirituel. Tous les messages sont rattachés à des lignes spirituelles. Les objets suspendus à l'envers contiennent des messages pour les ancêtres décédés ; les objets suspendus à la verticale établissent un contact avec le monde cosmique. Les objets fixés le long d'une ligne horizontale, en revanche, contiennent des messages destinés à la communauté elle-même. Une fois que l'arbre a été « marqué » par tous les membres de la famille, plus personne ne s'en approche.

La coutume kongo consistant à témoigner de l'affection aux morts en entourant la tombe de plaques attachées à des bâtons préfigure une sorte d'arbre-bouteille nord-américain. Les plaques qui ressemblent à des champignons évoquent un jeu de mots kongo : *matondo/tonda*, champignon/amour. K. Kia Bunseki Fu-Kiau a prononcé les mots suivants lors de la consécration de cet « arbre à champignons »: en Afrique, avant toute consécration comme celle de cet « arbre à champignons », on dit toujours : « *Mfuma namfuma, nganga na nganga.* » Cette devise signifie : « Les politiciens traitent avec les politiciens ; les docteurs avec les docteurs. » Nous sommes réunis ici parce que nous aimons et apprécions tous l'art et ses significations cachées, hier, aujourd'hui et demain. Lorsqu'un individu puissant – un leader, un chef, une mère jumelle, un héros, un guérisseur ou l'historien de la communauté – meurt, on dit *N'tiubunddbidi*, « L'arbre est tombé », ou *Sisi kizimini*, qui signifie « La flamme s'est éteinte ».

The plate or bottle tree originated in the Kingdom of Kongo, today's Angola, and spread to the United States through the slave trade. Its erection is like the writing of a document; once completed, it may not be altered. Sacred trees can protect a farming property and the harvest, or they can be erected at a grave. They convey coded messages. Where the tree accompanies someone who has died, it links the living with the ancestors and with the entire spirit world. All the messages are attached along spiritual lines. Objects suspended the wrong way around contain messages for the deceased ancestors; things hung upright establish contact with the cosmic world. On the other hand, objects fastened along a horizontal line contain messages to the community itself. Once the tree has been 'inscribed' by all the members of the family, nobody approaches it any more. The Kongo custom of showing affection for the dead by surrounding the grave with plates attached to sticks prefigures one kind of North American bottle tree. The plates' resemblance to mushrooms evokes a Kongo pun: *matondo/tonda*, mushroom/to love. K. Kia Bunseki Fu-Kiau offered the following words at the consecration of this 'mushroom tree': in Africa, before any dedication event such as the dedication of this 'mushroom tree', one would always say: *Mfuma na mfuma, nganga na nganga*. This motto states that 'politicians deal with politicians; doctors with doctors.' We gather here because we all love and appreciate art and its hidden meanings, yesterday, today, and tomorrow. When a powerful individual – a leader, a chief, a twin-mother, a hero, a community healer, or the community historian – dies, one says, *N'ti ubunddbidi*, 'the tree has fallen', or *Sisi kizimini*, which means 'the flame is gone'.

JHM

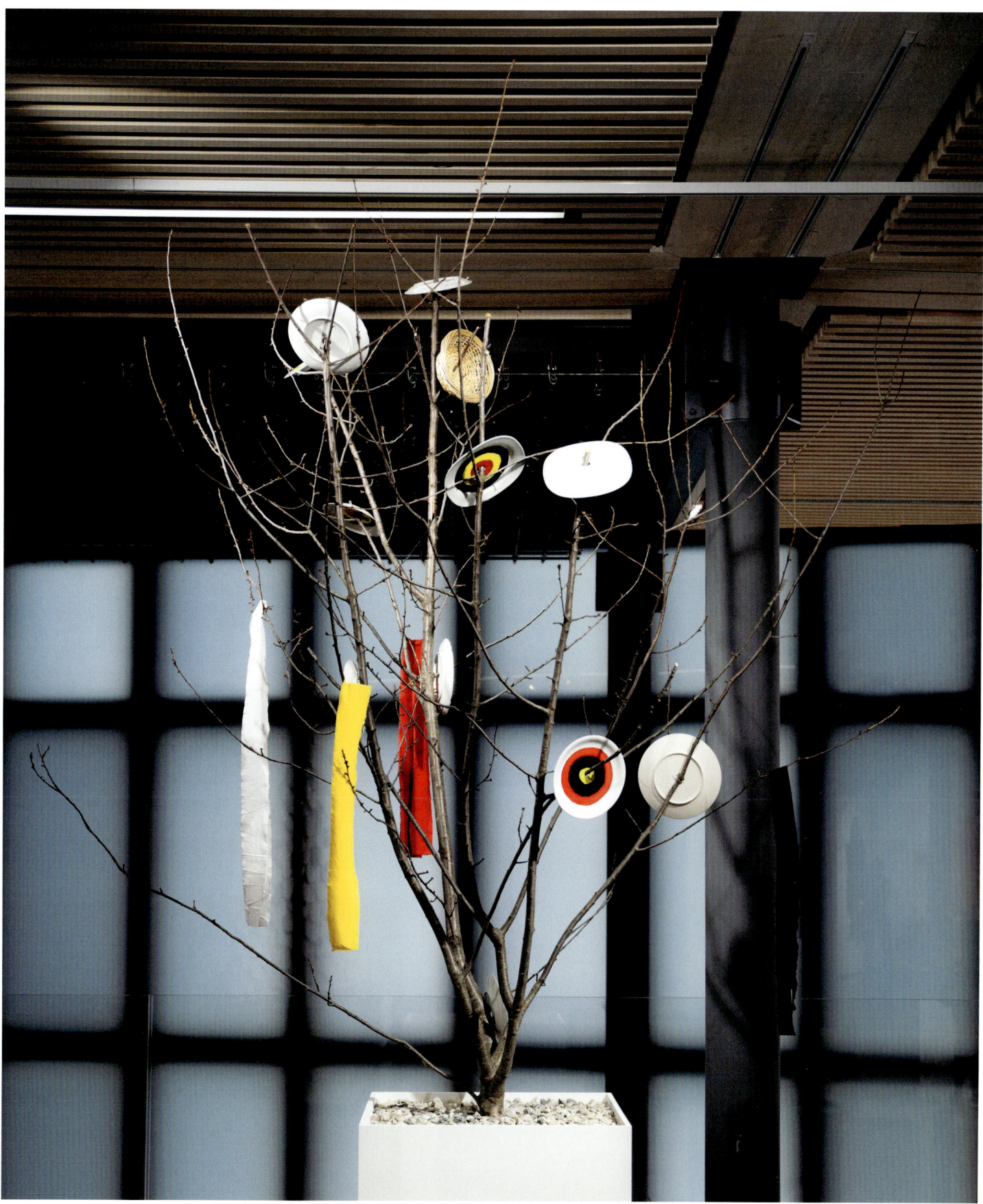

America

CULTE VAUDOU / VOODOO CULT
MARIA VAN DAALEN (1950)
PAYS-BAS / NETHERLANDS

Haïti, Manbo Asogwe, 1993
Matériaux divers / Mixed media
Dimensions variables / Various dimensions
Collectie Wereldculturen, Leyde, Pays-Bas / Leiden, Netherlands

Je suis une *manbo asogwe*, prêtresse en vaudou haïtien, du plus haut degré (il existe différents degrés). Le vaudou est l'une des quelque vingt-cinq religions différentes qui font partie du grand groupe des religions caribéennes, comprenant en outre le Winsti au Suriname, la Santeria à Cuba, le Candomblé et l'Oumbanda au Brésil, entre autres, le Vaudou et le Hoodoo dans le sud des États-Unis. Ces religions et traditions sont nées d'une confluence de religions et de traditions principalement d'Afrique de l'Ouest (Vodun), d'Inde et d'Europe, au cours des plus de 350 ans de la monstrueuse période esclavagiste.

I am a *manbo asogwe*, a priestess in Haitian Voodoo of the highest degree (there are different degrees). Voodoo is one of approximately twenty-five different religions that are included in the larger group of Caribbean religions, which also includes Winsti in Suriname, Santeria in Cuba, Candomblé and Oumbanda in Brazil, and Voodoo and Hoodoo in the Southern United States. These religions and traditions arose in a confluence of mainly West African (Vodun), Indian, and European religions and traditions, during the more than 350 years of the horrible slave period.

Another name for the group is 'African-Caribbean religions'. I think the most beautiful is 'African Atlantic forest religions', from 'Papa Tim', Dr. Timothy R. Landry, Voodoo and Vodun priest, ordained in Haiti and in Benin. His beautiful book *Vodún: Secrecy and the Search for Divine Power*, in which he speaks as an ordained priest and as an anthropologist, was published by the University of Pennsylvania Press, Philadelphia, 2019.

How many realities do I know? Three certainly: that of the *manbo*, that of the poet, and that of the academic (few know that in 1980, when I had not yet graduated, I published a controversial scientific article about a music manuscript by Orlando di Lasso; this *Liber Choralis*, also known as *Lasso codex*, is kept in the Utrecht

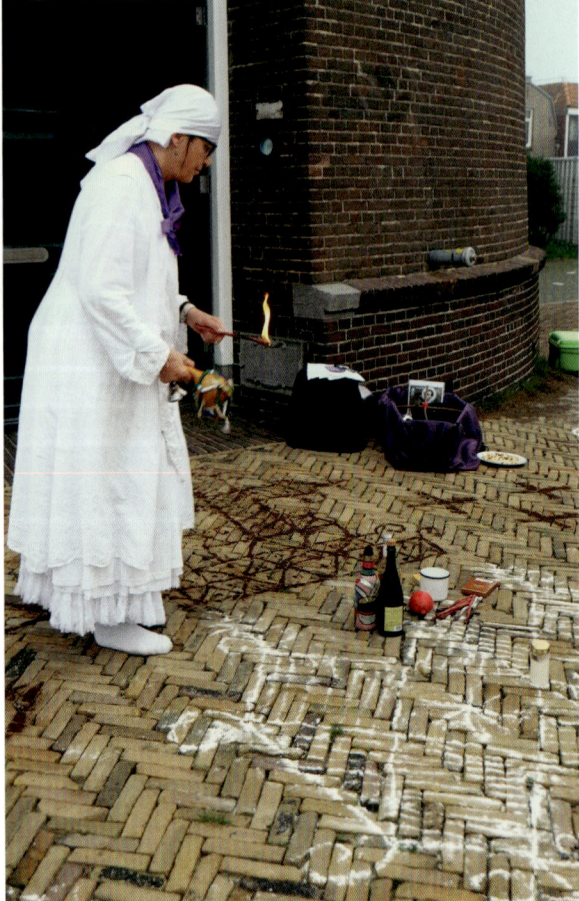

Traçage d'un *vévé*
du vaudou haïtien

Tracing a *vévé*
of Haitian voodoo

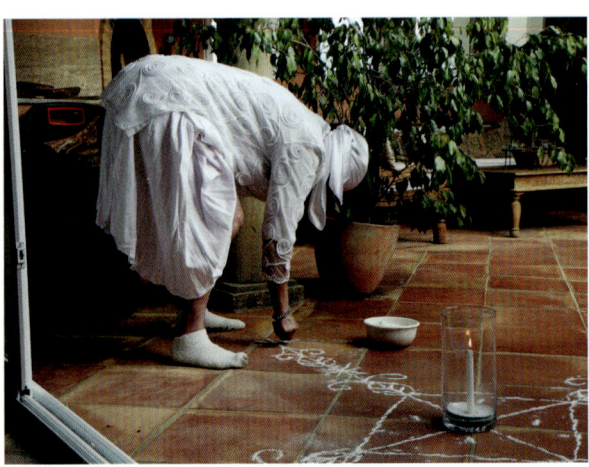

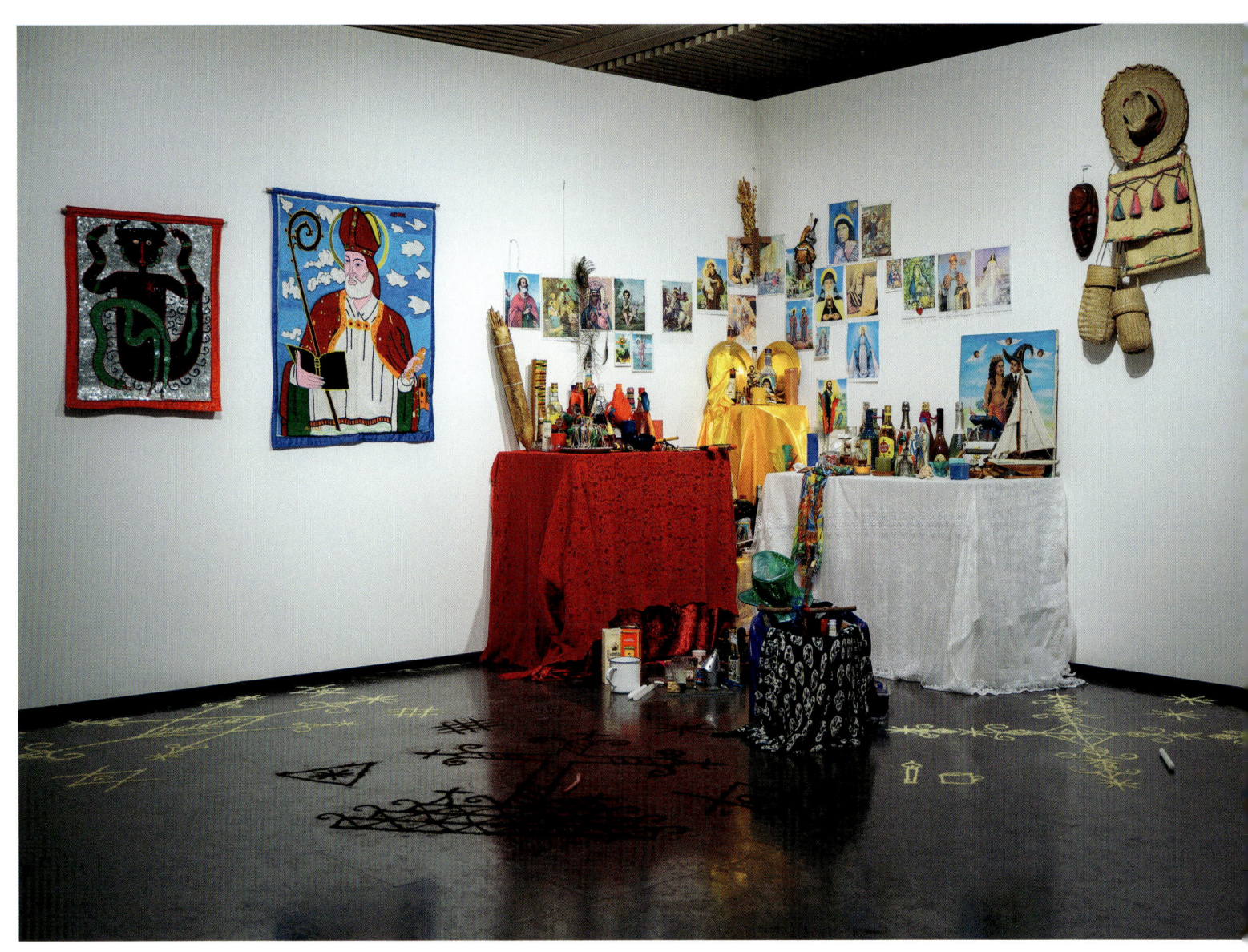

America

Un autre nom pour ce groupe est « religions afro-caribéennes », je pense que le plus beau est « religions de la forêt atlantique africaine », donné par *Papa Tim*, Dr Timothy R. Landry, prêtre vaudou et vodoun, ordonné en Haïti et au Bénin. Son beau livre *Vodún, Secrecy and the Search for Divine Power*, dans lequel il s'exprime en tant qu'ordonné et anthropologue, a été publié par University of Pennsylvania Press (Philadelphie, 2019).

Combien de réalités est-ce que je connais ? Trois certainement : celle de la *manbo*, celle de la poétesse, celle de l'universitaire (le fait qu'en 1980, avant l'obtention de mon diplôme, j'ai publié un article scientifique controversé sur un manuscrit musical de Roland de Lassus est peu connu ; ce *Liber choralis*, également appelé *Codex Lasso*, est conservé à la bibliothèque de l'université d'Utrecht, département des collections spéciales). Ces réalités se superposent (c'était le cas pour la recherche sur Roland de Lassus, et parfois mes esprits apparaissent dans mes poèmes), mais toutes les trois ont par ailleurs leur propre espace.

Chaque religion est un « système ». Je peux entrer dans le vaudou haïtien et parler de l'intérieur ou je peux de même me tenir à côté, en tant qu'universitaire, d'un point de vue fictif si vous voulez, et expliquer ce qui se passe dans ma tête. Ma poésie me donne un troisième point de vue. En tant que *manbo*, je me situe dans la réalité de ce « système » particulier et j'aide la personne qui vient d'un établissement de santé ou d'un centre de demandeurs d'asile, accompagnée par son thérapeute à qui je l'explique en tant qu'universitaire.

Et en tant que poétesse, je vis la réalité quotidienne qui est magique et au fil des ans, j'ai réalisé que l'expérience du « maintenant contient le bonheur »... aussi petit que le carré vide d'une voyelle tombée.

University Library, Special Collections). These realities overlap (the Lasso research was such a case, and sometimes my spirits appear in my poems), but all three also have their own space.

Every religion is a 'system'. I can step into Haitian Voodoo and speak from within, or I can stand next to it, as an academic, a fictional point of view if you will, and explain what is going on in my head. My poetry gives me a third point of view. As a *manbo*, I stand in the reality of that particular 'system' and help the client from a healthcare institution or an asylum seeker center, who comes with the therapist to whom I explain it as an academic.

And as a poet I live a daily reality that is magical, and, over the years, I have come to the calm realization that the experience of the now contains happiness . . . as small as the emptied square of a falling vowel.

Maria van Daalen

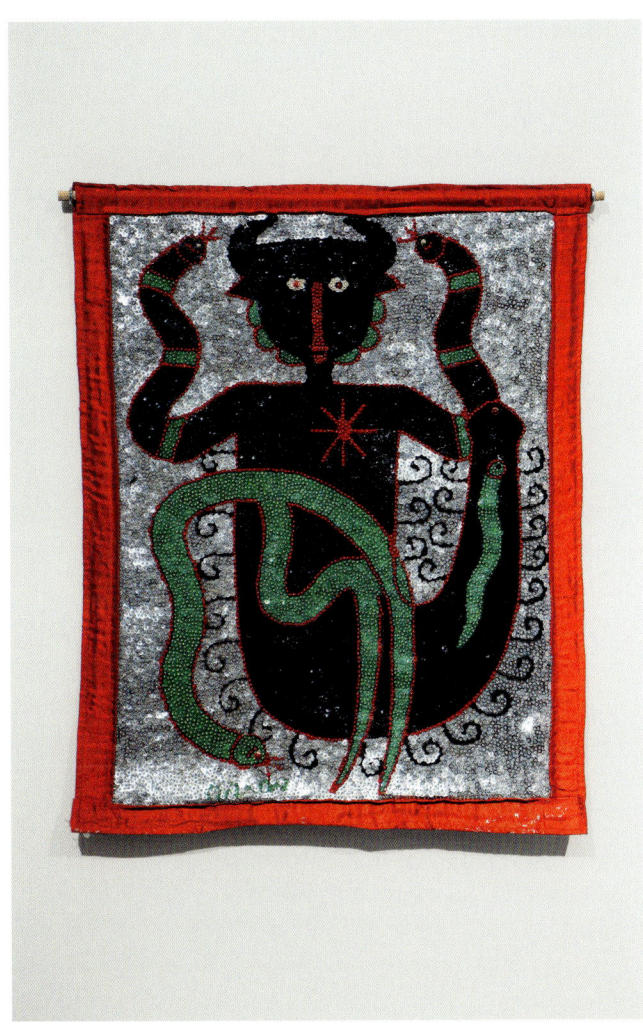

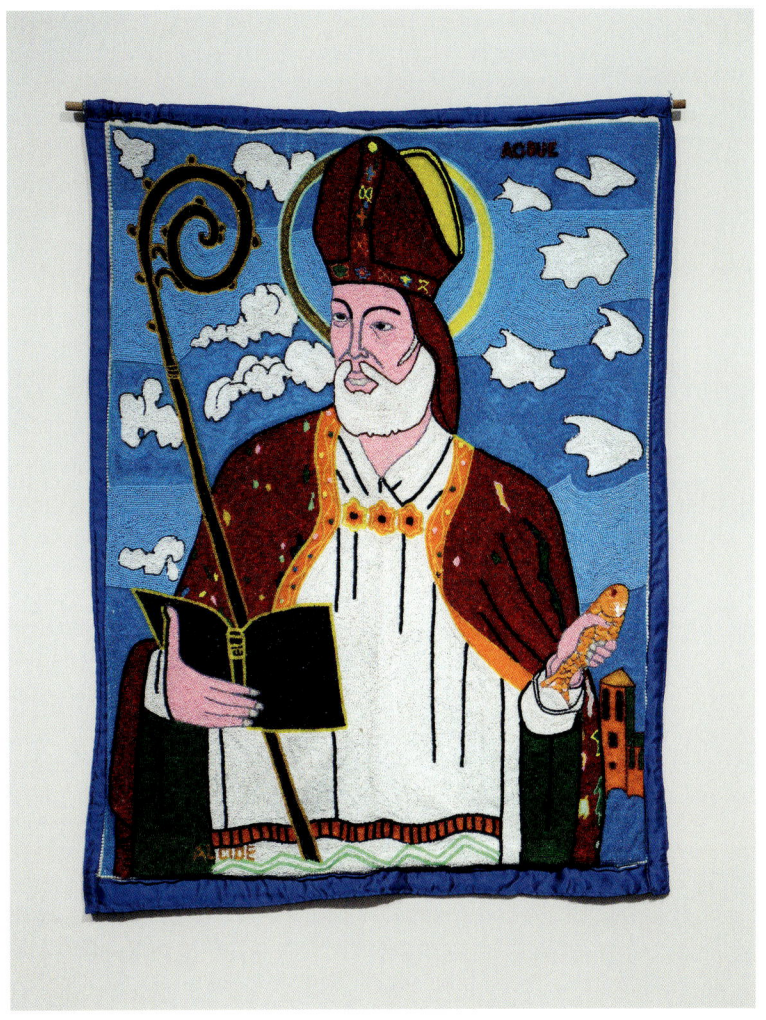

Maxon Scylla (Haïti)
Drapo Vodou Rada Spirit Bosou-Dambala,
1993
Textile, verre et métal / Textile, glass
and metal
74 × 59,5 cm
Collectie Wereldculturen,
Leyde, Pays-Bas / Leiden, Netherlands

Evelyn Alcide (1969, Haïti)
Drapo Vodou Rada Spirit,
1993
Textile, verre et métal / Textile, glass
and metal
102 × 77 cm
Collectie Wereldculturen,
Leyde, Pays-Bas / Leiden, Netherlands

America

AUTEL DE QUIMBANDA
QUIMBANDA ALTAR
Culte de Quimbanda / Quimbanda cult
BRÉSIL / BRAZIL

Plâtre peint / Painted plaster
Dimensions variable / Various dimensions
Soul of Africa Museum, Essen, Allemagne / Germany

Exu, qui est représenté sur cet autel, trouve son origine dans la foi yorouba, où Eshu (ou Èṣù) est une divinité terrestre. Il est considéré comme un farceur qui aime tromper les gens. Cependant, il est aussi un messager céleste et donc très important pour le contact entre les humains et les dieux. Dans le Candomblé, on rend toujours hommage à Exu au début et à la fin d'une cérémonie. Il est censé ouvrir la voie à une bonne communication entre les croyants et les autres dieux. Toutefois, Exu peut également perturber la communication s'il n'est pas convenablement vénéré. La représentation d'Exu comme une engeance diabolique remonte à l'évêque anglican Samuel Ajayi Crowther (1809-1891). Celui-ci a tenté d'expliquer aux Yorouba les notions de paradis et d'enfer, qui n'existent pas dans la foi yorouba. Exu voyageant entre ciel et terre en tant que messager céleste, il l'a tout simplement assimilé à Satan. La même chose s'est produite avec la divinité terrestre vodun Legba, qui était traditionnellement figurée par un tas d'argile avec des cornes et un phallus, ce qui a conduit les missionnaires catholiques à penser que Legba était le diable. Cette croyance et la condamnation des adeptes du Quimbanda comme étant des praticiens de magie noire ont mené à la description d'Exu comme le diable. Pomba-Gira est la version féminine d'Exu et sous l'apparence d'une belle jeune femme. Les différentes représentations d'Exu et de Pomba-Gira s'expliquent par le fait que certains caractéristiques et talents sont attribués à chaque version d'Exu. Exu Cobra, par exemple, symbolise la capacité de changer et la capacité de commencer une nouvelle vie.

Exu, shown on this altar, has its origins in the Yoruba faith, where Eshu (or Èṣù) is an earth deity. He is regarded as a trickster who likes to mislead people. However, he is also a heavenly messenger and therefore very important for contact between humans and gods. In Candomblé, Exu is always paid homage to at the beginning and end of a ceremony. He is supposed to clear the way for good communication between the believers and the other gods. However, Exu can also disrupt communication if he is not properly worshipped. The depiction of Exu as something devilish can be traced back to the Anglican bishop Samuel Ajayi Crowther (1809–1891). He tried to explain to the Yoruba the idea of heaven and hell, which do not exist in the Yoruba faith. Since Exu travels between heaven and earth as a heavenly messenger, he simply turned him into Satan. A similar thing happened with the Vodun earth deity Legba, who was traditionally depicted as a pile of clay with horns and a phallus, which led Catholic missionaries to believe that Legba was the devil. This and the condemnation of Quimbanda followers as black magicians resulted in the depiction of Exu as the devil. Pomba-Gira is the female version of Exu and is often portrayed as a beautiful young woman. The different representations of Exu and Pomba-Gira can be traced back to the fact that certain characteristics and talents are attributed to each version of Exu. Exu Cobra, for example, stands for the ability to change and the talent to start a new life.

Henning Christoph

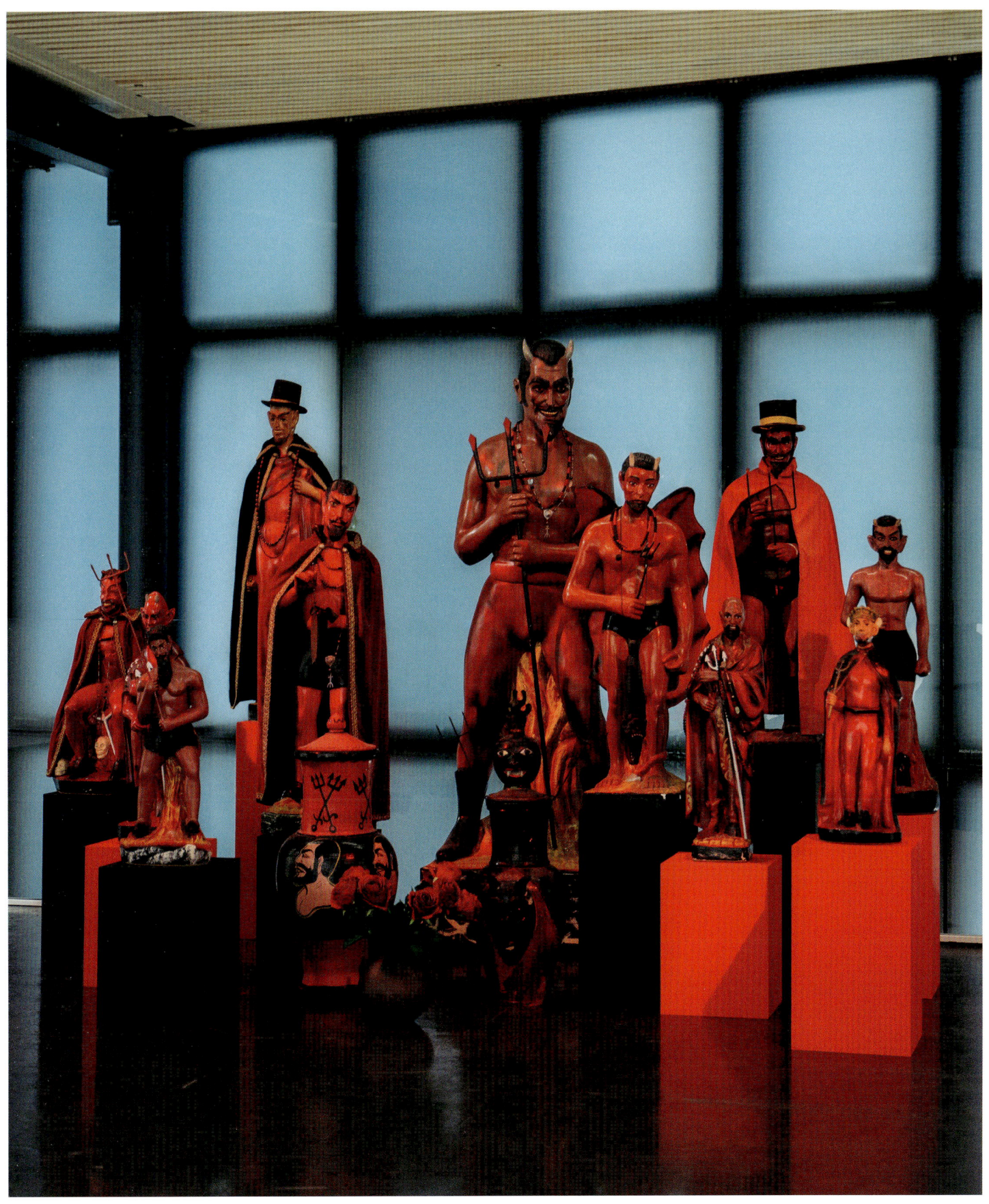

America

MESTRE DIDI (1917–2013)
BRÉSIL / BRAZIL

Sans titre, sans date / *Untitled,* undated
Nervures de palmier, cuir peint, bulbes et perles /
Palm veins, painted leather, bulbs and beads
204,5 × 74 × 40 cm
Almeida & Dale, São Paulo, Brésil / Brazil

À la fois artiste et grand prêtre du rite candomblé-nagô yorouba à Salvador de Bahia, Didi a créé des sculptures inspirées des emblèmes des *Orishas*, intermédiaires entre les dieux et les hommes. Lors de son initiation, il obtint l'autorisation de manipuler les matériaux sacrés, comme les nervures des feuilles de palmier, le cuir aux couleurs codées, le raphia, les cauris et les perles. Ses objets rituels renvoient aux êtres et aux forces spirituelles propres au panthéon nagô afro-brésilien de son culte.

Didi a pu retrouver des descendants lointains de sa famille de population nagô à Ketou au Bénin, grâce à des chants transmis par ses ancêtres esclaves de génération en génération au Brésil.

Both an artist and the high priest of the Yoruba *candomble-nagô* rite in Salvador de Bahia, Didi created sculptures inspired by the emblems of the *Orishas*, intermediaries between gods and men. During his initiation, he was granted permission to handle sacred materials such as palm leaf veins, colour-coded leather, raffia, cowries, and pearls. His ritual objects refer to the beings and spiritual forces specific to the Nagô Afro-Brazilian pantheon of his cult.

Didi was able to track down distant descendants of his Nagô family in Ketou, Benin, through songs passed down by his slave ancestors from generation to generation in Brazil.

JHM

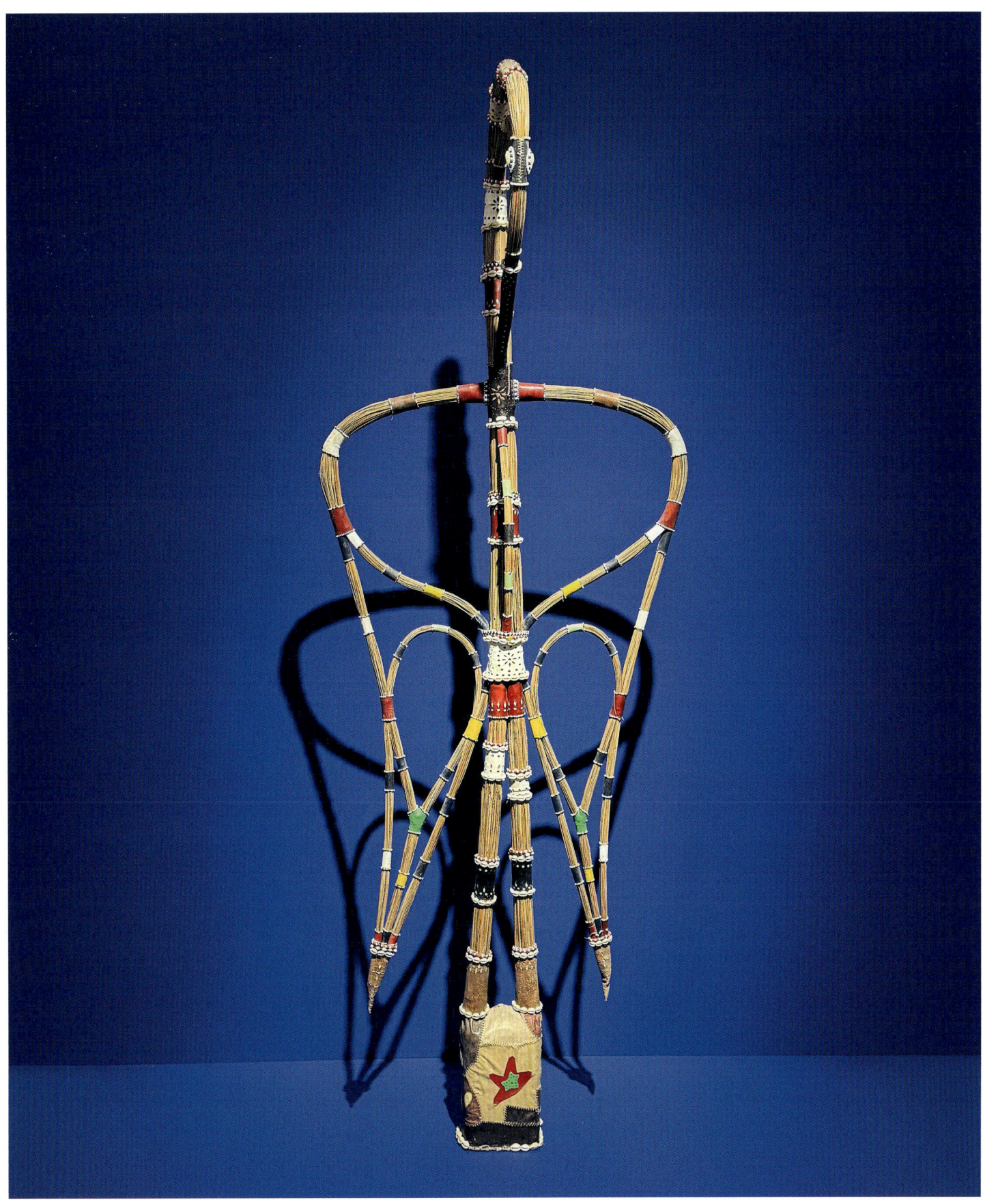

America

RUBEM VALENTIM (1922–1991)
BRÉSIL / BRAZIL

Sans titre / Untitled, 1991
Acrylique sur toile / Acrylic on canvas
35 × 50 cm
Almeida & Dale Galeria, São Paulo, Brésil / Brazil

D'abord peintre amateur, Rubem Valentim abandonne la profession de dentiste pour se consacrer à la peinture. Il voyage en Europe et au Sénégal de 1962 à 1966. L'artiste s'intéresse en particulier aux arts des populations autochtones et milite en faveur d'un art anticolonial. Valentim adopte un vocabulaire de formes géométriques aux coloris vifs en aplat, mais sa peinture reste incomprise en Europe, car son expression plastique ne se plie pas au dogme de l'école de l'abstraction géométrique. Sa théorie veut qu'elle ne comporte aucune référence au monde réel et qu'elle devienne une pratique esthétique totalement autonome. Or, les signes introduits par Valentim sont loin d'être arbitraires et se réfèrent notamment au vaudou afro-américain. La double hache de Shango, l'*orisha* de la foudre et du tonnerre d'origine yorouba, apparaît dans deux peintures.

Initially an amateur painter, Rubem Valentim gave up his profession as a dentist to devote himself to painting. From 1962 to 1966 he travelled in Europe and Senegal. He was particularly interested in the arts of Indigenous peoples and campaigned for anti-colonial art. He adopted a vocabulary of geometric shapes in bright flat colours, but his painting remained misunderstood in Europe because its morphology did not conform to the dogma of geometric abstraction. The theory was that painting should contain no reference to the real world and become a totally autonomous aesthetic practice. Yet, the signs introduced by Valentim are far from arbitrary and refer to Afro-American voodoo. The double axe of Shango, the Yoruba *orisha* of lightning and thunder, appears in two paintings.

JHM

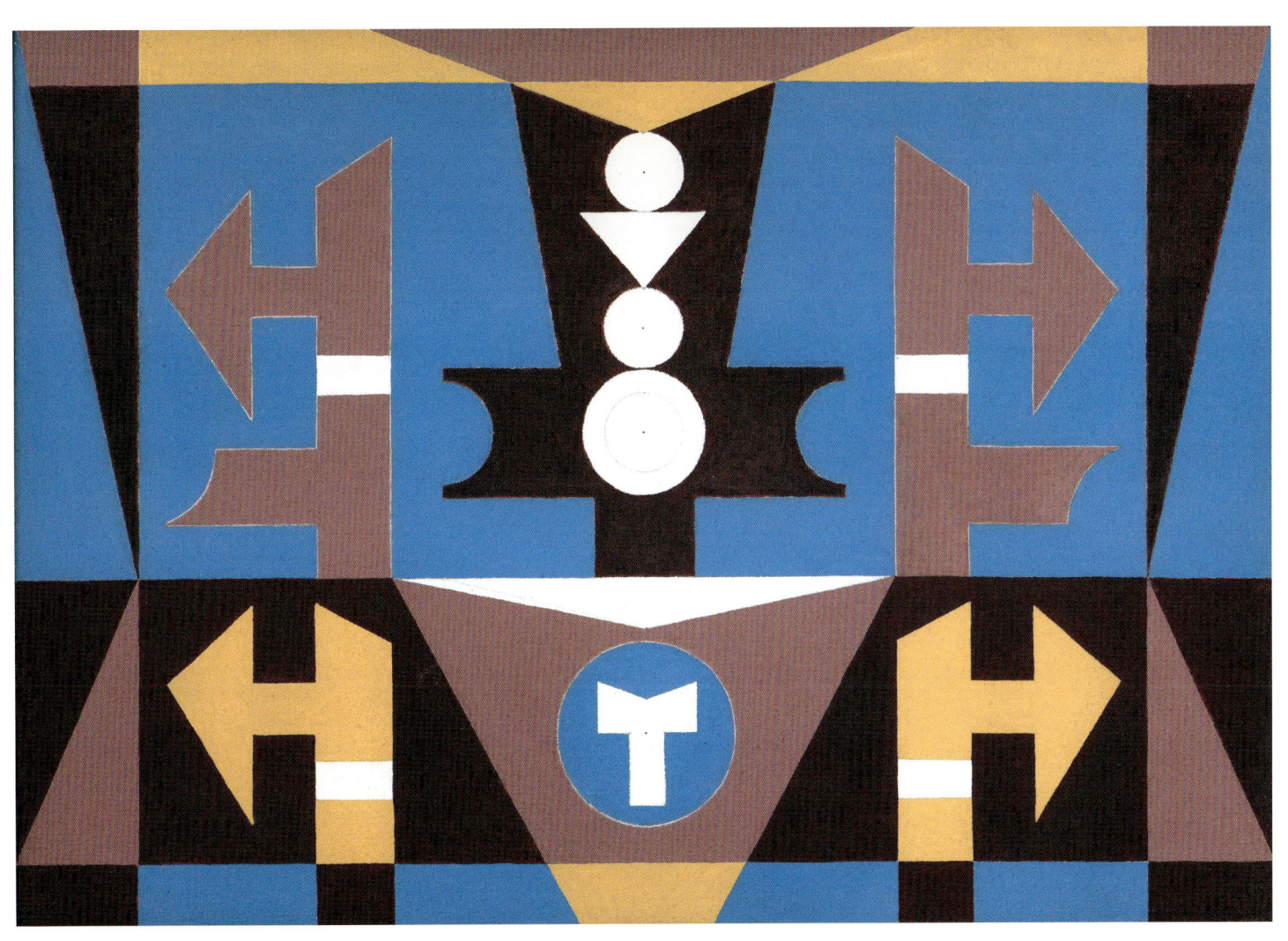

America

JOSÉ BEDIA (1959)
CUBA

Lembo-Nkuyo-Sarabanda, An Mpungu (Bras, Filou, ou Être de la Nature, un autre Être sacré, lié avec du fer / Arm, Trickster, or Being of Nature, another Sacred Being, linked with Iron), 2024
Acrylique sur toile, chaudron en fer, sculpture en bronze et matériaux divers / Acrylic on canvas, iron cauldron, bronze sculpture and mixed media
380 × 630 cm
Collection de l'artiste / Collection of the artist, Cuba

Cette œuvre tente de représenter physiquement la présence intangible d'un *Mpungo* afro-cubain (un être spirituel du Congo), connu à Cuba sous le nom de *Sarabanda*. L'ensemble de l'installation recrée une force gestuelle et puissante émergeant d'un petit chaudron placé dans le coin, qui est censé abriter cette force spirituelle. Un jeu d'images peintes apparaît directement sur le mur, en conjonction avec des objets et des éléments physiques, qui fonctionnent à l'unisson comme un « diorama ». La figure principale est un grand torse qui tend le bras vers des objets physiques – flèches, peau d'ocelot, etc. Une petite représentation physique de cette même figure est également exposée au centre de la pièce (en bronze). Elle semble peindre un autoportrait sur le mur. Les objets sélectionnés, même s'ils sont fabriqués ou trouvés naturellement, constituent les supports physiques d'une présence, dans ce cas celle de *Sarabanda Mpungo*, une manifestation qui n'est normalement pas visible, mais qui peut être ressentie.

This piece tries to physically represent the intangible presence of an Afro-Cuban *mpungo* (a Congo spirit being) known in Cuba as *Sarabanda*. The whole installation recreates a gestural and strong force emerging from a small cauldron present in the corner, which is supposed to house this spirit force. There is a play of images painted directly on the wall, in conjunction with physical objects and elements, that in its unison works as a 'diorama'. The main figure is a grand torso that is extending its arm towards physical objects – arrows, ocelot skin, etc. There is also a small physical representation of that same figure displayed in the centre of the room (made from bronze) that acts as if he's painting a self-portrait on the wall. The selected objects, even if they are manufactured or are naturally found, function as physical supports of a presence, in this case *Sarabanda Mpungo*, who is a manifestation that is normally not visible but can be felt.

José Bedia

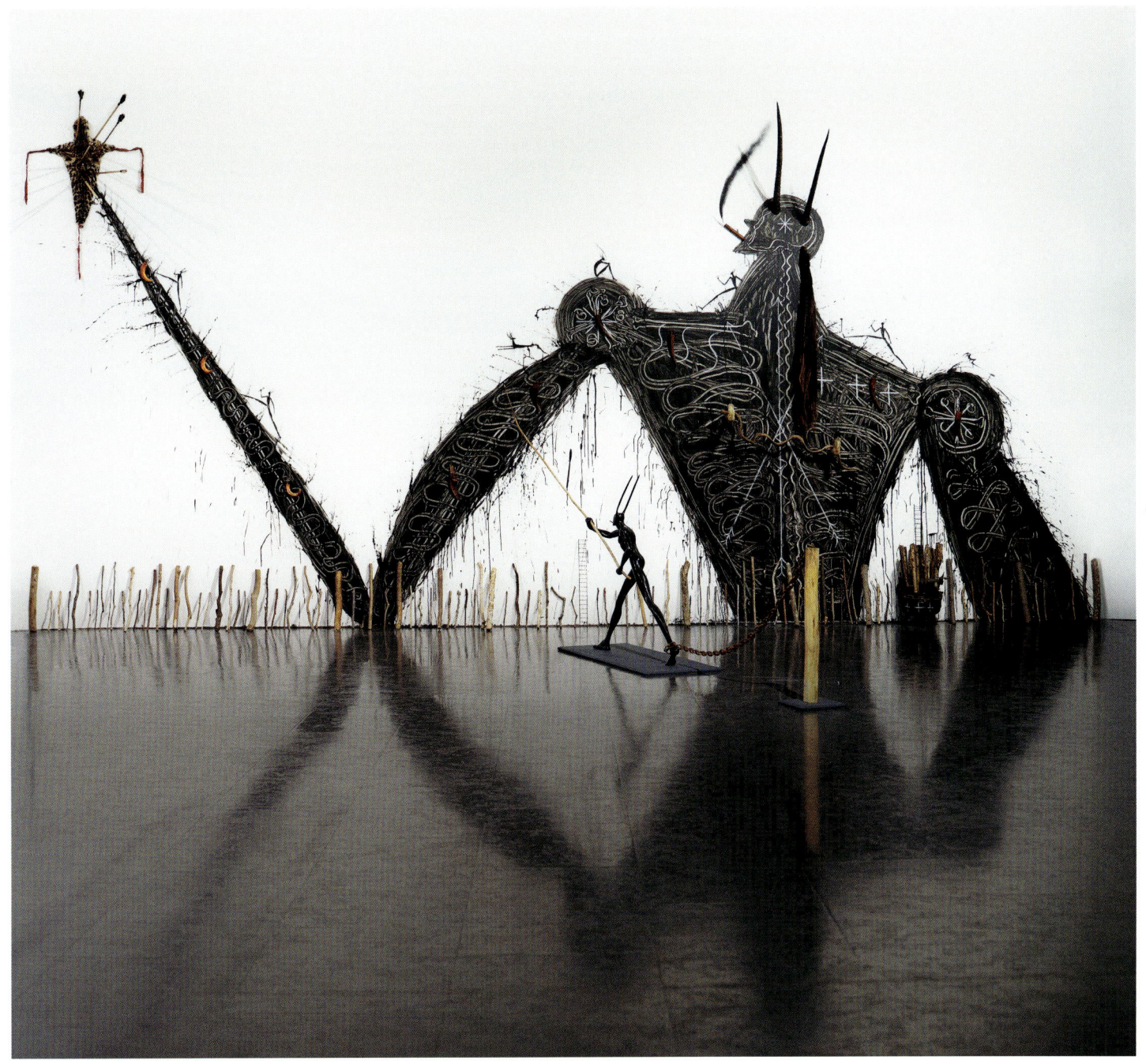

America

SANDRA VÁSQUEZ DE LA HORRA (1967)
CHILI / CHILE

*El Manto de Obatalá / Le Manteau d'Obatalá /
Obatalá's Mantle*, 2022
Installation, céramique émaillée / Installation, glazed
ceramic
460 × 440 × 10 cm
Kewenig Gallery, Berlin, Allemagne / Germany

Comme le dit bien la mention d'un de ses petits dessins,
Sandra Vásquez de la Horra a des démons dans la tête.
Elle se nourrit de contes et légendes de cultures variées,
aussi bien que de chamanisme et de spiritisme avec un
appétit de fauve dévorant tous les cauchemars auxquels
l'humanité tente en vain d'échapper. L'horreur et l'effroi
s'enchaînent dans ses dessins qui de ce fait vont bien
plus loin que beaucoup de révélations de l'inconscient
qu'affectionnaient les surréalistes. La modestie de ses
œuvres est inversement proportionnelle aux horreurs
qu'elles révèlent.

Non contente de se nourrir de littérature et d'images
fantastiques, elle va au devant de médiums et de chamanes. *Le Manteau d'Obatalá* se réfère directement à
celui que Lidia Rivalta Moré dite Mamita montrait dans
l'exposition *Altäre, Kunst zum Niederknien* en 2001 au
Museum Kunstpalast de Düsseldorf. Elle a rencontré
cette prêtresse de la Santeria, la branche cubaine du
vaudou. C'est donc avec son accord qu'elle a repris à son
compte l'un des autels vaudous les plus surprenants,
puisqu'il n'est fait que d'une juxtaposition d'assiettes
principalement blanches, s'étalant au mur comme un
manteau déployé.

Sandra Vásquez de la Horra has demons in her head,
as the title of one of her small drawings aptly puts it.
She feeds off the tales and legends of various cultures,
as well as shamanism and spiritualism, with the appe-
tite of a wild beast devouring all the nightmares from
which humanity vainly tries to escape. Horror and dread
follow one another in her drawings, which go much further than many of the revelations of the unconscious
favoured by the Surrealists. The modesty of her drawings is inversely proportional to the horrors they reveal.

Aside from feeding on fantastic literature and images,
she also meets mediums and shamans. *Obatalá's
Mantle* refers directly to a work shown by Lidia Rivalta
Moré, known as Mamita, in the 2001 exhibition *Altäre
Kunst zum Niederknien* at the Kunstpalast Museum
in Düsseldorf. She met this priestess of Santeria, the
Cuban branch of voodoo. With her agreement, she took
over one of the most surprising voodoo altars, made up
of a juxtaposition of mainly white plates spread out on
a wall like an unfurled coat.

JHM

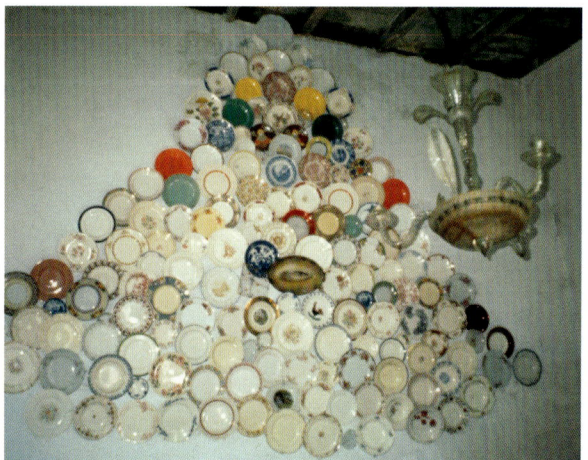

Manto d'Obatalá,
sanctuaire de
Santeria
de Yolanda
Mendez, La
Havane, Cuba

Obatalá's
Mantle, Santeria
Sanctuary
of Yolanda
Mendez, Havana,
Cuba

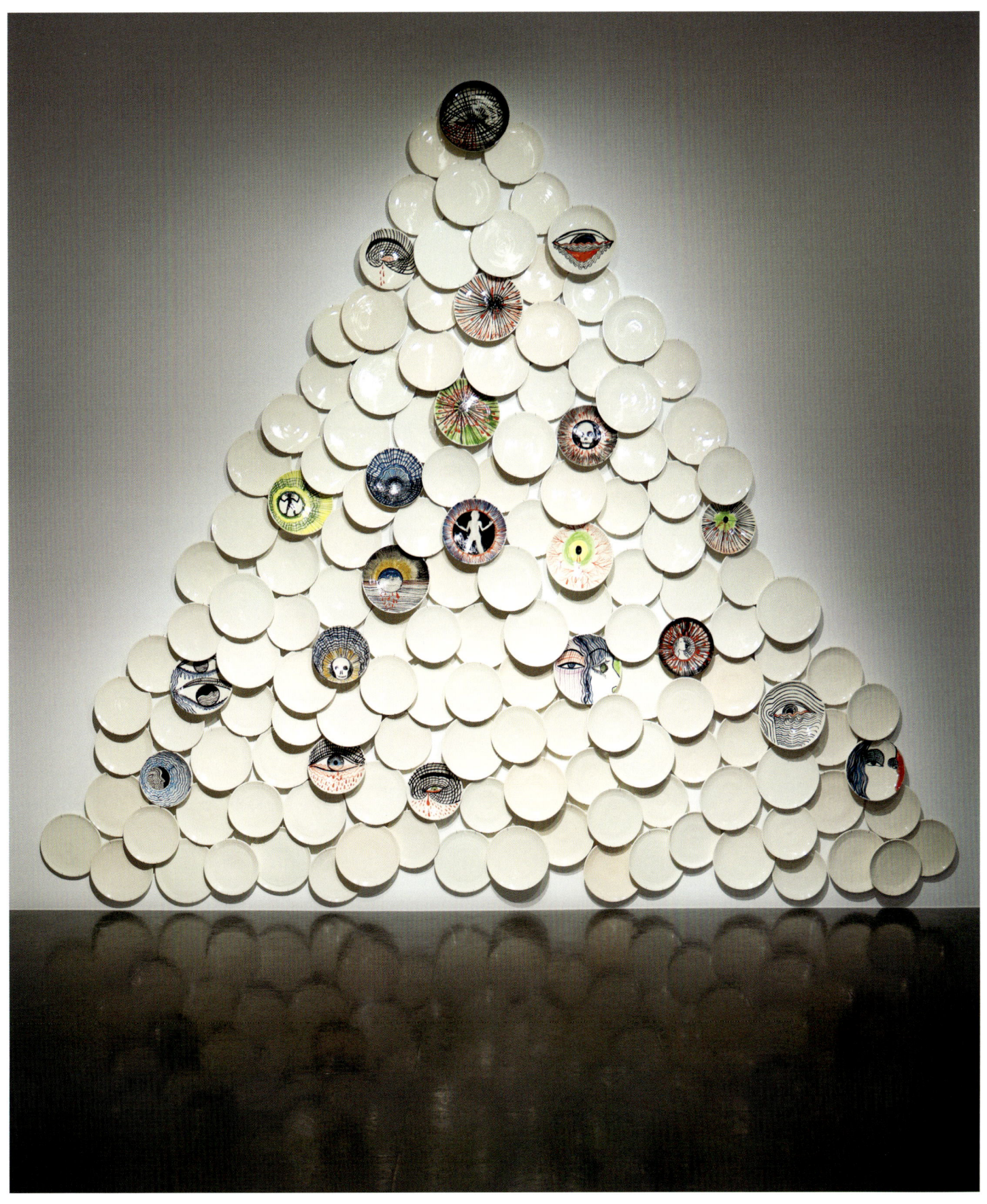

America

ASIE
ASIA

Cérémonie de prière et offrande à une voiture, Séoul, Corée du Sud, 2000

Ceremony of prayer and offering to a car, Seoul, South Korea, 2000

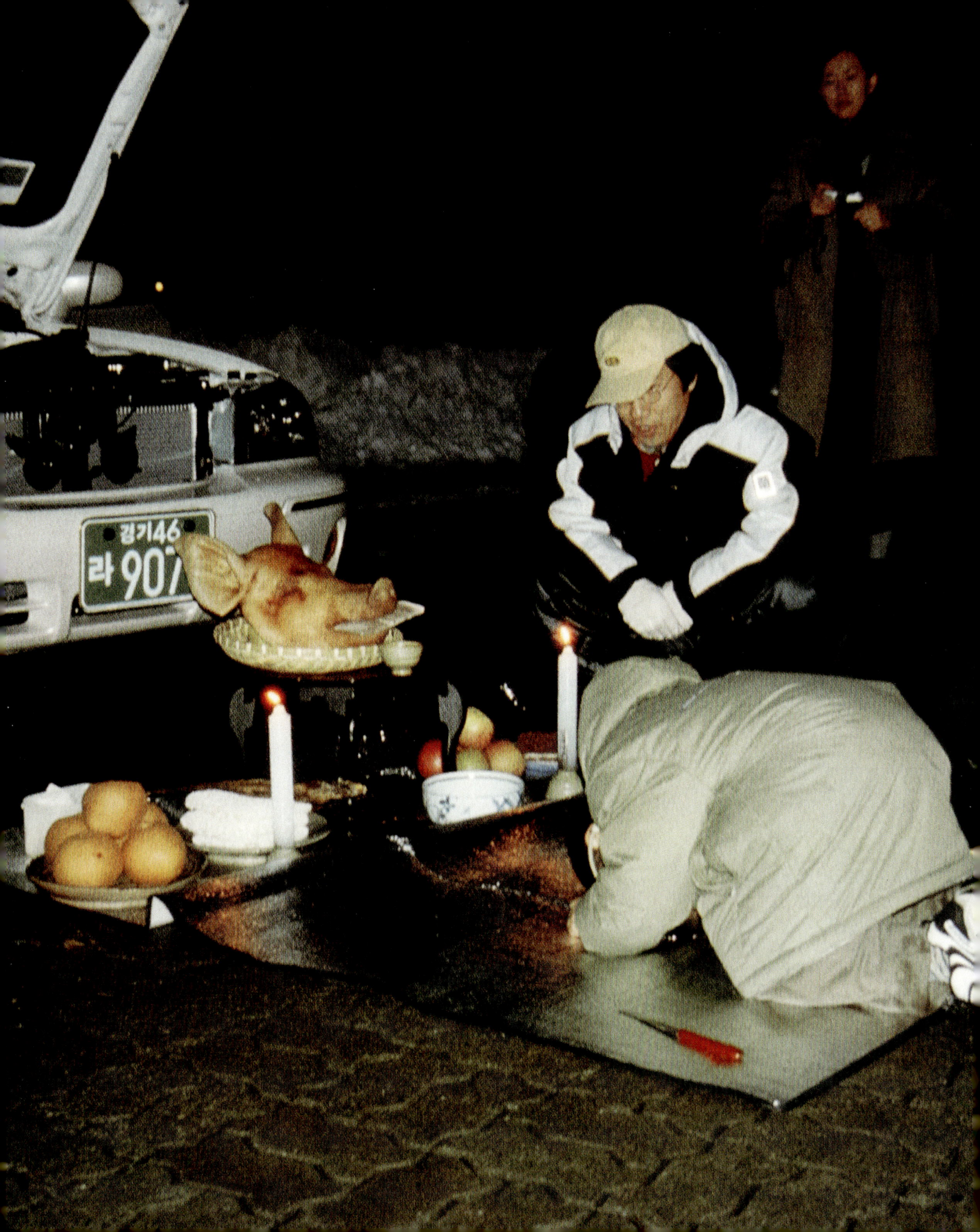

YONI-LINGAM
2001
Hindouisme, culte de Kali / Hinduism, Kali cult
INDE / INDIA

Plâtre, fleurs et peinture / Plaster, flowers and paint
49,5 cm, Ø 30 cm
Übersee-Museum Bremen, Allemagne / Germany

Une sculpture *yoni-lingam* incarne l'acte de procréation. Elle fait référence à l'union du dieu Shiva avec Shakti, son aspect féminin. Shiva est symbolisé par un phallus (*lingam*) et Shakti par une vulve (*yoni*). Les deux symboles peuvent quelquefois être représentés séparément. Un *Shiva-lingam* présenté seul signifie le principe du calme. Seule Shakti peut animer le dieu en méditation ; elle est le principe énergétique. La fusion des deux aspects devient le symbole de la création d'une nouvelle entité composée d'attributs actifs et passifs. Au cours d'une cérémonie quotidienne, des symboles shivaïtes sont peints sur le *lingam* et de la poudre rouge est répandue sur la *yoni*. La sculpture est également décorée de fleurs et aspergée d'eau et parfois de lait et de yaourt. À Varanasi, importante ville de pèlerinage hindou sur le Gange, on trouve plusieurs milliers de sculptures de *yoni-lingam* à toutes les échelles imaginables, y compris celles adaptées à un sac à main ou à un temple domestique privé.

The *yoni-lingam* sculpture embodies the act of procreation. It alludes to the union of the god Shiva with Shakti, his female aspect. Shiva is symbolised by a phallus (*lingam*) and Shakti by a vulva (*yoni*). Both symbols can be represented singly. Where only a *Shiva-lingam* is shown, it signifies the principle of calm. Only Shakti can stir the meditating god; she is the energy principle. The fusion of the two aspects becomes a symbol of creation as a new entity of active and passive attributes. During a ceremony practised daily, Shivaistic symbols are painted on the head of the phallus and red powder is sprinkled over the *yoni*. The sculpture is also decorated with flowers and holy water, and occasionally milk and yoghurt are poured over it. In Varanasi, a major Hindu pilgrimage city on the Ganges, there are several thousand *yoni-lingam* sculptures on all conceivable scales, including some small enough for a handbag or a private domestic temple.

JHM

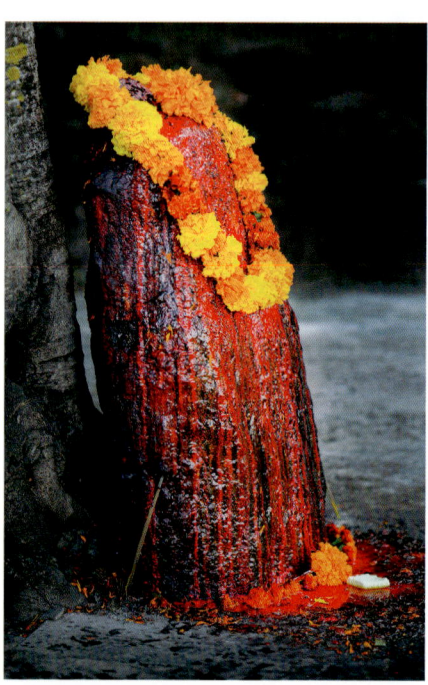

Un collier d'œillets ornant un *lingam* de Shiva trempé dans de la peinture kumkuma rouge sang, Sunset Point Rd, Mount Âbû, Rajasthan, Inde

A garland of marigolds adorning a Shiva *lingam* soaked in blood red kumkuma paint, Sunset Point Rd, Mount Abu, Rajasthan, India

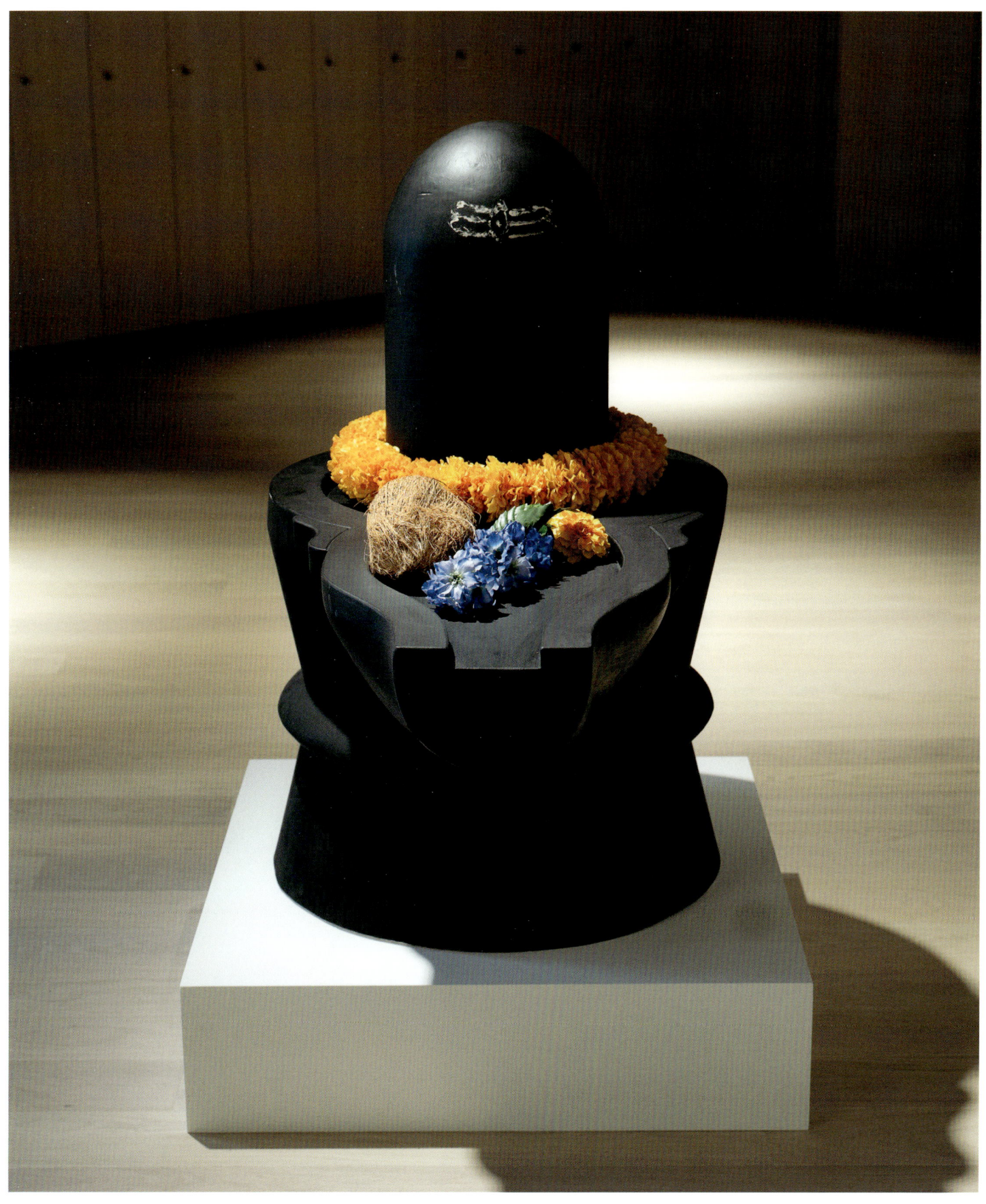

AUTEL DE BORD DE ROUTE / WAYSIDE ALTAR (BENGALE / BENGAL), 2001
Hindouisme, culte de Shiva / Hinduism, Shiva cult
INDE / INDIA

Pierres peintes, fleurs, encens et porte-encens /
Painted stones, flowers, incense and incense-holders
56 × 95 × 40 cm
Religionskundliche Sammlung Philipps-Universität
Marburg, Allemagne / Germany

En Inde, les autels de bord de route sont nombreux. Leur simplicité est caractéristique et ils sont souvent difficiles à trouver pour cette raison. Une pierre ou un bâton peut marquer l'emplacement d'une divinité – en règle générale, le siège des divinités maternelles du village, qui sont vénérées avec des offrandes telles que des fleurs, de l'eau et du pigment rouge en poudre. Il est impossible de ne pas remarquer ces autels sous les arbres. Fréquemment, et surtout dans les villes, un large piédestal en béton est construit au pied d'un grand arbre et sert de plate-forme pour des symboles et des sculptures sacrés. Tous ces sanctuaires de bord de route servent de lieux de culte pour des divinités hindoues communément honorées et pour des divinités locales, voire pour des divinités nouvellement créées. Il n'est pas rare qu'elles naissent d'un lien renforcé entre un individu et un lieu. Les rêves jouent un rôle important à cet égard ; aujourd'hui encore, de nouvelles divinités sont conçues et portent de nouveaux noms. Un lieu de sacrifice privé peut devenir un lieu spirituel pour de nombreux croyants, et un temple peut même y être construit.

In India, wayside altars are numerous. Their simplicity is characteristic and they are often hard to find for that reason. An individual stone or stick can mark the site of a deity – as a rule maternal village divinities, who are venerated with offerings such as flowers, water, and red powder pigment. Tree altars are impossible to overlook. Often, and especially in towns, a large concrete pedestal is built around the foot of a large tree as the platform for sacred symbols and sculptures. All these wayside shrines double as cult sites for generally worshipped Hindu deities and local ones – and even for newly created divinities. They are not infrequently born out of someone's strong link with a place. Dreams are an important factor in this; to this day, new deities are conceived, with new names. A private sacrificial site can develop into a spiritual place for many believers, and a temple may even be built there.

JHM

Autel rural, Tamil Nadu, Inde

Rural altar, Tamil Nadu, India

Autel rural, Jaipur, Inde

Rural altar, Jaipur, India

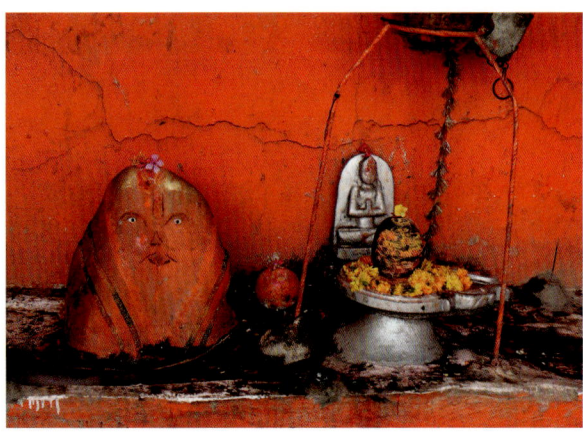

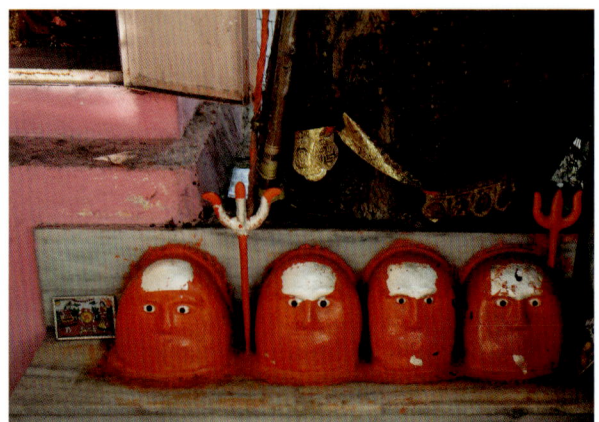

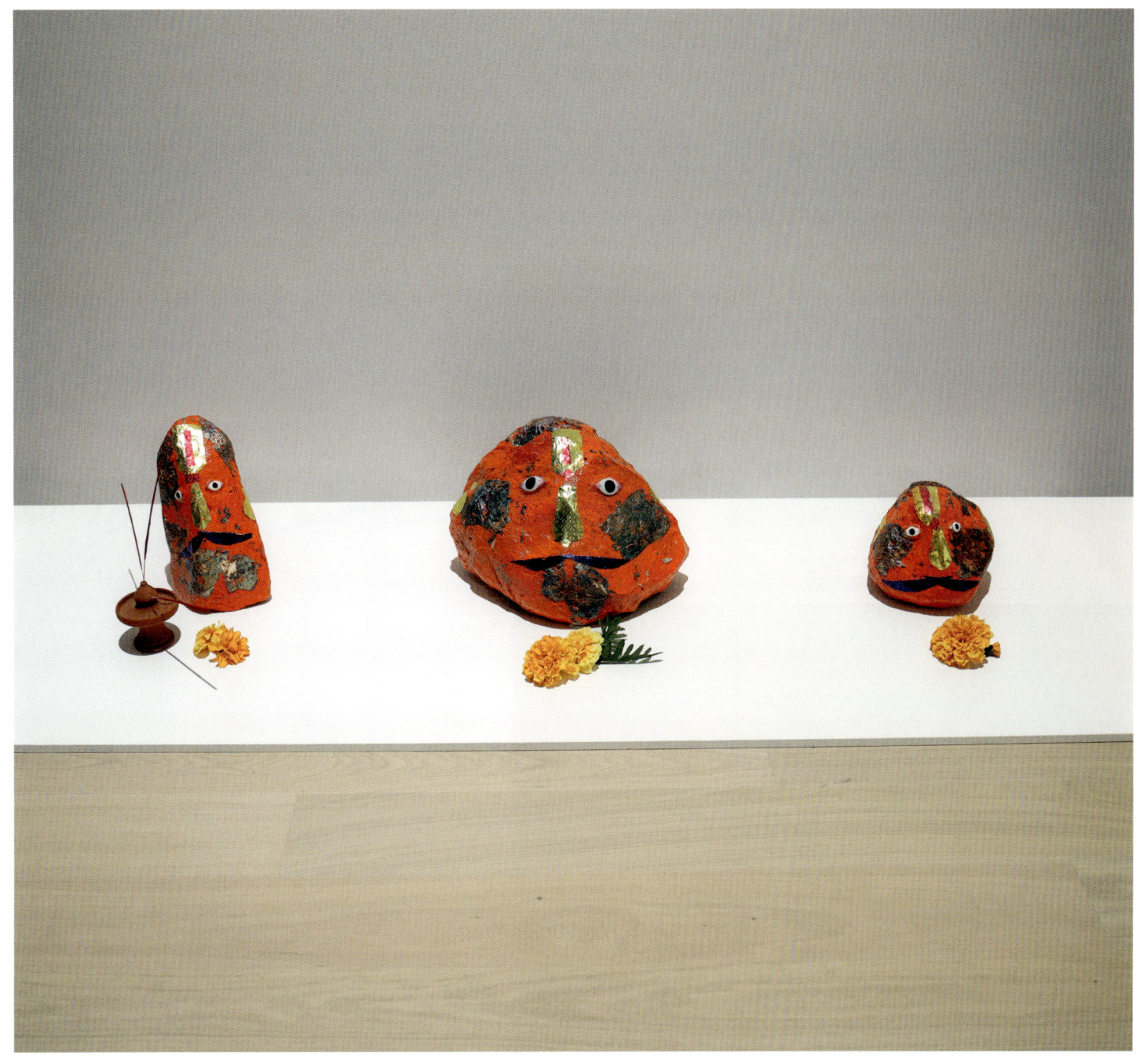

ONATTAPPAN (KERALA)
Hindouisme / Hinduism
INDE / INDIA

Bois, argile, feuilles de bananier, farine de riz / Wood, clay, banana leaves, rice flour, 2024
Dimensions variables / Various dimensions

Onattappan signifie « roi de l'Onam », mais la question de son origine suscite des réponses multiples. Certains l'identifient aux dieux Vishnu ou Shiva, tandis que la majorité voit en lui le puissant *asura* ou anti-dieu Mahabali. Parce que sa domination, décrite comme un âge d'or, était devenue une menace pour les dieux, on raconte que Vishnu bannit Mahabali dans le monde souterrain. Il n'est autorisé à se rendre qu'une seule fois par an dans son ancien royaume. Dans l'État du Kerala en particulier, ce retour est célébré pendant dix jours sous la forme du festival d'Onam, qui s'apparente à une fête des moissons. La plupart des familles placent devant leur maison des pyramides porte-bonheur en terre cuite sur une feuille de bananier et un motif géométrique dessiné avec de la pâte de farine de riz. Les symboles peuvent être interprétés comme des *yantra*, ou diagrammes de pouvoir. Comme la feuille, ils servent de base aux pyramides ; ces dernières représentent le dieu. Le nombre de pyramides et leur disposition varient considérablement, tout comme les interprétations possibles de la fête.

Onattappan means 'King of the Onam'; but the question as to who this king might be elicits different answers. Some identify him with the gods Vishnu or Siva, while the majority see in him the powerful *asura* or anti-god Mahabali. Because his dominion, described as a Golden Age, became a threat to the gods, it is told that Vishnu banished Mahabati to the Underworld. He is allowed only one visit to his former realm each year. Especially in Kerala State, this return is celebrated for ten days as the harvest-festival-like Onam festival. Almost every family sets lucky terracotta pyramids before their house, on a banana leaf and a geometric pattern drawn in rice-flour paste. The symbols can be read as *yantras*, or diagrams of power. Like the leaf, they serve as a base for the pyramids; the latter represent the god. The number of pyramids and their arrangement vary greatly, just as the possible interpretations of the festival do.

JHM

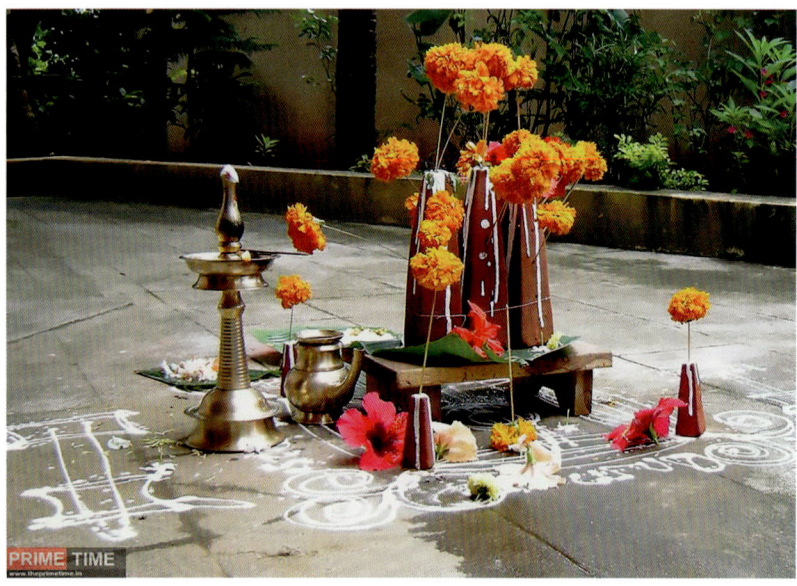

Onattappan, Kerala, Inde

Onattappan, Kerala, India

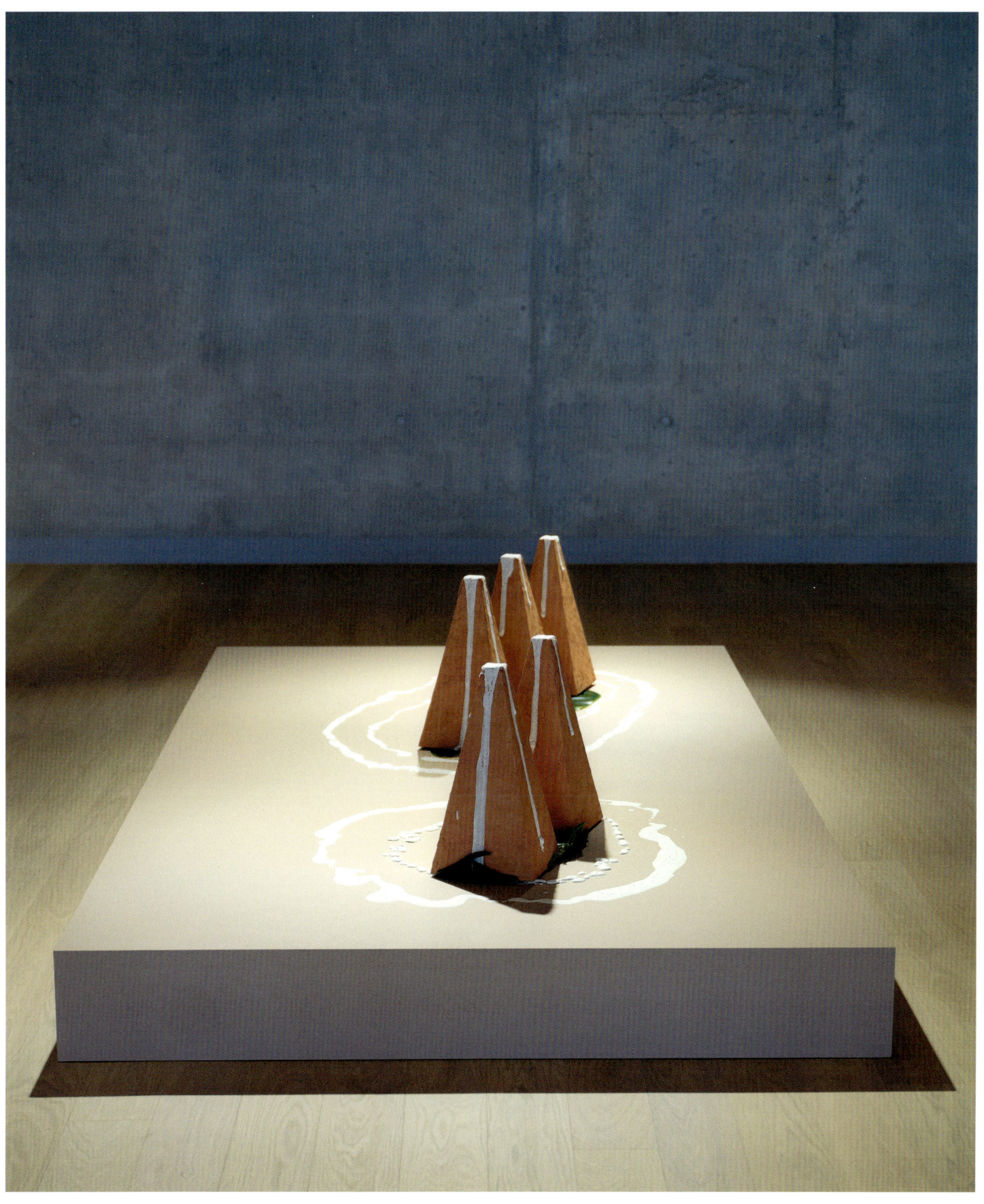

Asia

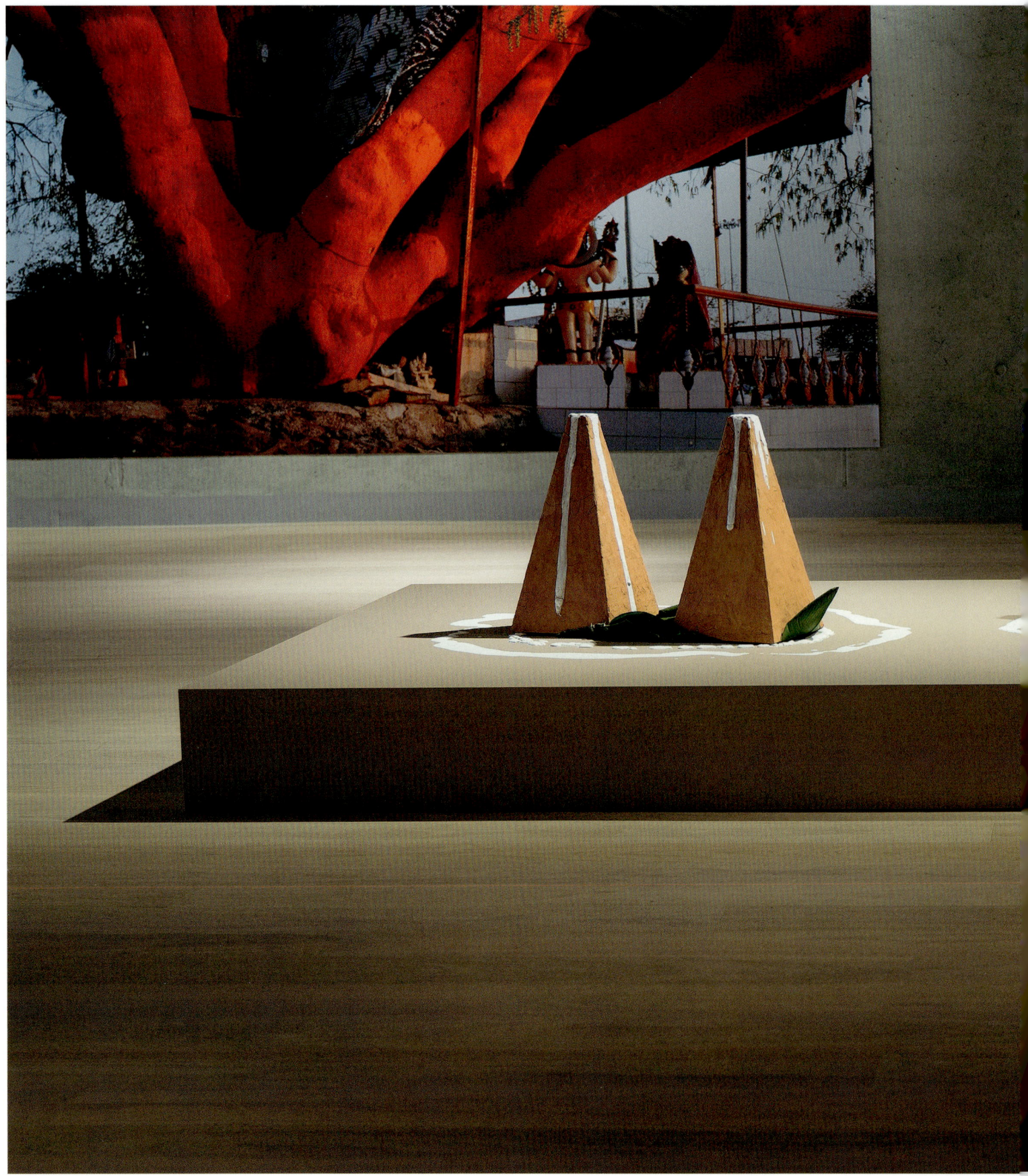

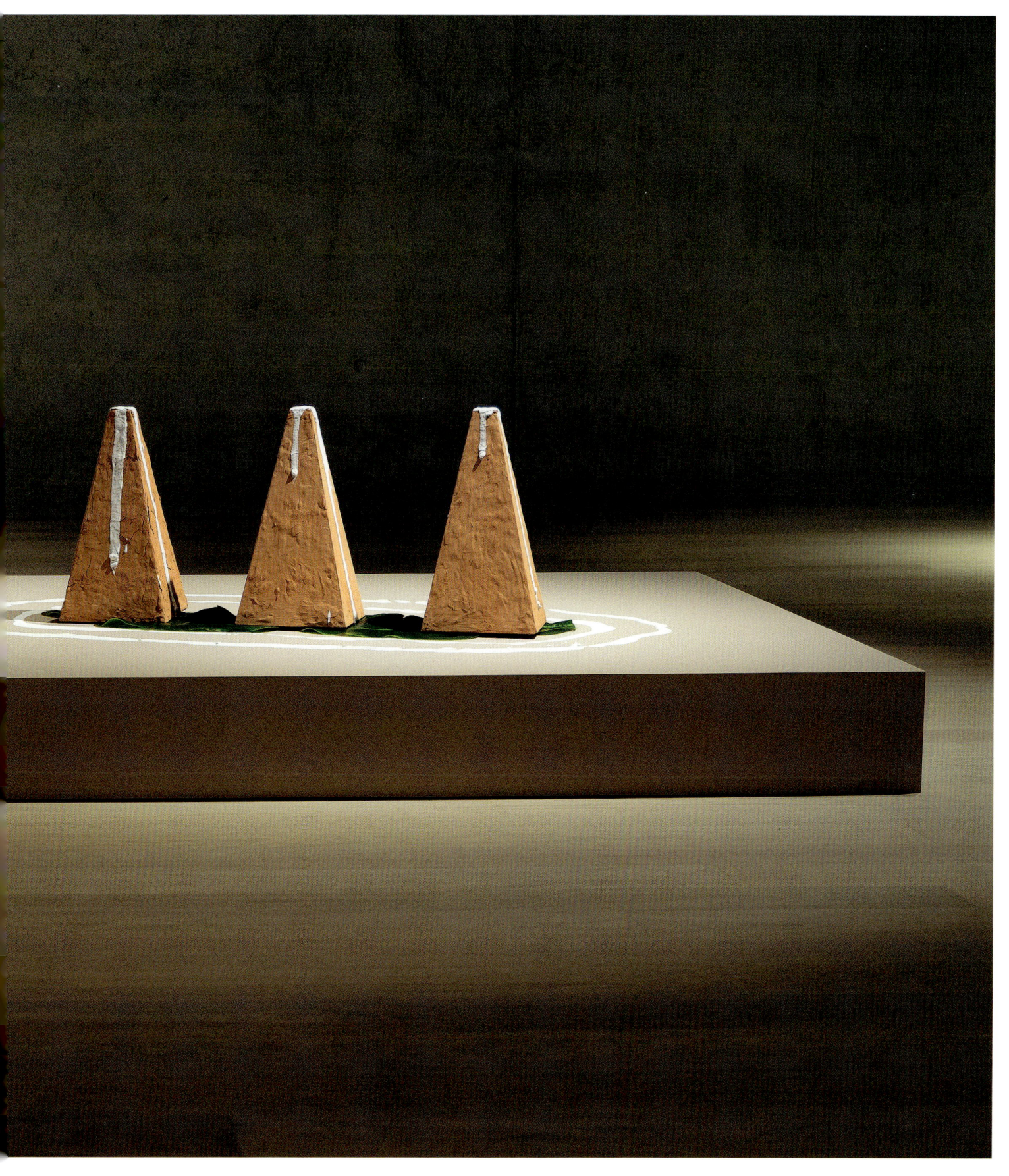

Asia

SANCTUAIRE D'AYANAR / AYANAR SHRINE
MUNNU SWAMY
ca. 2000
Hindouisme / Hinduism
INDE DU SUD / SOUTH INDIA

Terre cuite, fleurs / Terracotta, flowers
Dimensions variables / Various dimensions
Museum der Kulturen Basel, Suisse / Switzerland

Le dieu Ayanar, vénéré dans le sud de l'Inde, descend des deux divinités principales de l'hindouisme, Vishnu et Shiva. Ayanar veille sur son environnement et le protège contre les puissances dangereuses, mais il peut aussi retrouver les objets perdus, régler les querelles, conjurer les catastrophes naturelles et influer sur la fertilité des champs.

La représentation la plus courante le montre entre ses deux épouses, Puranai et Puskala. Des statues d'argile figurant des gardes et des chevaux sont regroupées autour de lui. Bien que le rite s'adresse à Ayanar, les offrandes des croyants sont destinées principalement à son entourage et aux chevaux. En Inde, les chevaux, symboles de vitesse et de puissance, accompagnent souvent les dieux-héros. Un sanctuaire dédié au dieu Ayanar peut comprendre des centaines de figures de chevaux, mesurant généralement entre cinquante centimètres et deux mètres de haut. Les potiers qui fabriquent les statues pour ce culte sont pour la plupart issus de la même caste que les prêtres d'Ayanar, dont on attend des capacités médiumniques particulières.

The god Ayanar, worshipped mainly in Southern India, is a descendant of the two chief divinities, Vishnu and Shiva. Ayanar watches over his environment and guards it against dangerous powers; but he can also retrieve things that have been lost, settle quarrels, ward off natural disasters, and influence the fertility of the fields.

The most common image depicts him between his two wives, Puranai and Puskala. Clay figures of guards and horses are grouped around him. Although the rite is an appeal to Ayanar, the believers' offerings are destined chiefly for his company and the horses. In India, horses, a symbol of speed and power, often accompany god-heroes. A shrine to the god Ayanar can include hundreds of horse figures, commonly between fifty centimeters and two meters high. The potters who make the cult figures frequently come from the same caste as Ayanar's priests, of whom special mediumistic abilities are expected.

JHM

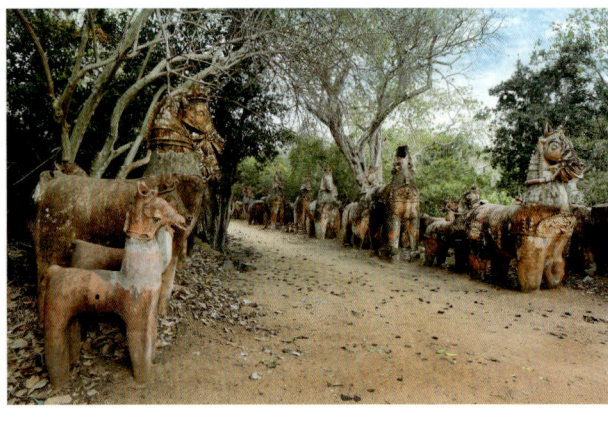

Ayanar,
forêt sacrée
d'Oorapatti, Tamil
Nadu, Inde

Ayanar, sacred
forest of
Oorapatti, Tamil
Nadu, India

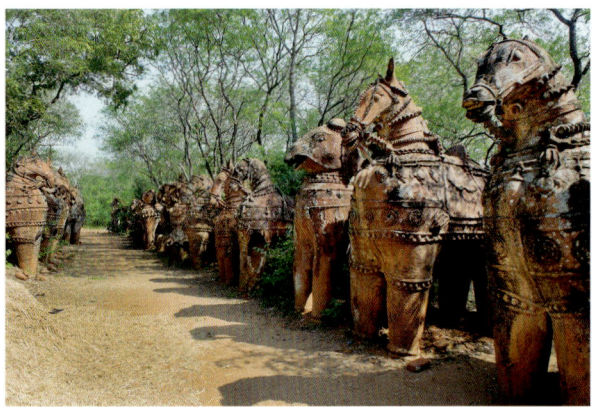

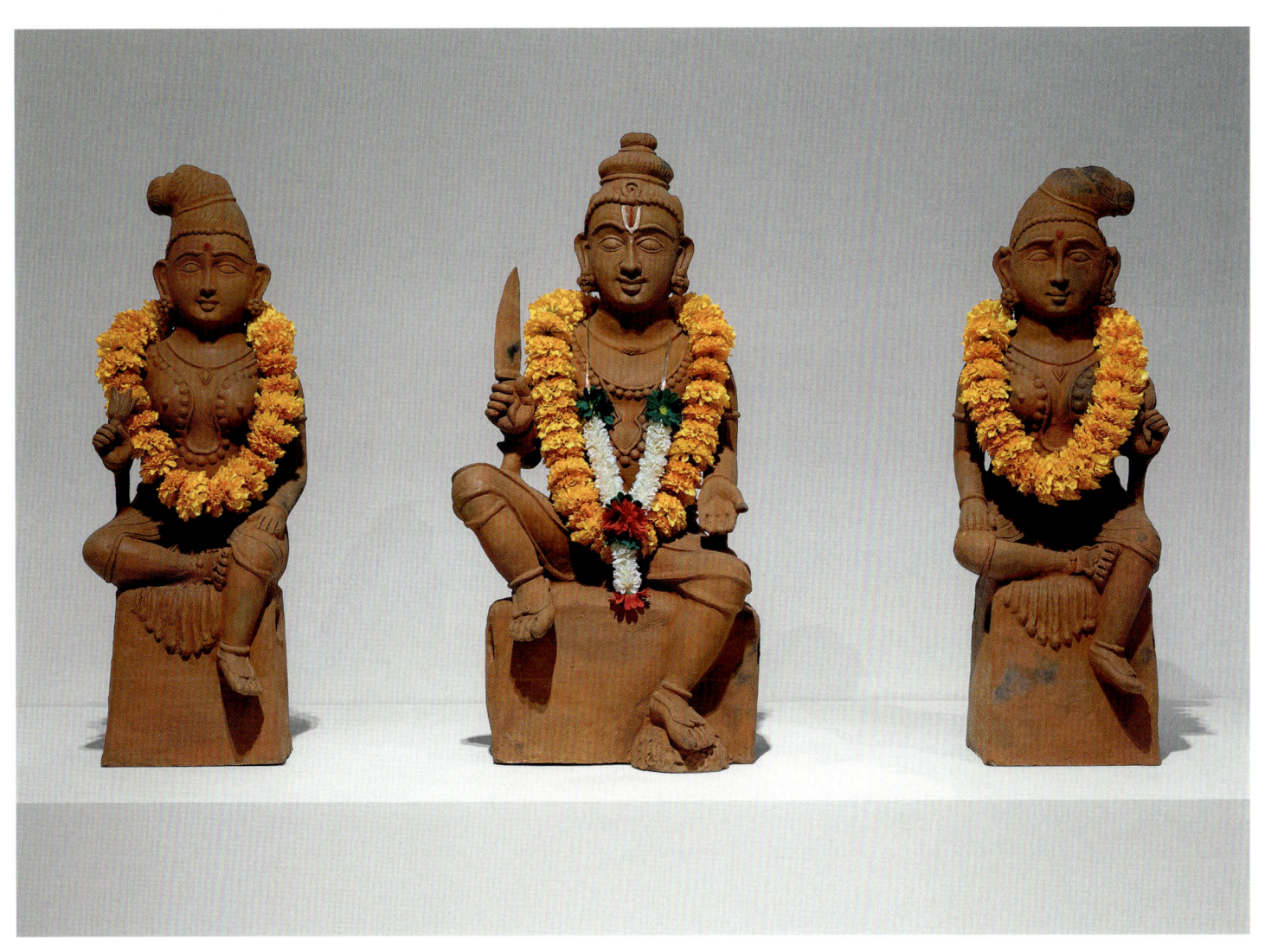

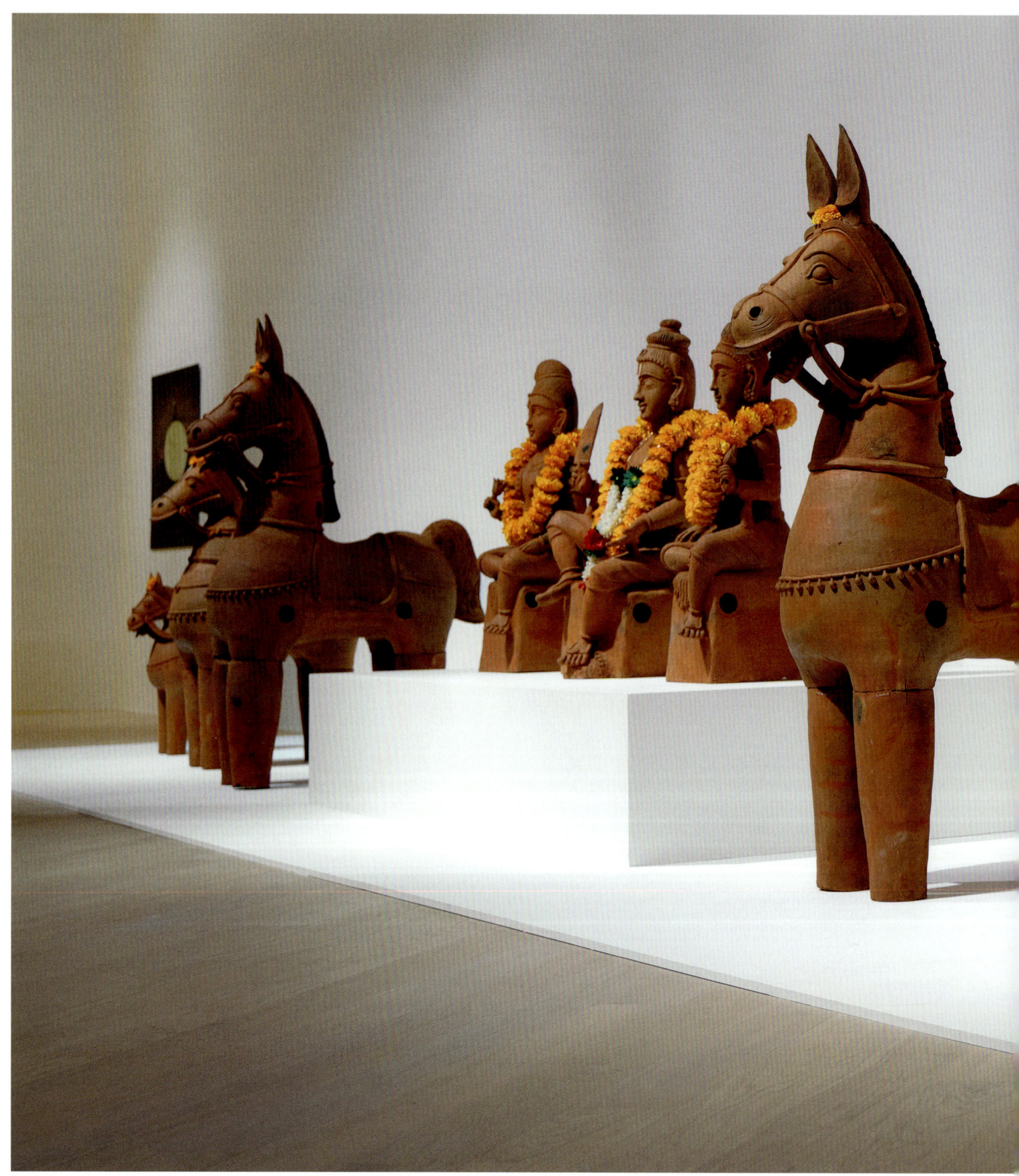

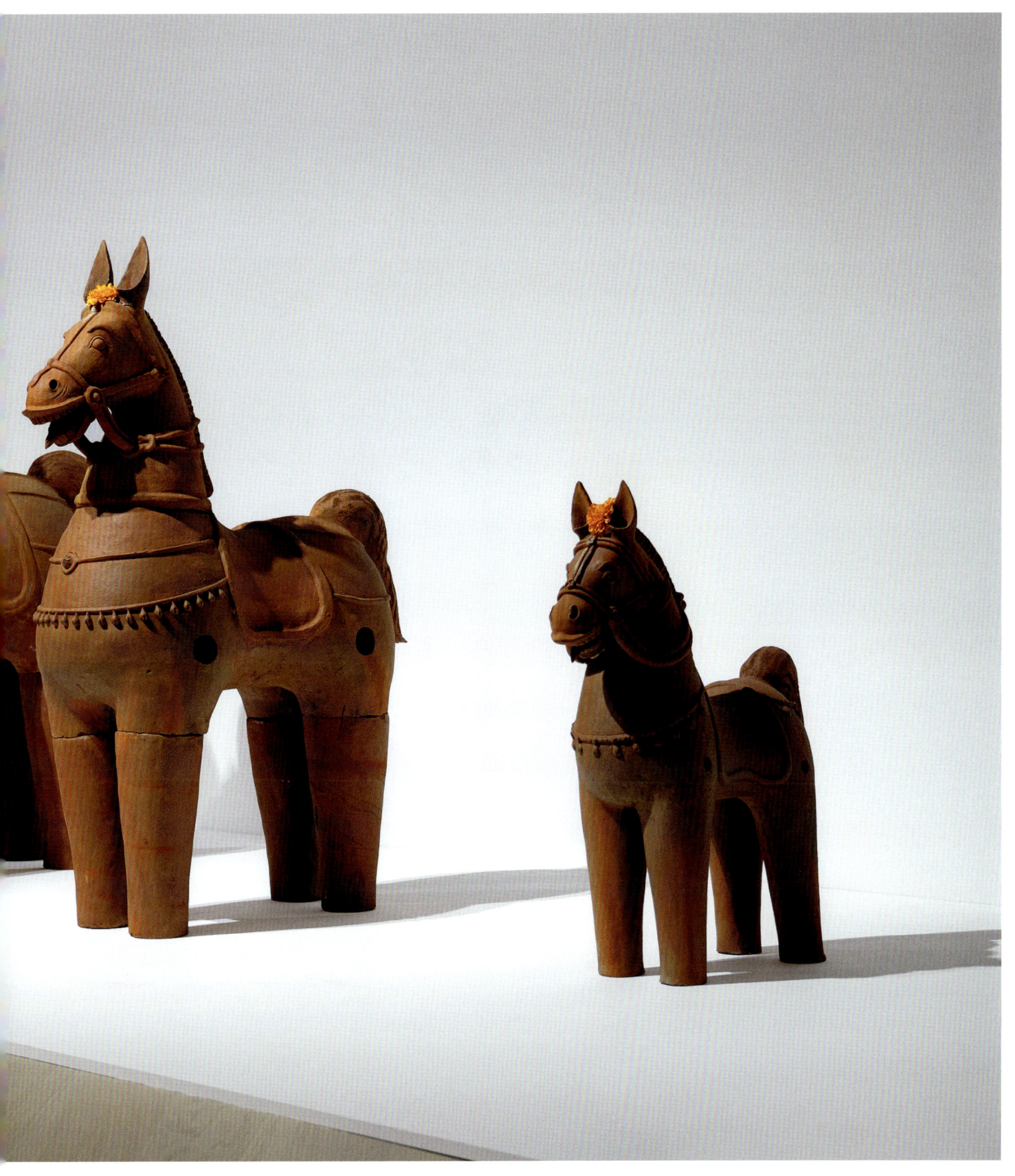

DEIDI VON SCHAEWEN (1941)

Arbre Sacré sur le bord du Gange à Haridwar,
Uttarakhand, Inde / *Sacred Tree on the banks*
of the Ganges at Haridwar, Uttarakhand, India
Impression photographique / Photographic print
310 × 350 cm

Un petit temple est situé sous l'arbre, un prêtre y fait des cérémonies toute la journée.
Haridwar est une des sept villes sacrées de l'hindouisme en Inde.
Couleur sacrée de l'hindouisme, l'orange est associée à la pureté, à la spiritualité. Vishnu, le présentant de l'amour divin, est vêtu de vêtements de cette couleur.

A small temple is located under the tree, a priest and performs ceremonies all day long.
Haridwar is one of the seven sacred cities of Hinduism in India.
Sacred color of Hinduism, orange is associated with purity and spirituality. Vishnu, the presenter of divine love, is dressed in clothes of this color.

DVS

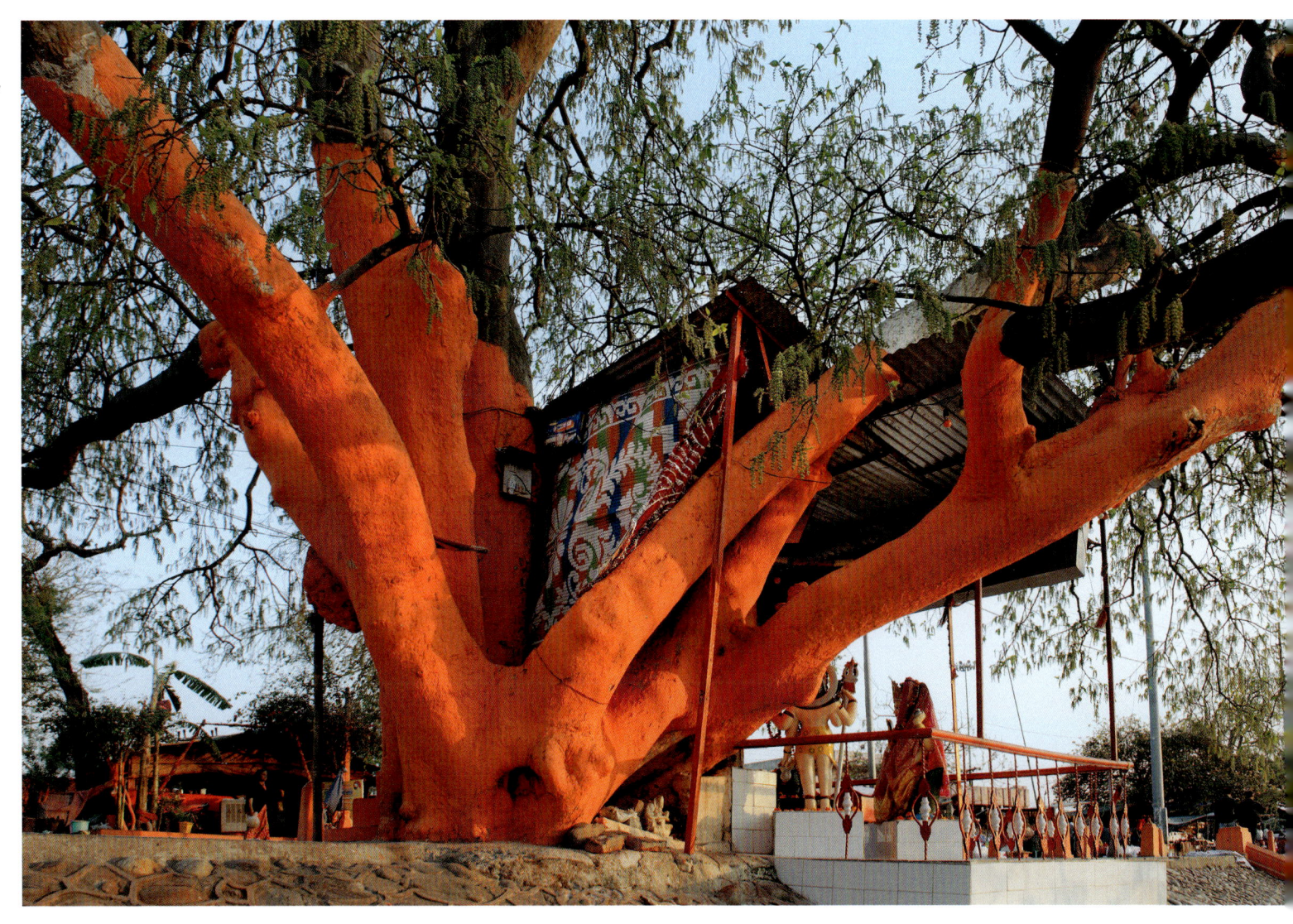

DEIDI VON SCHAEWEN (1941)

Lingam, temple près de Varanasi, Uttar Pradesh, Inde /
Lingam, temple near Varanasi, Uttar Pradesh, India
Impression photographique / Photographic print
60 × 40 cm

Petit temple près de Varanasi en Uttar Pradesh, Inde. Le *lingam*, pilier cylindrique, est une représentation abstraite du dieu hindou Shiva, il se présente dans un plateau en forme de disque, avec la *yoni*, son homologue féminin.

Small temple near Varanasi in Uttar Pradesh, India. The *lingam*, a cylindrical pillar, is an abstract presentation of the Hindu god Shiva; it comes in a disc-shaped tray, with the *yoni*, its female counterpart.

DVS

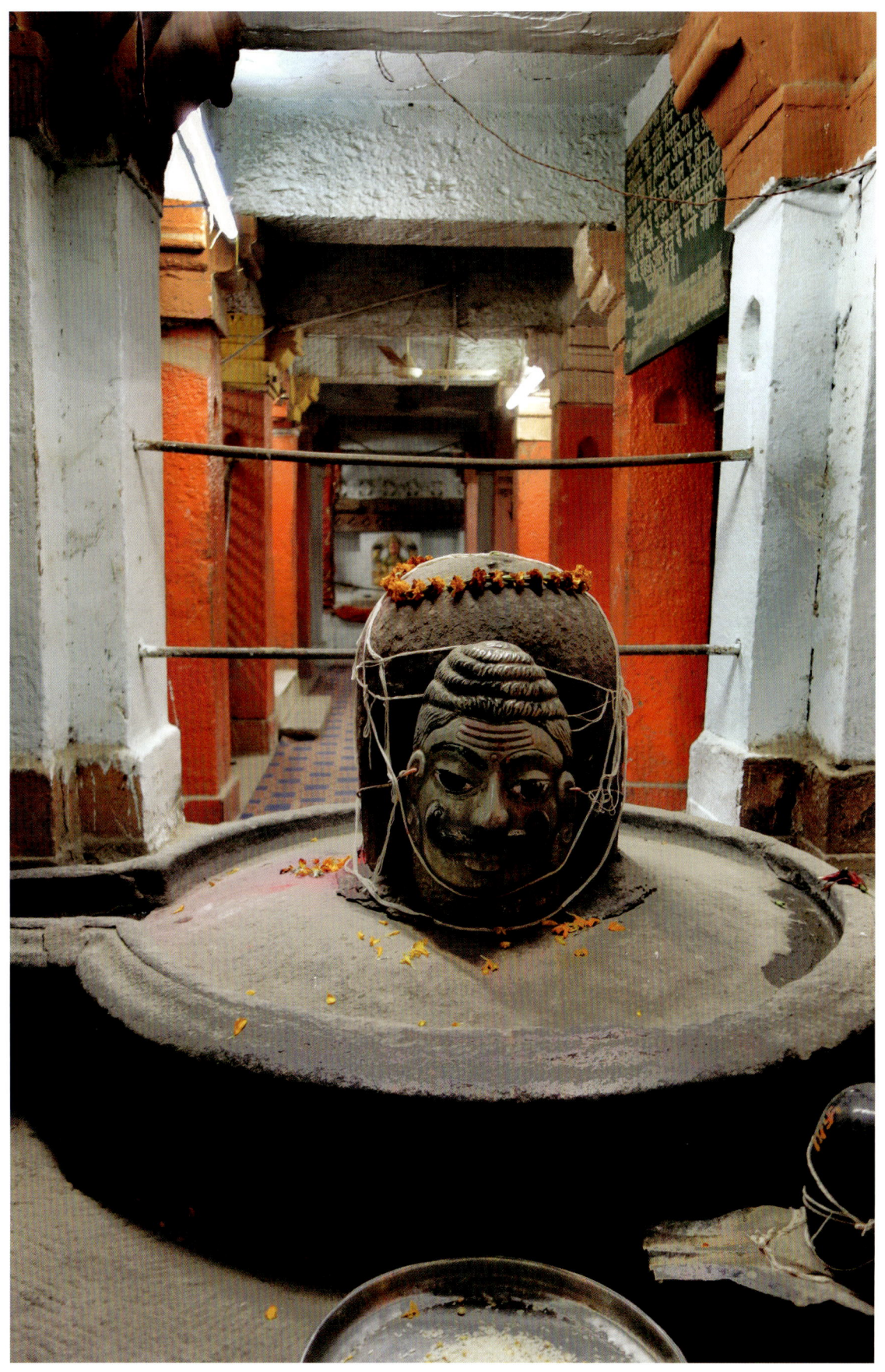

DEIDI VON SCHAEWEN (1941)

Arbre sacré, Odisha, Inde / *Sacred Tree,* Odisha, India
Impression photographique / Photographic print
60 × 50 cm

Arbre sacré, Maheshwar, Madhya Pradesh, Inde /
Sacred Tree, Maheshwar, Madhya Pradesh, India
Impression photographique / Photographic print
60 × 50 cm

⊙ Arbre sacré (État d'Odisha), Inde, avec des tissus rouges, la couleur de Vishnu. Il est situé dans une forêt sacrée où il y a beaucoup d'arbres, un temple et une source d'eau chaude, où les hommes et les femmes prennent des bains sacrés tôt le matin.

Sacred tree (Odisha State), India, with red fabrics, the color of Vishnu. It is located in a sacred forest where there are many trees, a temple and a hot spring, where men and women take sacred baths early in the morning.

⊙ Maheshwar (État de Madhya Pradesh), Inde. Arbre sacré avec des bandes de tissus attachées, principalement pour les enfants ou les mariages.

Maheshwar (State of Madhya Pradesh), India. Sacred tree with strips of cloth attached, mainly for children or weddings.

DVS

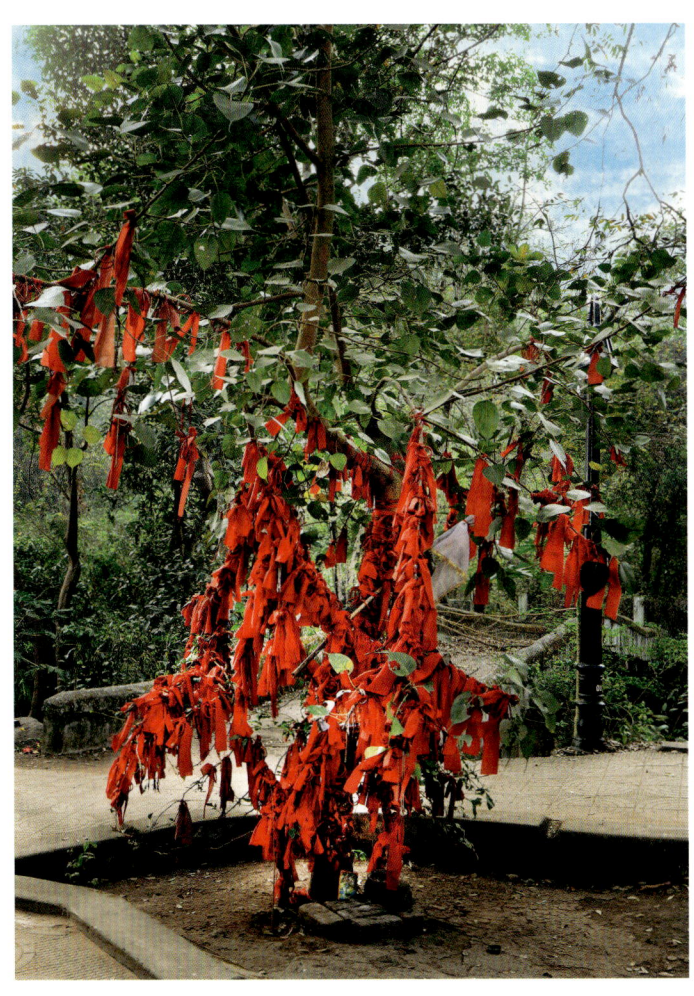

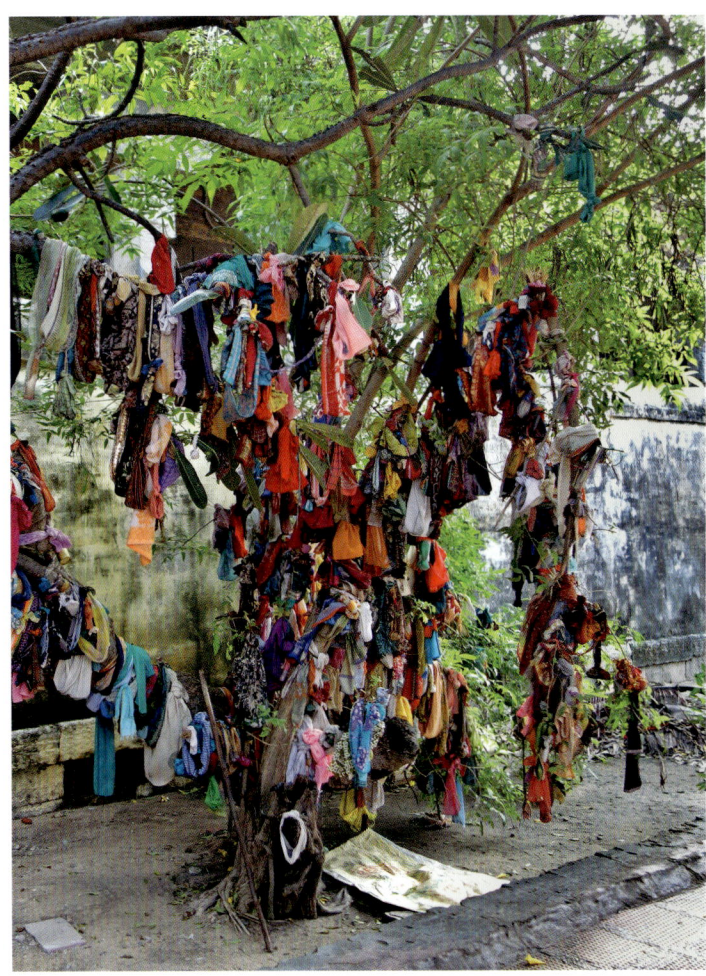

DEIDI VON SCHAEWEN (1941)

Arbre sacré, Madurai, État du Tamil Nadu, Inde /
Sacred Tree, Madurai, Tamil Nadu state, India
Impression photographique / Photographic print
60 × 40 cm

Arbre sacré à Madurai (État du Tamil Nadu), Inde. Il s'agit d'un arbre de plénitude pour le mariage ou la fertilité, enveloppé dans des saris jaunes et avec de petites structures en bois semblables à des berceaux, abritant parfois une poupée et d'autres objets, comme des fleurs, des bijoux, etc. Le jaune est le symbole de la sainteté.
Ce sont de petits berceaux qui sont un signe de pénitence et d'offrande demandant une faveur à un enfant. Cela est fait par les femmes qui n'ont pas eu d'enfant depuis un certain temps et elles passent par une pénitence de porter des saris spécifiques de couleur, manger végétarien de base, prier tous les jours et offrir ce berceau comme un point culminant.

Sacred tree in Madurai (Tamil Nadu state), India. It is a tree of plenitude for marriage or fertility, wrapped in yellow saris and with small wooden structures similar to cradles, sometimes housing a small doll and other objects, such as flowers, jewelry, etc. Yellow is the symbol of holiness.
These are small cradles that are a sign of penance and offering asking a favor from a child. This is done by women who have not had a child for a while and they go through a penance of wearing specific colored sarees, eating basic vegetarian food, praying every day and offering this cradle as a climax.

DVS

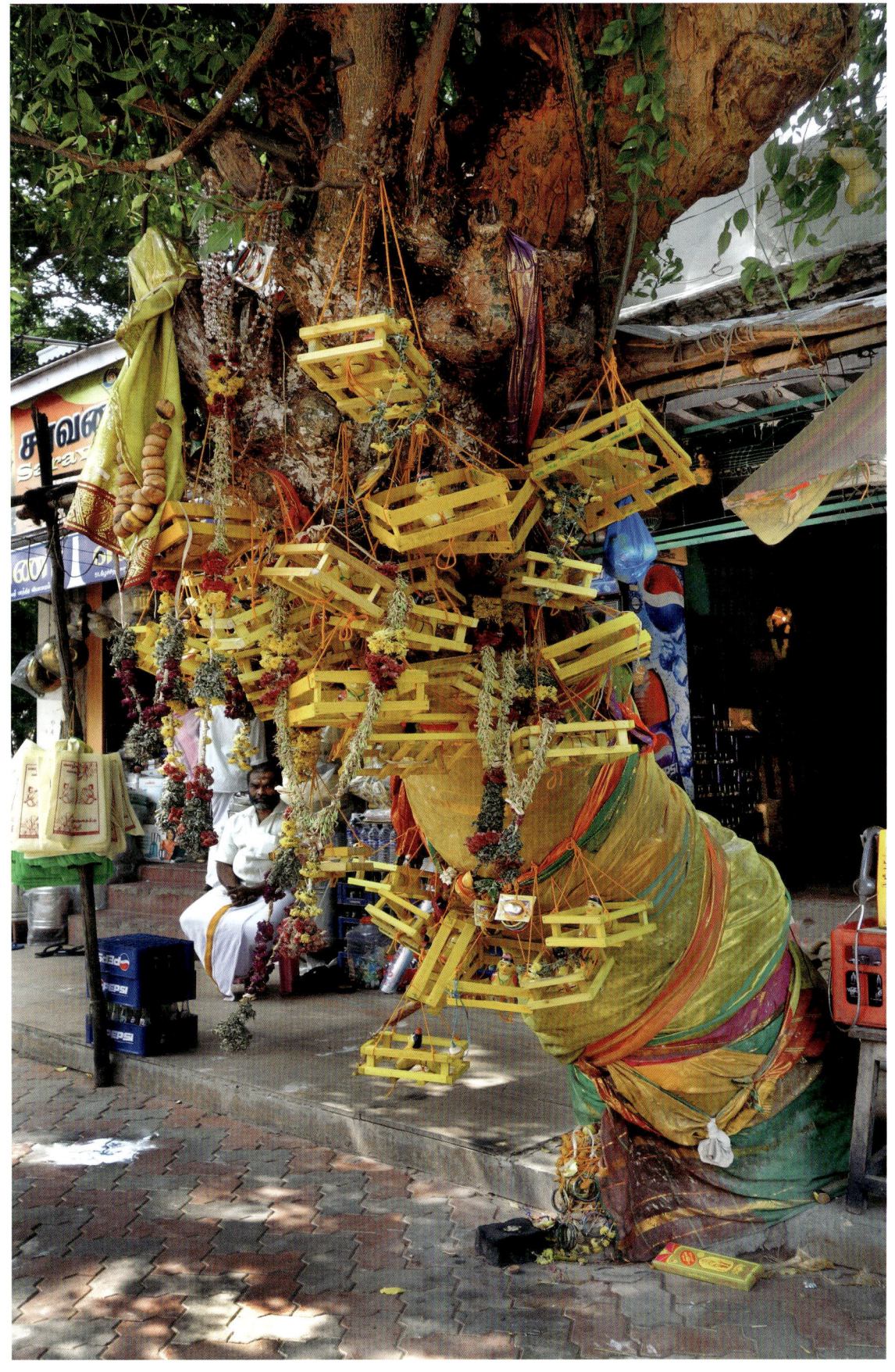

AUTEL VIDÉO / VIDEO ALTAR, 2000
Hindouisme / Hinduism
INDE / INDIA

Bois, plastique, nylon, bande vidéo / Wood, plastic, nylon, video tape
149 × 74 × 74 cm
Religionskundliche Sammlung Philipps-Universität Marburg, Allemagne / Germany

Les grandes épopées indiennes du *Ramayana* et du *Mahabharata*, dont les héros Rama et Krishna sont des incarnations du dieu Vishnu, ont été télédiffusées sous forme de séries. Il n'était pas rare que les croyants pratiquent une cérémonie religieuse devant le poste de télévision au début de chaque épisode.

The great Indian epics of the *Ramayana* and the *Mahabharata*, whose heroes Rama and Krishna are incarnations of the god Vishnu, have been broadcasted as series. It was not at all unusual for believers to perform a religious ceremony in front of the television set as each episode began.

JHM

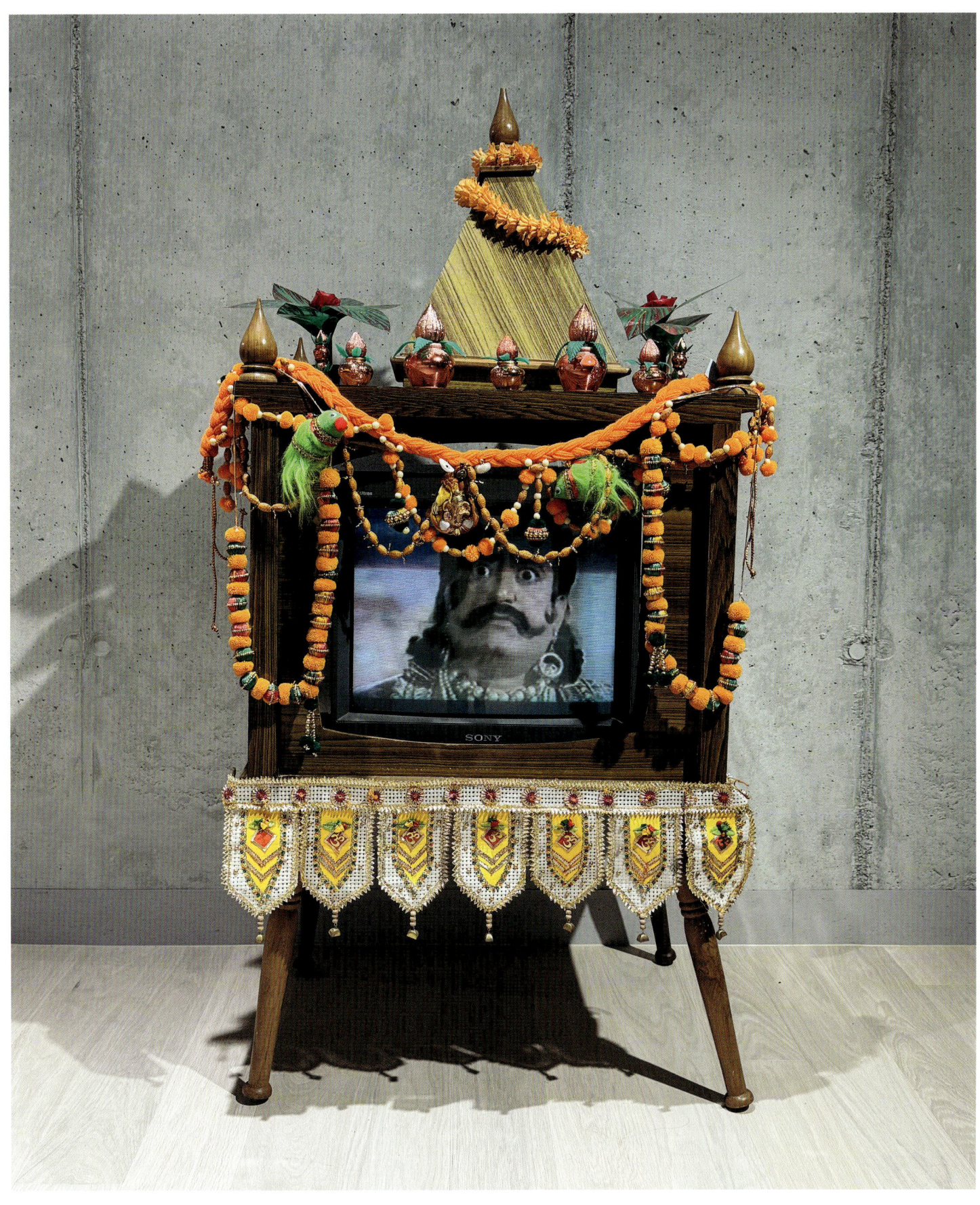

AUTEL À LA DÉESSE KALI / ALTAR TO THE GODDESS KALI
ca. 2000
SAMBHU NATH CHITRAKAR
Hindouisme, culte de Kali / Hinduism, Kali cult
INDE / INDIA

Bois, plâtre, carton peint, papier, plastique, feuilles de métal, cheveux synthétiques, colle / Wood, plaster, painted cardboard, paper, plastic, metal sheets, synthetical hair, glue
220 × 128 × 65 cm
Museum der Kulturen Basel, Suisse / Switzerland

Kali, la déesse de la destruction, est vénérée surtout dans l'est de l'Inde. Ses parures sont constituées de têtes et de bras coupés, et son pied repose sur le dieu Shiva allongé. Le mythe rapporte que Kali, dans un accès de rage face aux maux du monde, a dansé sur la terre, anéantissant et tuant d'innombrables humains sur son passage. Seul Shiva, son époux, parvint à la calmer. Il se mêlait aux morts, si bien qu'elle manqua de peu de le piétiner. En le reconnaissant, elle s'arrêta dans son élan et tira la langue de honte. Lors du festival annuel en son honneur, de nombreuses familles et communautés commandent des statues de Kali à une caste de potiers spécialisés dans cette tâche spécifique. Après certains rituels accomplis devant la statue par un prêtre, celle-ci est emmenée en procession jusqu'à un plan d'eau et y est immergée en guise d'hommage pour apaiser la déesse lunatique et rétablir l'équilibre du monde.

Kali, the goddess of destruction, is revered especially in Eastern India. Her jewellery consists of male skulls and severed arms, and her foot rests on the reclining god, Shiva. The myth tells how Kali, in a fit of rage at the ills of the world, danced about the earth annihilating, killing countless humans as she went. Only Shiva, her husband, was able to calm her down. He mingled with the dead, so that she narrowly missed treading on him. Recognising him, she stopped in her tracks and stretched out her tongue in shame. At the annual festival in her honour, many families and communities commission statues of Kali from a caste of potters specialised in this specific task. Following certain rituals performed before the statue by a priest, it is taken in a procession to a body of water and sunk in it as a tribute to pacify the moody goddess and restore the equilibrium of the world.

JHM

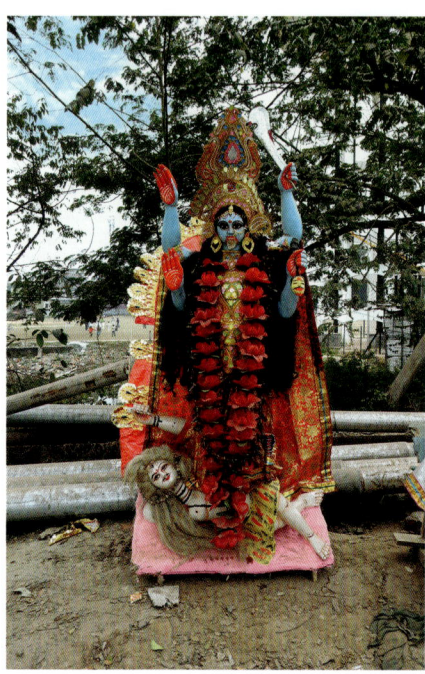

Kali, Tripura, Inde / India

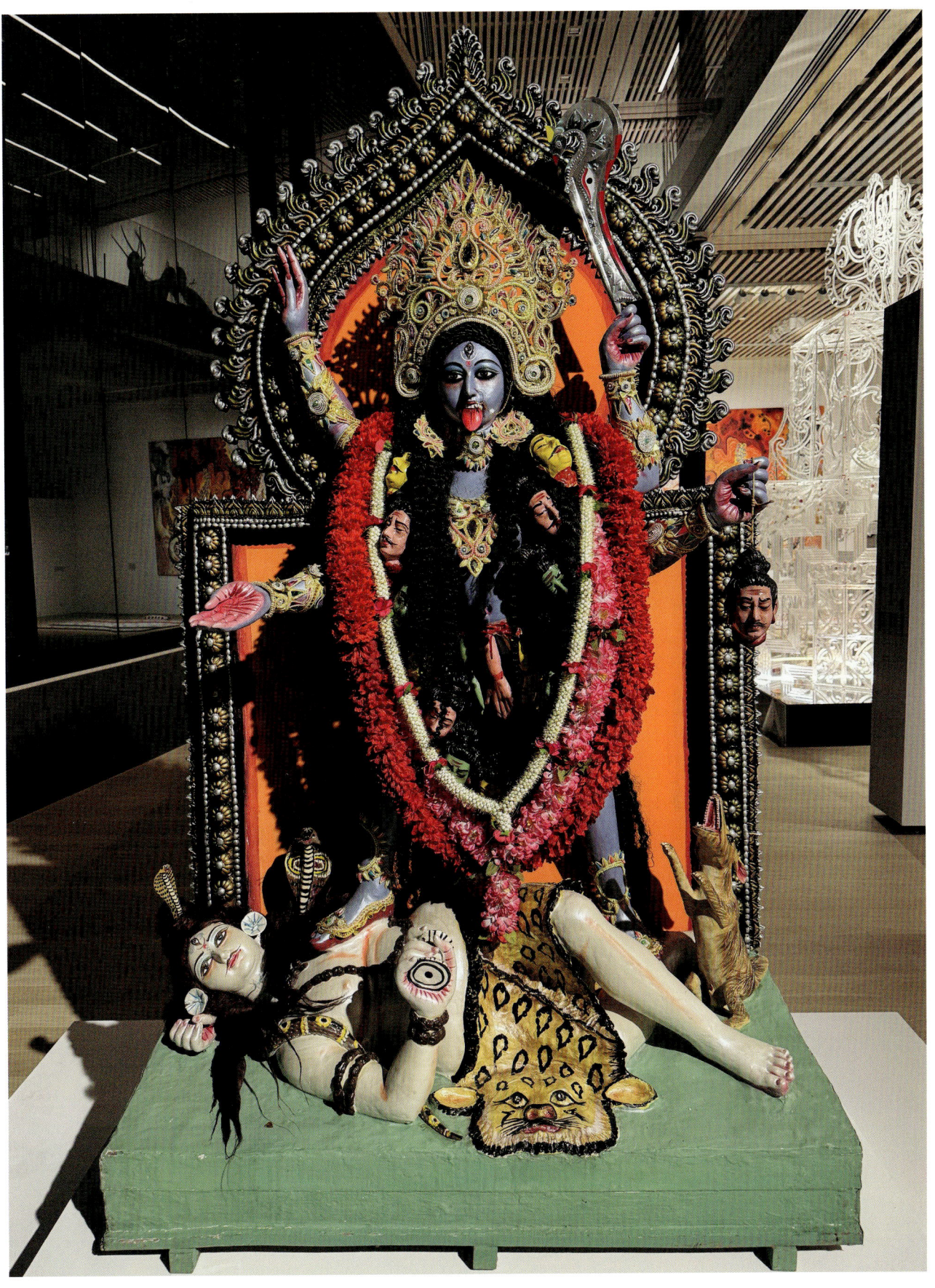

AUTEL TIBÉTAIN / TIBETAN ALTAR, 2024
Bouddhisme / Buddhism

Thangka, statue de Buddha Shakyamouni, bols d'offrande, lampe à beurre, pots de fleurs, bannières de la victoire, stupa et mandala /
Thangka, statue of Buddha Shakyamuni, offering bowls, butter lamp, flower pots, victory banners, stupa and mandala
Dimensions variables / Various dimensions
Centre tibétain Rabten Choeling, Le Mont-Pèlerin, Suisse / Switzerland

En tibétain, le terme « autel » se dit *kou soung thouk tèn*, ce qui signifie « la base du corps, de la parole et de l'esprit (des Bouddhas) ». *Kou* est le corps, *soung* est la parole, *thouk* est l'esprit, et *tèn* est la base.
Le corps de Bouddha est figuré ici par une statue en bronze de Bouddha Shakyamouni et par un grand *thangka*. Bouddha Shakyamouni est le Bouddha historique, fondateur du bouddhisme dans notre monde. Au sens ultime, il n'est pas l'unique fondateur des enseignements bouddhistes car il existe des Bouddhas du passé, du présent et du futur. En effet, il y eut des Bouddhas avant Bouddha Shakyamouni, tout comme il y aura des Bouddhas à sa suite.

Un *thangka* est une peinture à l'aquarelle exécutée de manière traditionnelle dans l'art tibétain et servant surtout de support aux visualisations à effectuer pendant les méditations. Ce thangka est employé dans la méditation du *gourou yoga* (ou « yoga du maître »), durant laquelle les maîtres spirituels sont pris comme objet de visualisation. Au centre siège le grand maître Djé Tsongkhapa, qui vécut au XIVe siècle et qui fut probablement le plus célèbre d'entre eux au Tibet. L'école à laquelle se rattache le Centre tibétain Rabten Choeling a été fondée par lui, et elle suit donc son exemple. À gauche et à droite de Djé Tsongkhapa se trouvent ses deux principaux disciples : Gyèltsab Djé et Khédrub Djé. Ces trois maîtres sont entourés de plusieurs autres déités de méditation, notamment les vingt et une déités féminines appelées Tara. Des protecteurs et des gardiens sont situés dans la partie inférieure du *thangka*.

Le texte d'écritures qui représente la parole du Bouddha est un livre en format tibétain. Dénommés *petcha*, ces textes se composent de feuilles volantes retenues entre deux planches de bois ou de carton. Lorsque le texte n'est pas utilisé, il est enveloppé précautionneusement d'un tissu et respectueusement placé en hauteur. L'écriture ici présente est une version du *Lam rim* (chemin gradué vers l'éveil).

In Tibetan, the term 'altar' is *kou soung thouk tèn*, which means 'the base of the body, speech, and mind (of the Buddhas)'. *Kou* is the body, *soung* is the speech, *thouk* is the mind, and *tèn* is the base.
Buddha's body is represented here by a bronze statue of Buddha Shakyamuni and a large *thangka*. Buddha Shakyamuni is the historical Buddha and founder of Buddhism in our world. Ultimately, he is not the only founder of Buddhist teachings, as there are Buddhas of the past, present, and future. In fact, there were Buddhas before Buddha Shakyamuni, just as there will be Buddhas after him.

A *thangka* is a watercolour painting traditionally used in Tibetan art to support visualisations during meditation. This *thangka* is used in *guru yoga* (or 'master yoga') meditation, during which the spiritual masters are used as objects of visualisation. In the centre sits the great master Je Tsongkhapa, who lived in the fourteenth century and was probably the most famous master in Tibet. The school to which the Tibetan Rabten Choeling centre belongs was founded by him, and therefore it follows his example. To the left and right of Je Tsongkhapa are his two main disciples: Gyeltsab Je and Khedrub Je. The three masters are surrounded by several other meditation deities, particularly the twenty-one female deities known as Tara. Protectors and guardians are positioned in the lower part of the *thangka*.

The writings representing the Buddha's words are in Tibetan book format. Known as *petcha*, these texts are made up of loose sheets held between two wooden or cardboard boards. When the text is not in use, it is carefully wrapped in cloth and respectfully placed high up. The writing here is a version of the *Lam rim* (gradual path to awakening).

The *stupa*, which symbolises Buddha's spirit, is traditionally made up of a square base and a rounded vase-shaped part, topped by thirteen superimposed, pointed discs. Each element represents specific qualities of the Buddha spirit.

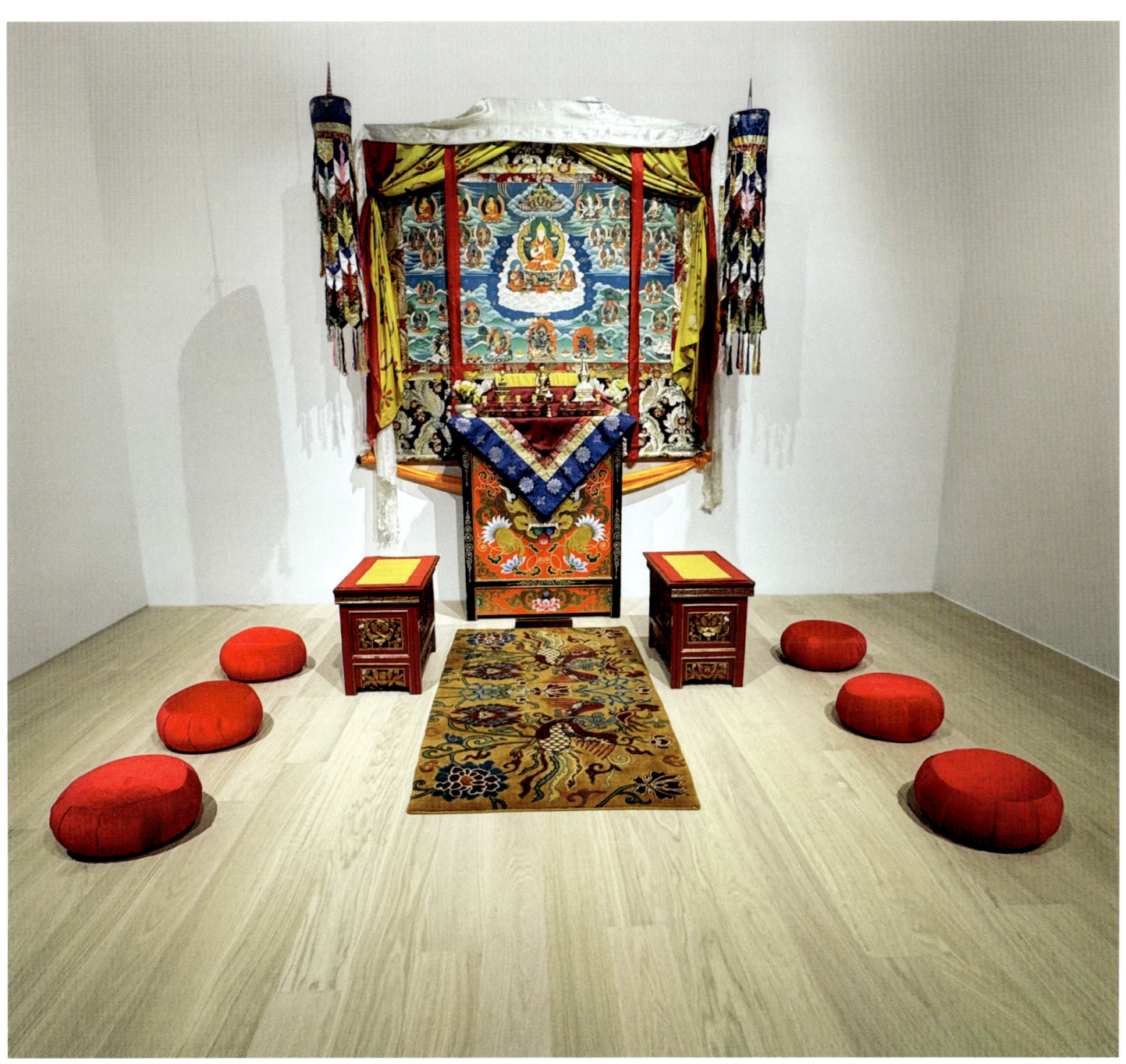

Le *stupa*, qui symbolise l'esprit de Bouddha, est traditionnellement composé d'une base carrée et d'une partie arrondie en forme de vase, surmontée par treize disques superposés, en pointe. Chaque élément représente des qualités spécifiques de l'esprit des Bouddhas.

Un autel comprend usuellement ces objets. Ceux-ci ne doivent pas être regardés comme des objets de musée ; ils sont au contraire vénérés et pour cette raison des offrandes sont disposées devant eux. Bien qu'elles puissent être variées, ces offrandes sont principalement de trois sortes : l'eau, symbole de la bonté aimante (le souhait que tous les êtres obtiennent le bonheur) et de la compassion (le souhait que tous les êtres ne souffrent plus) ; la lumière, symbole de la sagesse qui dissipe les ténèbres de l'ignorance ; et l'encens, qui symbolise la pureté de l'éthique et de la moralité. Ce sont les offrandes les plus importantes qui, au niveau conventionnel, sont par ailleurs essentielles à la subsistance des êtres humains : pour survivre, nous dépendons de l'eau, de la lumière, ainsi que d'un air pur. Il est aussi possible d'offrir des fleurs et de la nourriture. En parallèle est également offert un mandala, un objet rituel composé d'une base sur laquelle sont placés trois anneaux remplis de riz ou de graines, et surmontés d'un joyau. Cet ensemble représente l'offrande de l'univers dans son entier, avec tout ce qu'il contient.

An altar is usually composed of these objects. They are not to be regarded as museum objects; on the contrary, they are revered, which is why offerings are placed in front of them. Although they can be varied, these offerings are mainly of three kinds: water, symbolising loving kindness (the wish that all beings should obtain happiness) and compassion (the wish that all beings should no longer suffer); light, symbolising the wisdom that dispels the darkness of ignorance; and incense, symbolising the purity of ethics and morality. These are the most important offerings and, conventionally speaking, they are also essential for human sustenance: to survive, we depend on water, light, and clean air. Flowers and food can also be offered. A *mandala* is also offered, a ritual object consisting of a base on which are placed three rings filled with rice or seeds and topped with a jewel. This represents the offering of the entire universe with all it contains.

Centre tibétain Rabten Choeling –
Centre des Hautes Études tibétaines

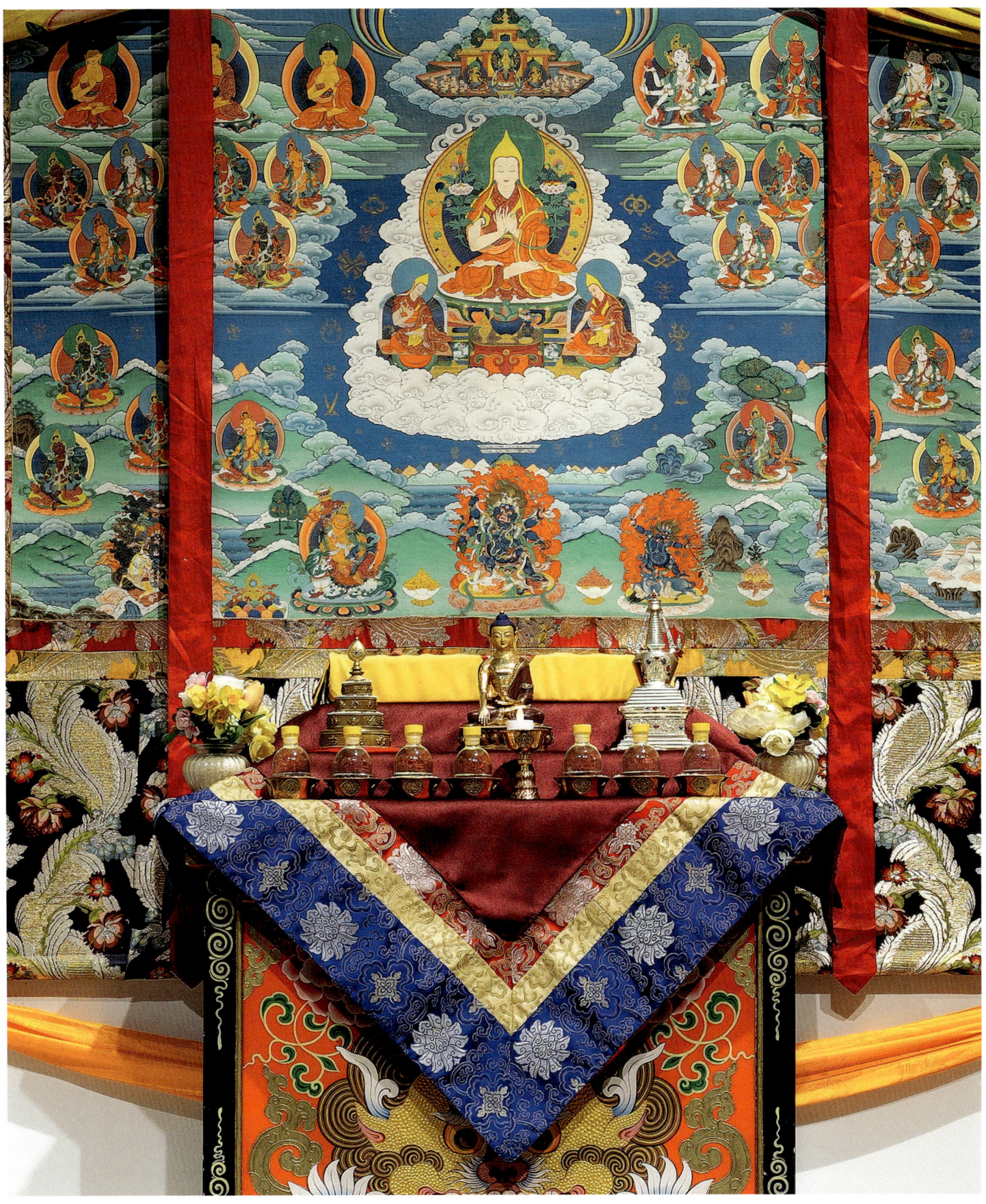

AUTEL JARDIN DE FLEURS / FLOWER GARDEN ALTAR
SAILAN
Chamanisme / Shamanism
CHINE DU SUD / SOUTH CHINA

Autel Jardin de fleurs / Flower Garden altar, 1995
Bois, papier, papier d'aluminium, bâtons d'encens et cendre de bâtons d'encens, bouteille Thermos / Wood, paper, tin foil, incense sticks and incense stick ash, Thermos bottle
110 × 130 × 25 cm
Sammlungen Universität Marburg, Allemagne / Germany

Le *Jardin de fleurs*, siège des esprits, est le but du « voyage » de la chamane Sailan. Elle y rend hommage aux esprits et obtient leur bénédiction. Un chant rituel lui indique le chemin à suivre. Le *Jardin de fleurs* doit son nom à l'idée que les âmes des enfants y ont une contrepartie dans une fleur qui se métamorphose en étoile lorsque l'enfant atteint l'âge adulte. L'autel de Sailan illustre sa « chevauchée » tumultueuse vers l'édifice céleste. Elle rencontre les esprits, les ancêtres et le dieu de la terre. Plusieurs de ces êtres s'installent sur ses épaules et ses cuisses. L'autel lui-même, une simple planche avec quatre pieds attachés sommairement, n'a pas de place fixe dans l'édifice. Sur la table se trouvent des récipients d'encens et un éventail qui symbolise les tourbillons de l'air lorsque les esprits passent. Le mur derrière l'autel est tapissé de rouge et décoré de figures en papier appliqué qui évoquent un autre monde.

The *Flower Garden* as the seat of the spirits is the goal of the shaman woman Sailan's 'journey'. There she pays tribute to the spirits and obtains their blessing. A ritual chant shows her the way. The *Flower Garden* owes its name to the notion that the souls of children have a counterpart there in a flower that metamorphoses into a star when the child reaches adulthood. Sailan's altar illustrates her tempestuous 'ride' to the heavenly edifice. She encounters spirits, ancestors, and the god of the soil. Several of these beings settle on her shoulders and thighs. The altar itself, a simple board with four loosely attached feet, has no fixed place in the building. On the table are incense vessels and a fan that symbolises the eddies in the air as the spirits ride by. The wall behind it is papered in red and decorated with applied paper figures which tell of another world.

JHM

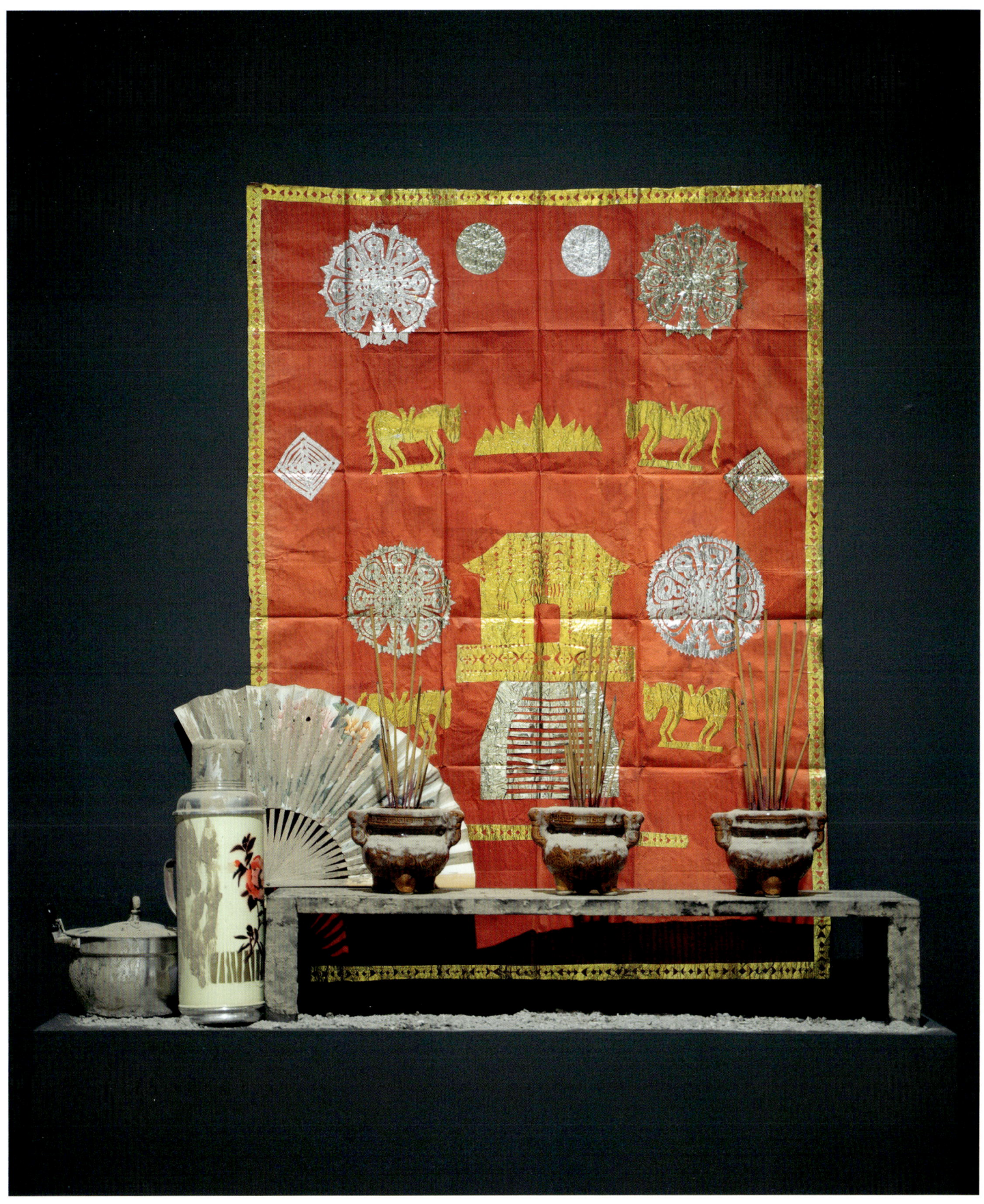

AUTEL GENGIS KHAN / GENGHIS KHAN ALTAR
XXIᵉ siècle / 21st century
HURCABAATUR SOLONGGOD, NASHUN NASHUNBATU
ORDOS, MONGOLIE / MONGOLIA

Matériaux divers / Mixed media
Dimensions variables / Various dimensions
Collection Hurcabaatur Solonggod, Cologne, Allemagne / Germany

La vénération ancestrale des Mongols – Le culte de Činggis Qaγan (culte de Gengis Khan)

Non seulement les Huns et les Mongols partagent les mêmes origines ethniques, mais ils ont également de nombreuses croyances similaires concernant le [culte] du *Tngri* (le ciel), du soleil, de la lune et du feu[1]. Au XIIIᵉ siècle, à l'époque de l'empire de Činggis Qaγan, ces croyances sont devenues les «cérémonies d'offrandes d'état et les croyances nationales des Anciens Mongols[2]». Transmis de génération en génération, le culte ancestral des Mongols a évolué vers le «culte de Činggis Qaγan[3]», qui s'est répandu dans toute la région mongole.

Le culte ancestral des Mongols, connu sous le nom de «culte de Činggis Qaγan[4]», fait appel à des lampes célestes et à la bannière Sülde du soleil et de la lune, qui expriment la Vénération pour le Ciel, et le corps honorable du saint Činggis Qaγan, qui représente la Vénération pour les Ancêtres. Le culte des ancêtres des Mongols a été décrit à l'origine dans l'inscription de Hüis Tolgoi en langue proto-mongole – écriture brahmi mongole – comme suit: «Les épouses et les jeunes frères de Niri Kaghan exécutaient la cérémonie sacrificielle ancestrale pour Niri Khan et Türüg Khan. La chamane Hergin de la tribu hiri et l'invocateur des esprits des ancêtres Pahiruhači de la tribu bargo ont dansé et répandu les offrandes. Les sages ont allumé les lampes des ancêtres pour le Grand Kaghan et le Khan mineur[5].» L'Histoire secrète des Mongols utilise les termes *jügeli*, *sülder*, *yekes-ün kesig*[6]. De plus, ces lampes célestes et les offrandes au soleil et à la lune ont été représentées – et les notes d'adoration de la bannière Sülde ont été inscrites – sur les peintures murales religieuses et les sceaux d'os de cheville exhumés des tombes des Huns, ainsi que sur les pièces de monnaie de l'époque de l'Empire mongol[7].

Village de bannières, région d'Ordos, Mongolie-Intérieure

Banners Village, Ordos Region, Inner Mongolia

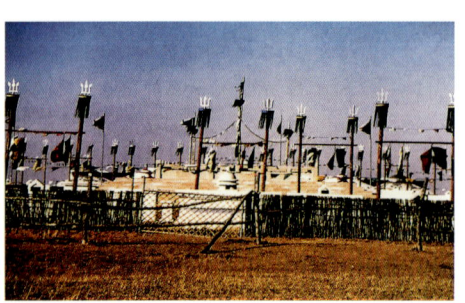

The Ancestral Reverence of Mongols – Činggis Qaγan Cult (Genghis Khan cult)

Not only do the Huns and Mongols share the same ethnic origins, but they also hold many similar beliefs about [worshipping] *Tngri* (heaven), the sun, the moon, and fire.[1] In the thirteenth century, at the time of Činggis Qaγan's empire, these beliefs became the '"Ancient Mongols" state offering ceremonies and national beliefs'.[2] Passed down from generation to generation, the ancestral worship of the Mongols has evolved into the 'Činggis Qaγan Cult' (Dschinggis-Khan-Kult),[3] which has spread across the whole Mongol area.

The ancestral worship of Mongols, known as the 'Činggis Qaγan Cult'[4] involves heavenly lamps and the banner *sülde* of the sun and the moon, which are an expression of Reverence for Heaven, and the core honourable body of the Holy Činggis Qaγan, which represents Reverence for Ancestors. The ancestral worship of the Mongols was originally described in the Hüis Tolgoi Inscription in the Proto Mongolian Language – Mongolian Brahmi Script – as 'Niri Kaghan's wives and young brothers performed the ancestral sacrificial ceremony for Niri Khan and Türüg Khan. The female shaman Hergin of the tribe Hiri and the caller of ancestors' spirits Pahiruhači of the tribe Bargo danced and spread the offerings. The sages ignited the ancestors' lights for the Great Kaghan and the minor Khan."[5] The Secret History of the Mongols uses the terms *jügeli*, *sülder*, *yekes-ün kesig*.[6] Moreover, those heavenly lamps and the sun and moon offerings were depicted – and the banner *sülde* worship notes were inscribed – on the religious murals and ankle-bone seals excavated from the tombs of the Huns, and on the coins of the Mongol Empire period.[7]

Hurcabaatur Solonggod

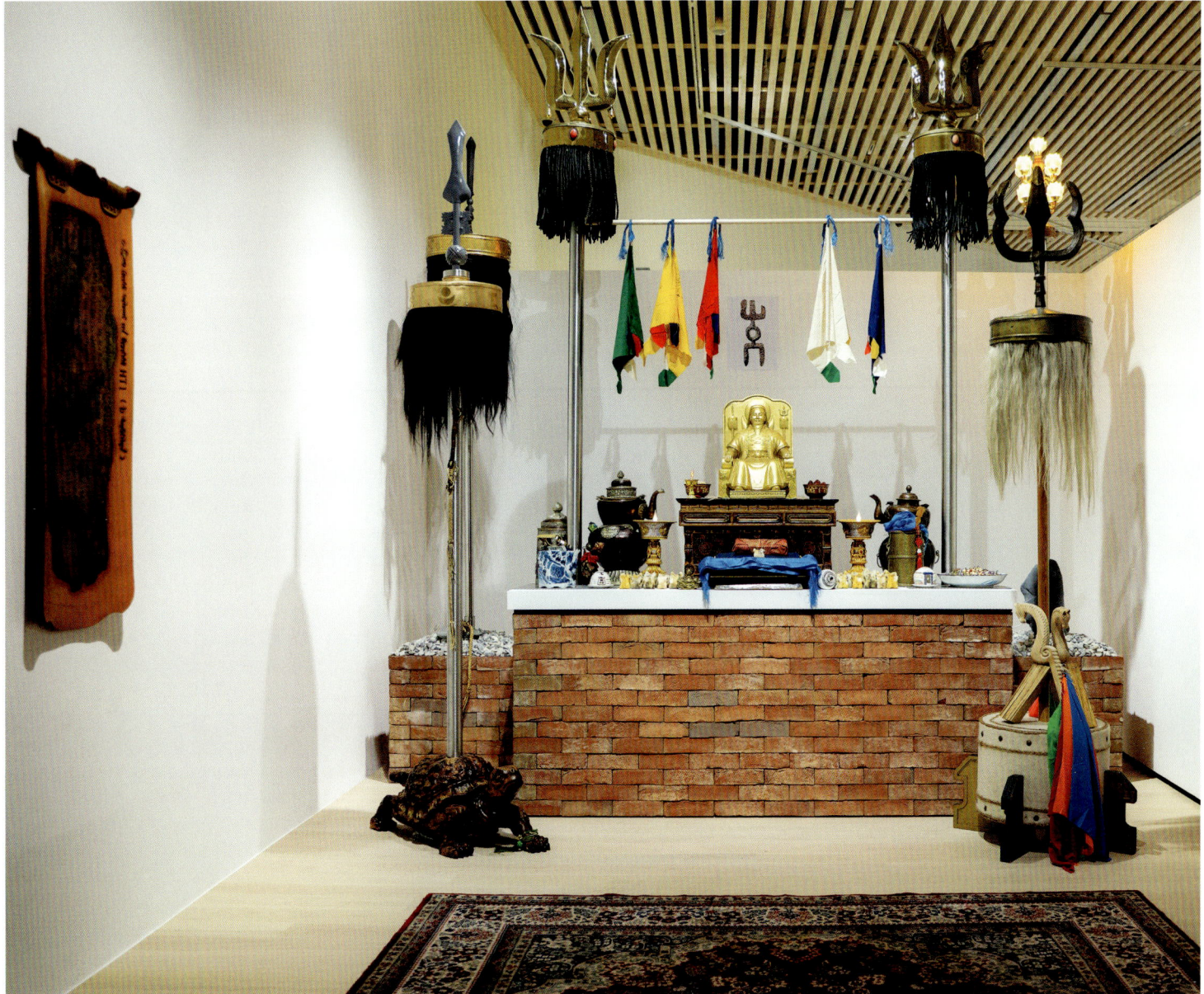

1. Lampes célestes : chaque famille mongole d'Ordos fait le sacrifice d'encerclement avec quatre-vingt-dix-neuf lampes le premier jour de Tsagaan Sar (la nouvelle année lunaire des Mongols).

2. La bannière blanche dynastique *sülde* : symbole de paix, toujours vénéré dans la Maγubulaγ de la bannière d'Üüsin à Ordos.

3. La bannière noire dynastique *sülde* : symbole de guerre, déposé au mausolée de Činggis Qaγan l'année du Dragon.

4. Le Cheval du vent d'Ordos : symbole de la famille mongole, vénéré par les familles mongoles uniquement à Ordos.

5. Le Mai Činggis Qaγan à Ordos et nommé en écriture brahmi mongole.

6. La tablette de Hüis Tolgoi, portant des inscriptions sacrificielles faites en 601 ap. J.-C. en langue proto-mongole – écriture brahmi mongole.

7. Portrait du saint Činggis Qaγan, certifié par le mausolée de Činggis Qaγan à Ordos et nommé en écriture brahmi mongole.

1. Heavenly lamps: every Mongolian family in Ordos makes the encircling sacrifice with ninety-nine lamps on the first day of Tsagaan Sar (the lunar new year of Mongols).

2. The dynastic white banner *sülde*: a symbol of peace, still worshipped in Maγubulaγ of Üüsin in Ordos.

3. The dynastic black banner *sülde*: a symbol of war, deposited at the Mausoleum of Činggis Qaγan in the Year of the Dragon.

4. The Windhorse of Ordos: a symbol of the Mongolian family, worshipped by Mongolian families only in Ordos.

5. The Mai Činggis Qaγan in Ordos and named in Mongolian Brahmi script.

6. The Tablet of Hüis Tolgoi, bearing sacrificial inscriptions made in 601 A.D. in the Proto Mongolic language – Mongolian Brahmi script.

7. Portrait of the Holy Činggis Qaγan, certified by the Mausoleum of Činggis Qaγan in Ordos and named in Mongolian Brahmi script.

SAODAT ISMAILOVA (1981)
OUZBEKISTAN

Chillpiq, 2018
Vidéo 17 min, Full HD, 16:9 couleur, stéréo / HD video, 17 min., 16:9 color, stereo
Collection de l'artiste / Collection of the artist, Paris, France

Les femmes d'Asie centrale continuent de vénérer des lieux saints païens préislamiques : formations rocheuses, grottes, cascades ou arbres.

Chillpiq montre un mât soviétique qui arborait autrefois le drapeau de la République autonome du Karakalpakstan. Cette structure métallique se dresse sur un ancien site funéraire zoroastrien ou *dakhmâ* – une tour du silence. Après l'effondrement de l'URSS, ces mâts industriels, disséminés dans les pays soviétiques d'Asie centrale, ont commencé à être vénérés par les femmes comme des objets de culte de la fertilité, car ils rappellent la forme de l'arbre de vie de l'ancienne épistémologie turque et sibérienne.

Le film montre quarante jeunes femmes se rendant à Chillpiq pour vénérer le mât, témoignant du réveil de la mémoire collective et de l'interaction de ces jeunes filles avec le nouvel objet sacré. Chillpiq est une observation de la façon dont les habitants du Karakalpakstan réagissent à un espace chargé de plusieurs niveaux de signification.

Aujourd'hui, de nombreux lieux de culte préislamiques en Asie centrale subissent des destructions massives.

Women in Central Asia continue to worship pre-Islamic pagan holy sites such as rock formations, caves, waterfalls, or trees.

Chillpiq documents a Soviet flagpole that once flew the flag of the Autonomous Republic of Karakalpakstan. This metal structure stands on an ancient Zoroastrian *dakhma* – a tower of silence – burial site. After the collapse of the Soviet Union, these industrial flagpoles, scattered throughout the Soviet Central Asian countries, began to be revered by women as a fertility cult, as they recall the shape of the tree of life from ancient Turkic and Siberian epistemology.

The film shows forty young women visiting Chillpiq to worship the flagpole, witnessing the awakening of collective memory and how these young girls interact with the newly sacred object. *Chillpiq* is an observation of how the people of Karakalpakstan respond to a space that carries layers of meaning.

Today, many pre-Islamic places of worship in Central Asia are undergoing massive destruction.

Saodat Ismailova

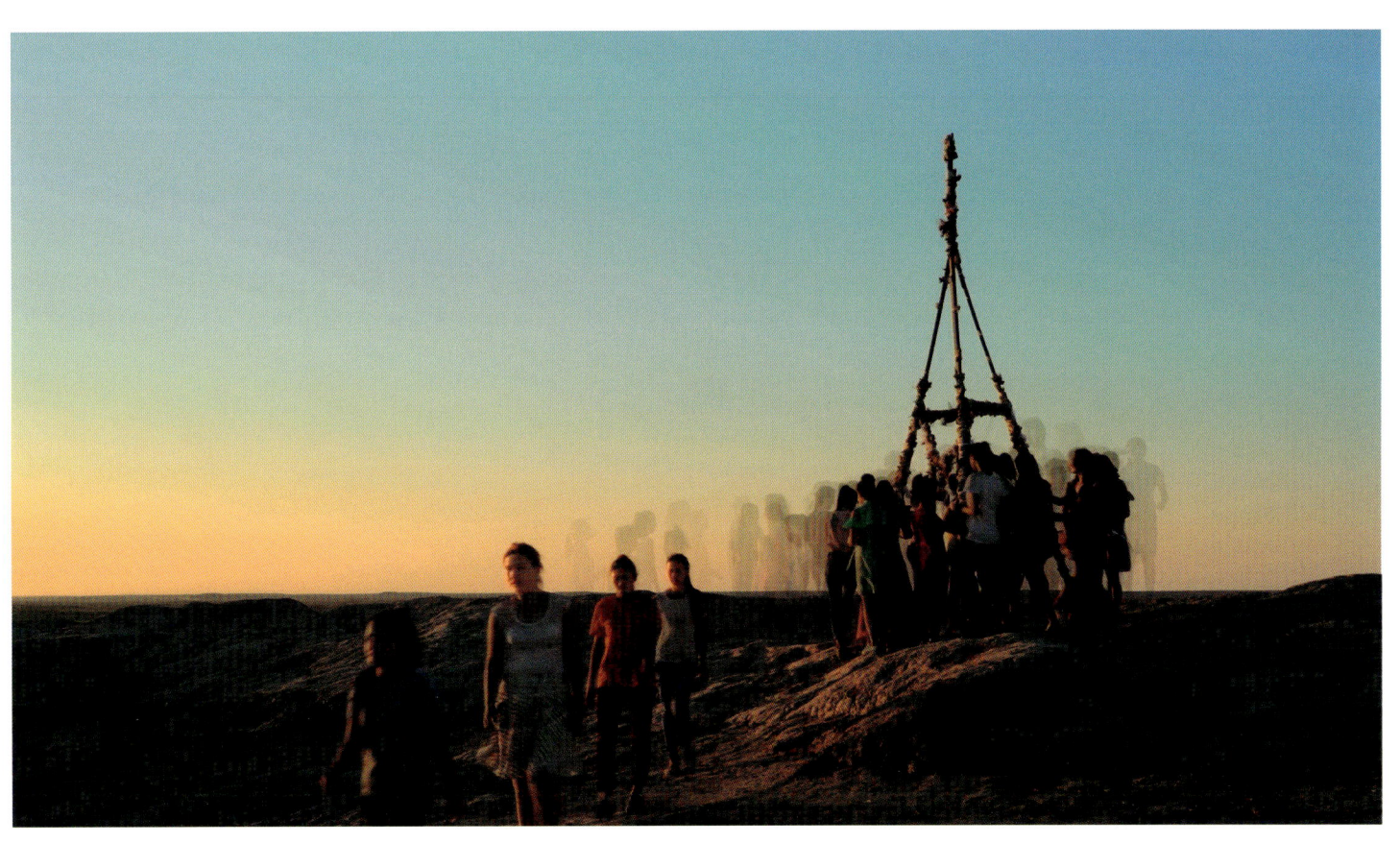

KAZUO SHIRAGA (1924–2008)
JAPON / JAPAN

Sans titre / Untitled, 1987
Huile sur toile / Oil on canvas
185 × 245 cm
Musée Cantini, Marseille, France

Dès la fin des années 1950, sans attendre Jackson Pollock, Shiraga étalait la peinture avec les pieds, portant ainsi l'*action painting* et l'expressionnisme abstrait à un sommet. Sa démarche, au propre et au figuré, issue des actions parfois violentes du groupe japonais Gutaï, s'est fondue peu à peu dans une conception mystique et religieuse. Il était moine bouddhiste et avant de passer à l'action, il récitait une prière devant un petit autel, comme il le fait à la Vieille Charité à Marseille le 24 janvier 1987. Puis il jette sur la toile couchée quelques paquets de peinture. Il s'accroche ensuite à une corde qui pend au-dessus de son centre et exécute brusquement avec ses pieds quelques mouvements précis et saccadés. Le résultat restitue la violence du geste dans l'épaisseur de la pâte étalée en larges volutes glissantes. L'originalité de Shiraga est de forcer le constat que la main n'est pas le seul vecteur de la pensée et que le corps tout entier peut contribuer à l'expression de la spiritualité.

From the late 1950s onwards, even before Pollock, Shiraga used his feet to smear paint, taking action painting and abstract expressionism to new heights. His approach, both literally and figuratively, born from the sometimes violent actions of the Japanese Gutai group, gradually merged with a mystical and religious conception. He was a Buddhist monk and, before launching into action, he recited a prayer in front of a small altar, as he did at the Vieille Charité in Marseille on 24 January 1987. After that, he threw some packs of paint on the lying canvas. He then clung to a rope hanging over the centre of the canvas and made a few jerky but precise movements with his feet. The result reproduces the violence of the gesture in the thickness of the paste spread out in wide, slippery swirls. Shiraga's originality lies in drawing attention to the fact that the hand is not the only vehicle for thought, and that the whole body can contribute to the expression of spirituality.

JHM

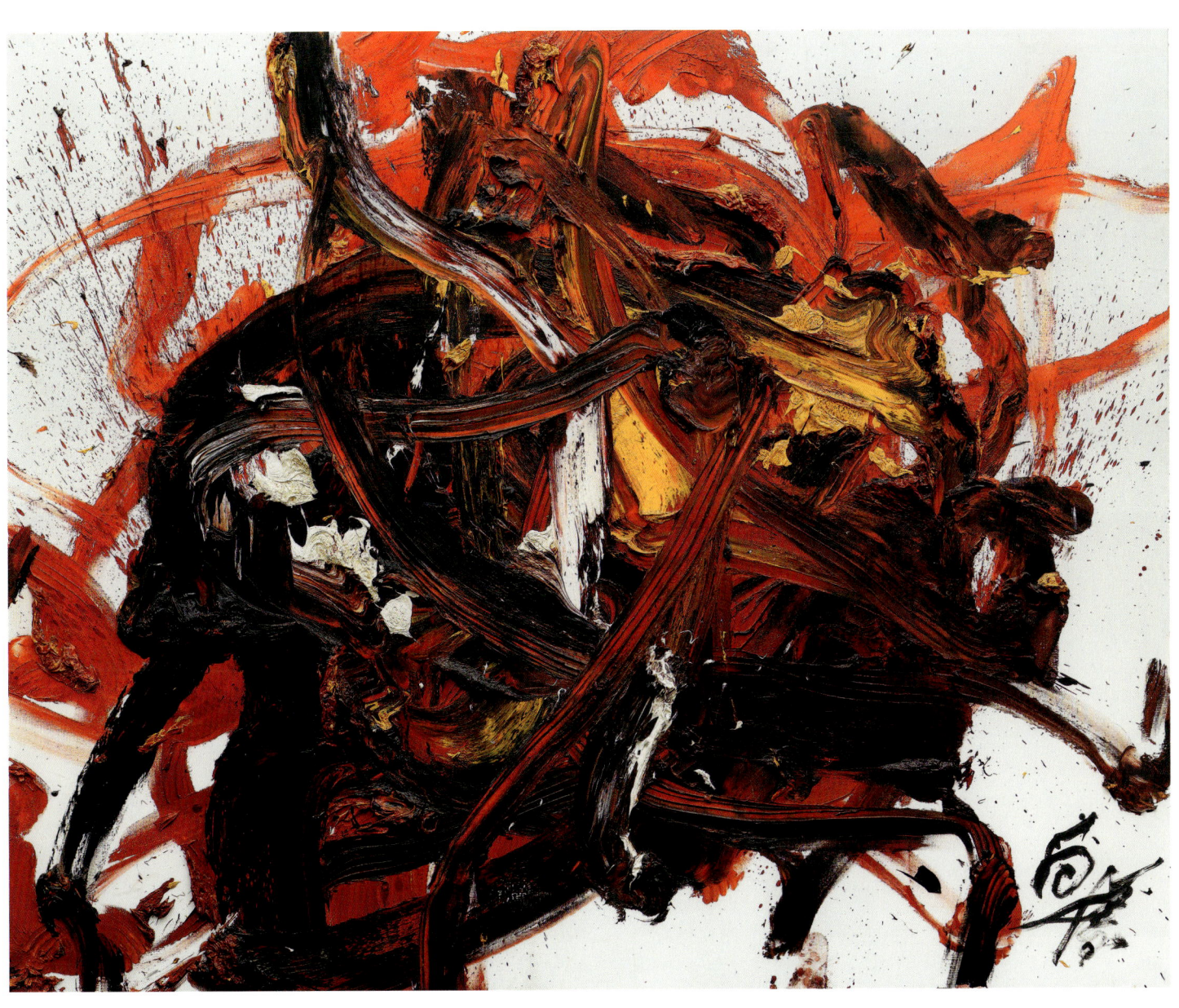

Asia

KAZUO SHIRAGA (1924–2008)
JAPON / JAPAN

○

Sans titre / Untitled, 1987
Peinture réalisée le 27 janvier 1987 par Kazuo Shiraga, dans la Chapelle du Centre de la Vieille Charité à Marseille, lors de l'exposition *Japon art vivant - Japon passé - Japon présent* / Painting realised on January 27, 1987 by Kazuo Shiraga in Chapelle du Centre de la Vieille Charité in Marseille during *Japan living art - Past Japan - Present Japan* exhibition
Vidéo / Video: 1 min 40 s
Musée Cantini, Marseille, France

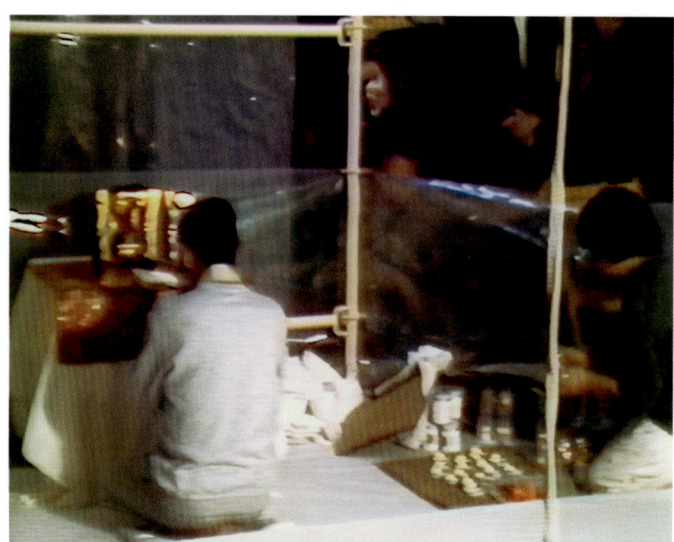
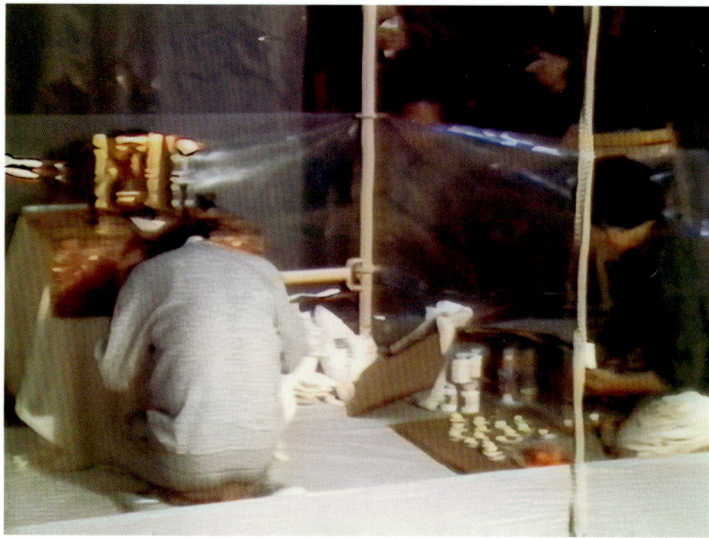
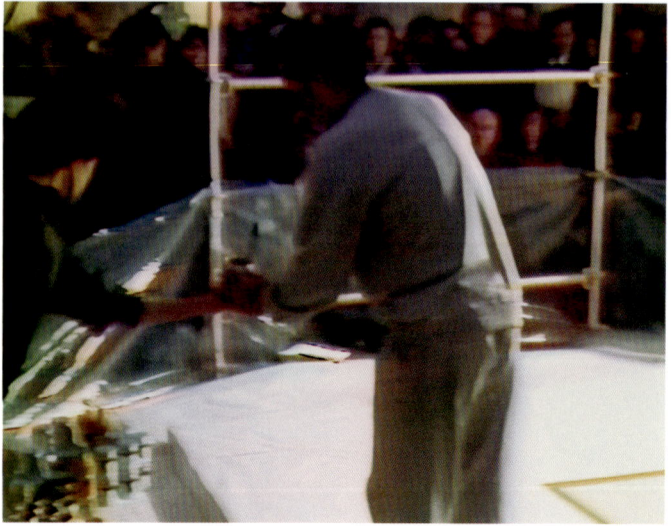
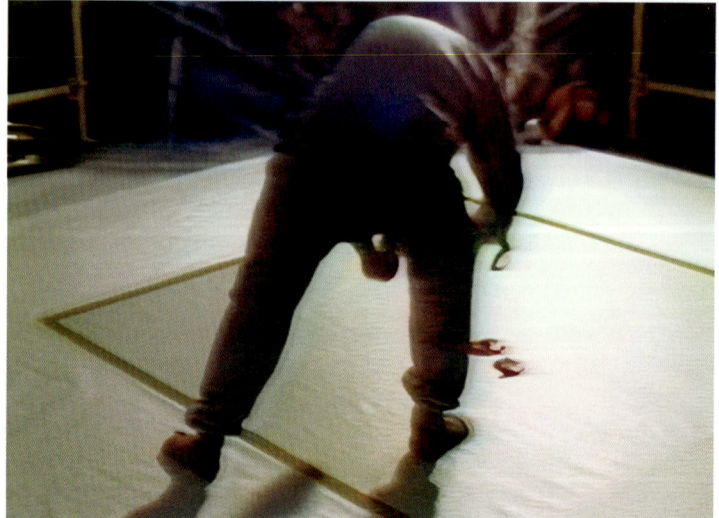

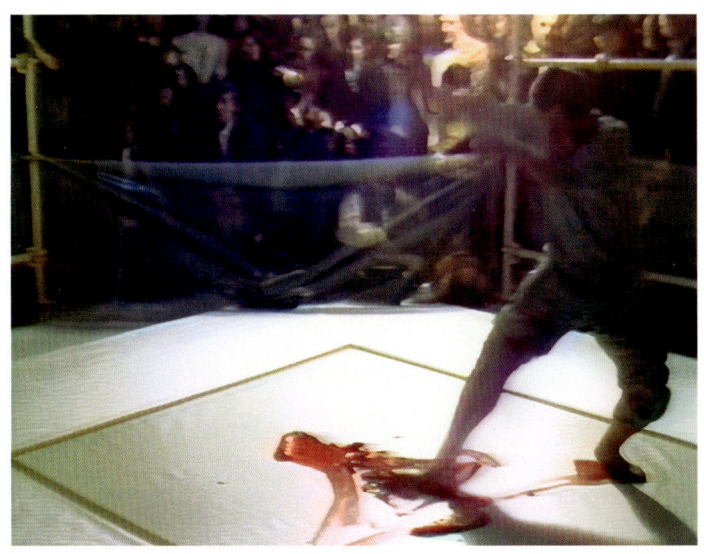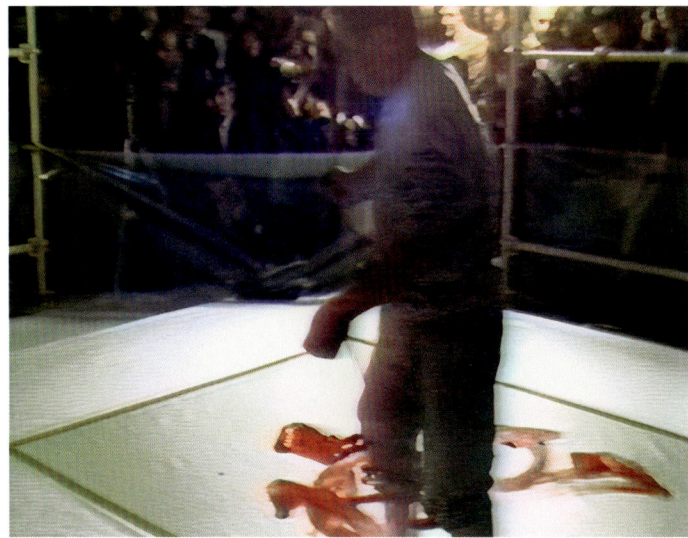

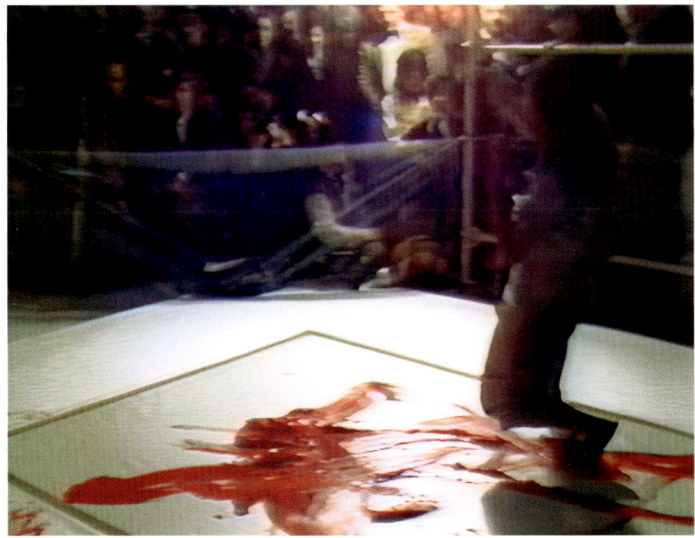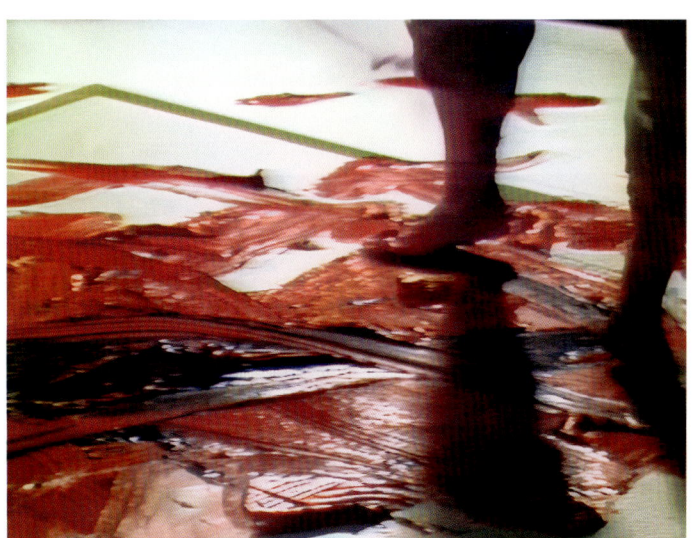

AUTEL AUTOMOBILE / CAR ALTAR, 2024
Cérémonie de consécration d'origine chamanique / Consecration ceremony of shamanistic origin
CORÉE DU SUD / SOUTH KOREA

Voiture, tête de porc et fruits factices, bols et matériaux divers / Car, imitation pork head and fruits, bowls and mixed media
Dimensions variables / Various dimensions

En Corée, lors de l'ouverture d'un magasin ou d'une entreprise, il est d'usage d'offrir aux dieux du nouveau lieu de travail un repas rituel demandant protection et prospérité. L'hôte fournit les offrandes alimentaires, qui comprennent une tête de porc, un gâteau de riz cuit à la vapeur avec des haricots rouges et un lieu jaune fraîchement pêché. En raison de sa nombreuse progéniture, le cochon est considéré comme un symbole de succès et de richesse, c'est pourquoi les invités à la cérémonie sacrificielle mettent des billets de banque dans sa bouche. Lorsque toutes les demandes ont été formulées, la nourriture est distribuée aux personnes présentes et consommée par elles. Une cérémonie très similaire est organisée pour éviter les accidents de la route, en sollicitant un génie tutélaire responsable des voitures.

Lors de la création d'entreprises dans le domaine des technologies de l'information, un autel est souvent chargé sur l'écran à partir d'Internet à la place d'un véritable repas sacrificiel, et des offrandes virtuelles peuvent y être déposées.

In Korea, when a shop or business first opens, it is usual to offer the gods at the new place of work a ritual meal asking for protection and prosperity. The host provides the food offerings, which include a pig's head, steamed rice cake with red beans, and a freshly caught pollack. Because of its many offspring, the pig is regarded as a harbinger of success and a symbol of wealth – which is why the guests of the sacrificial ceremony put banknotes in its mouth. When all the requests have been brought forth, the food is distributed among those present and eaten by them. A very similar ceremony is held to avoid road accidents, by propitiating a tutelary genius responsible for cars.

When businesses in information technology are established, an altar is often loaded on the monitor from the internet instead of a real sacrificial repast, and virtual offerings can be presented.

JHM

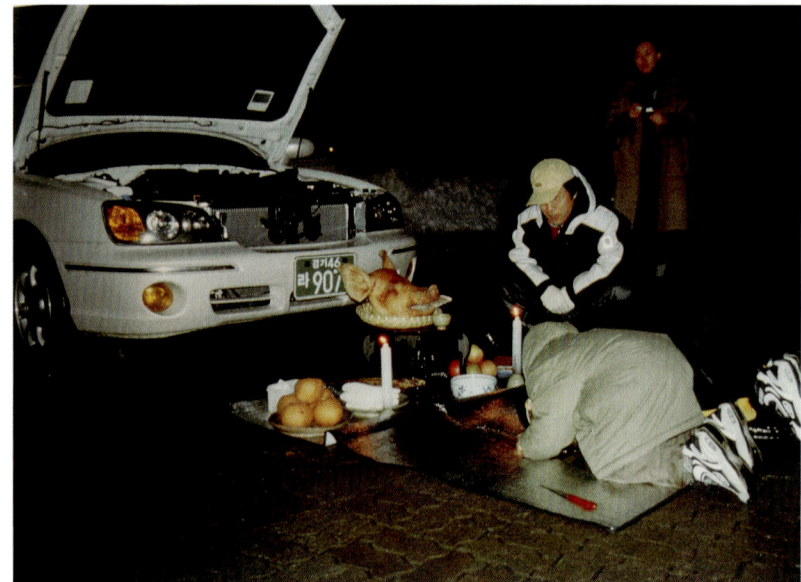

Cérémonie de prière et offrande à une voiture, Séoul, Corée du Sud, 2000

Ceremony of prayer and offering to a car, Seoul, South Korea, 2000

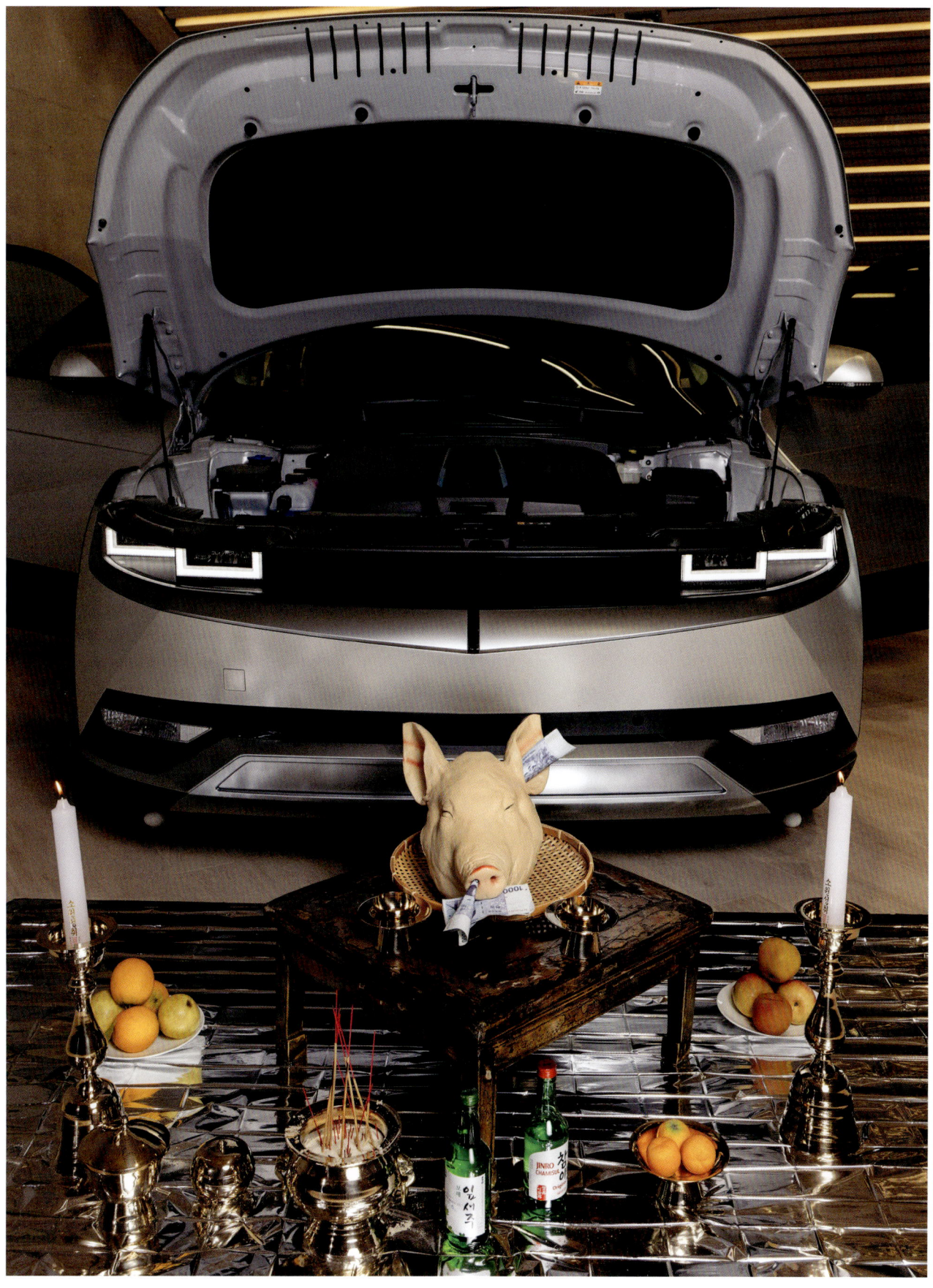

KIMSOOJA (1957)

CORÉE DU SUD / SOUTH KOREA

A Needle Woman (Une femme–aiguille) – Kitakyushu,
1999
Installation vidéo / Video installation, 6 min. 33 sec.
Kewenig Gallery, Berlin, Allemagne / Germany
Courtesy of the artist

A Needle Woman – Kitakyushu est une performance réalisée à Kitakyushu, au Japon. Elle consiste en un seul plan fixe, dépourvu de son. L'artiste, vêtue de gris sombre, pieds nus, les cheveux retenus par un élastique, est allongée sur un rocher gris crevassé, dos à la caméra. Au-dessus d'elle, un ciel bleu strié de nuages blancs qui se meuvent au gré du vent. Si dans d'autres performances, on voit Kimsooja se déplacer ou se tenir au milieu de foules en mouvement (*A Needle Woman*, 1999-2001), ici, le corps est parfaitement immobile. Disposé exactement au centre de l'image, surplombant la ligne d'horizon, il est positionné entre terre et ciel, entre force gravitationnelle et fluidité de l'azur, entre lourdeur minérale et légèreté de l'air, comme s'il ne faisait qu'un avec la pierre et en même temps assurait le lien avec l'élément céleste. L'artiste déclare ainsi en 2013 : « Mon corps fonctionne comme le point central de quatre éléments différents : la terre, le ciel, la nature et l'humain. »

Si le corps immobile et allongé peut évoquer la mort, le fait qu'il soit dans une position dynamique – les deux jambes placées l'une au-dessus de l'autre, la tête posée sur le bras et non dans une posture de relâchement – est l'expression bien plus du choix performatif d'une attitude méditative et concentrée que d'un effondrement du corps vers le néant de la mort.

A Needle Woman – Kitakyushu is a performance produced in Kitakyushu, Japan. It consists of a single fixed shot with no sound. The artist, dressed in dark grey, barefoot, her hair held back by an elastic band, lies on a cracked grey rock with her back to the camera. Above her, a blue sky streaked with white clouds moving in the wind. While in other performances we see the artist moving or standing in the middle of moving crowds (*A Needle Woman*, 1999–2001), her body here is perfectly still. Placed exactly at the centre of the image, overhanging the horizon, it is positioned between earth and sky, between the force of gravity and the fluidity of the blue, between the weight of the stone and the lightness of the air, as if it were one with the stone, and at the same time provided the link with the celestial element. As the artist put it in 2013: 'My body functions as the focal point of four different elements: earth, sky, nature, and the human.' While the motionless, recumbent body may evoke death, the fact that it is in a dynamic position – the two legs placed one above the other, the head resting on the arm and not in a relaxed position – is much more an expression of the performative choice of a meditative, concentrated position than of a collapse of the body into the nothingness of death.

Musée Cantonal des Beaux-Arts, Lausanne

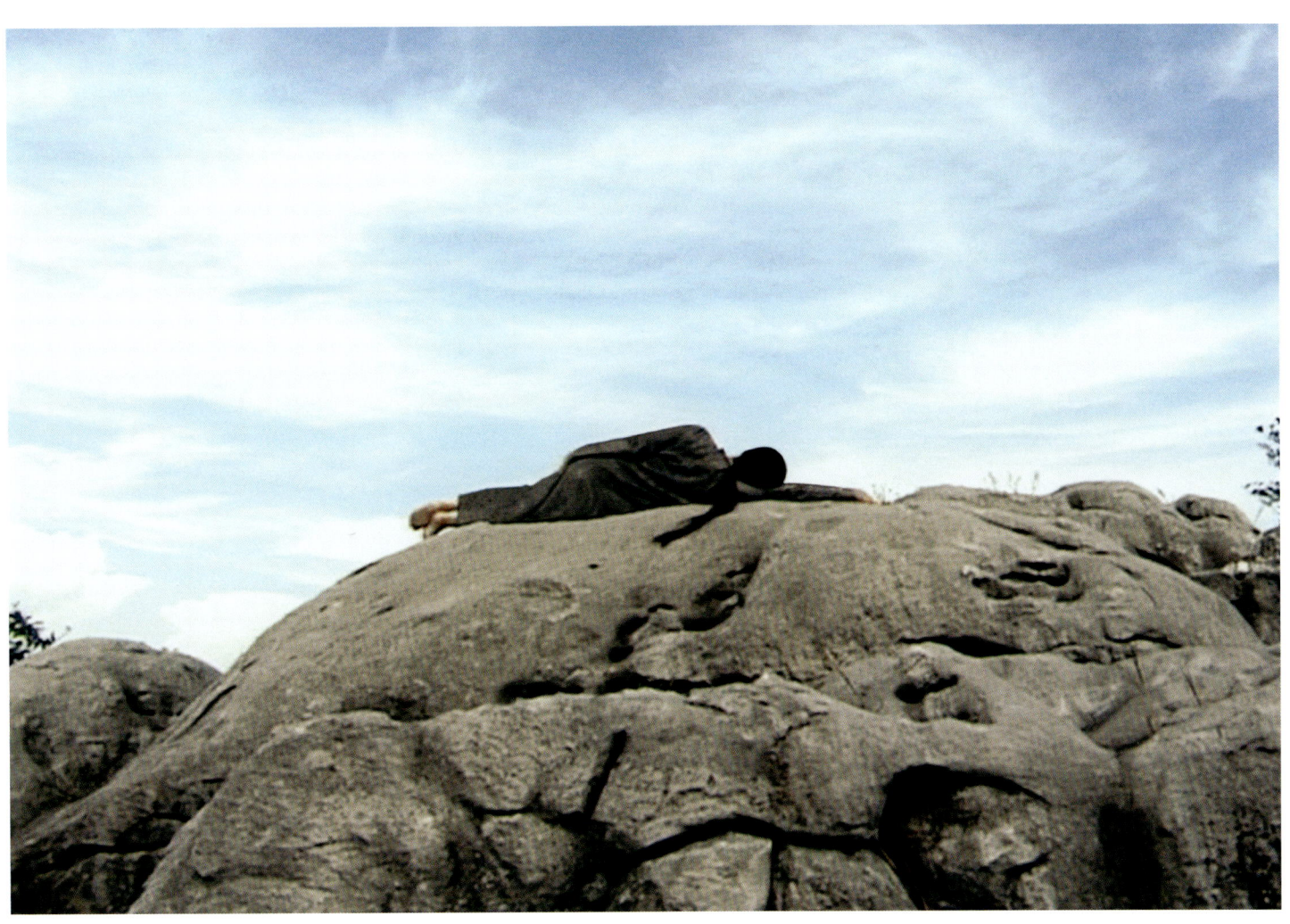

KIMSOOJA (1957)

CORÉE DU SUD / SOUTH KOREA

To Breathe: Mandala (Respirer : Mandala), 2010
Enceinte de jukebox américain ready-made, chants grégorien, musulman et tibétain, peinture jaune sur le mur / Ready-made American jukebox speaker, Gregorian, Muslim, and Tibetan songs, yellow paint on the wall

À l'époque où l'on croyait encore la Terre plate, au Moyen Âge et dans d'autres cultures, l'univers est représenté sous forme de cercle, car l'être humain ne peut imaginer le monde que dans sa finitude et non comme infini. La fermeture du cercle sur lui-même en est l'image parfaite. Au Tibet, la roue du *saṃsāra* est le concept fondamental de la philosophie bouddhiste, qui comprend des questions sur l'origine et la structure du cosmos bouddhiste, les origines de la souffrance et la relation de cause à effet de l'existence humaine. Les mandalas tentent à la fois la quadrature du cercle et la relation entre les constructions terrestres et le monde divin. Les crécelles et les tambourins des chamanes d'Alaska et de Sibérie sont de forme circulaire. L'artiste coréenne Kimsooja réintroduit ces structures formelles et ces signes dans la culture pop en les transformant en signaux lumineux rappelant les *juke-box*, alors qu'ici est recherché un syncrétisme musical.

L'artiste coréenne Kimsooja retrouve ces structures formelles et ces signes transformés en signaux lumineux dans un *juke-box* typique de la culture pop, alors qu'il diffuse un syncrétisme musical superposant des chants grégorien, tibétain et musulman.

When the Earth was still believed to be flat, in the Middle Ages and in other cultures, the universe was represented as a circle, because human beings could only imagine the world as finite, and not infinite. The closing of the circle on itself is the perfect image of this finitude. In Tibet, the wheel of *saṃsāra* is the fundamental concept of Buddhist philosophy, encompassing questions about the origin and structure of the Buddhist cosmos, the origins of suffering, and the cause-and-effect relationship of human existence. The mandalas attempt to square the circle and explore the relationship between earthly constructions and the divine world. The rattles and tambourines of the Alaskan and Siberian shamans are circular in shape. The Korean artist Kimsooja reintroduces these formal structures and signs into pop culture by transforming them into luminous signals reminiscent of jukeboxes, while aiming for musical syncretism.

Korean artist Kimsooja finds these formal structures and signs transformed into light signals in a jukebox typical of pop culture, while she broadcasts a musical syncretism superimposing Gregorian, Tibetan and Muslim chants.

JHM

Dimensions variables, enceinte de jukebox : 81 × 30 cm,
performance audio en boucle de 11 min. 38 sec. /
Various dimensions, jukebox speaker: 81 × 30 cm, audio
performance 11 min. 38 sec. loop
Axel Vervoordt Gallery, Wijnegem, Belgique / Belgium
Tschudi Gallery, Zurich, Suisse / Switzerland

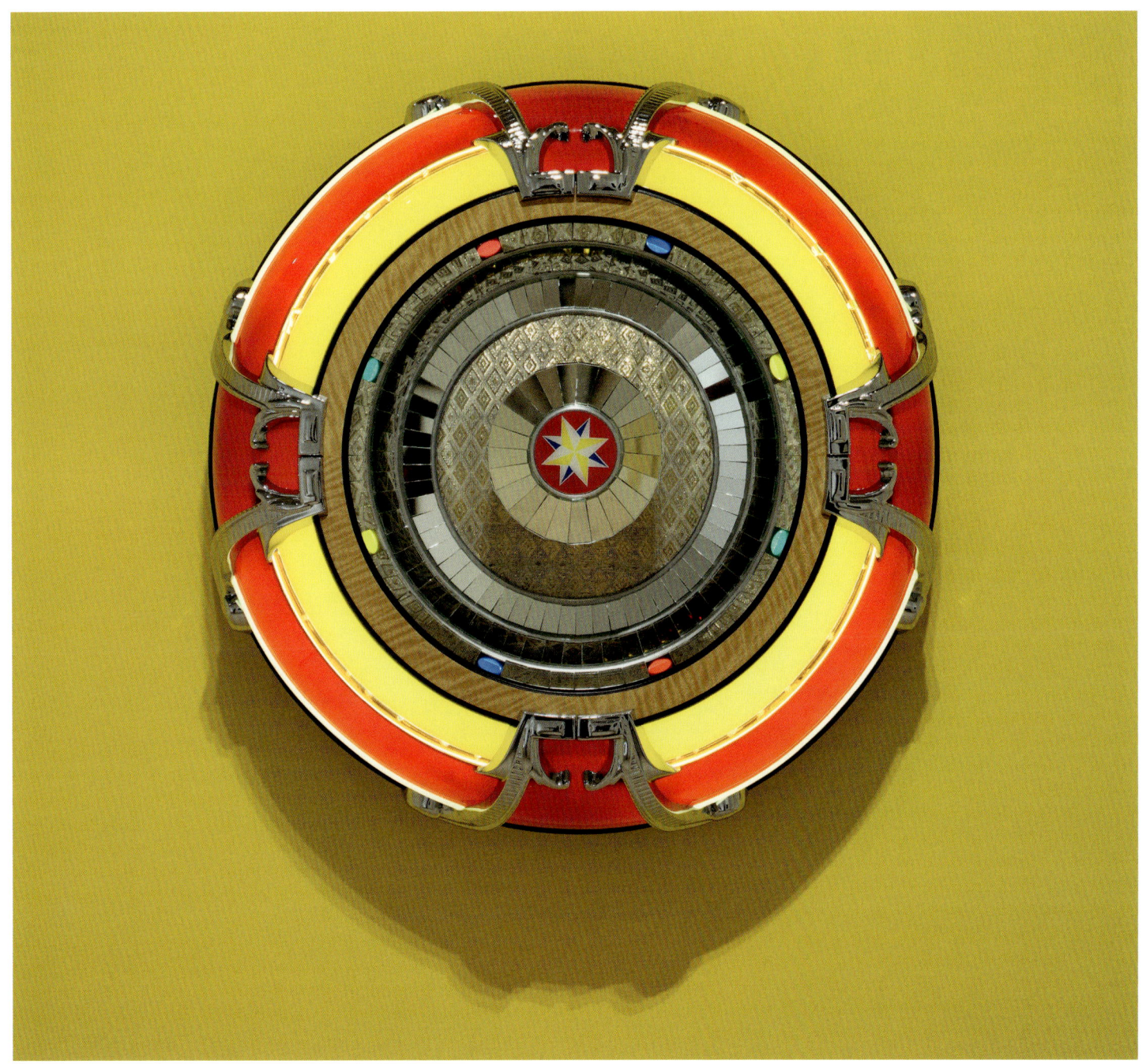

EUROPE

MARINA ABRAMOVIĆ

HERMANN NITSCH

CHRISTIAN BOLTANSKI

ART ORIENTÉ OBJET (MARION LAVAL-JEANTET &
BENOÎT MANGIN)

Art Orienté Objet,
Tambour 46,
*Le Rituel du
serpent*, 2014

Art Orienté Objet,
Drum 46,
*The Serpent
Ritual*, 2014

MARINA ABRAMOVIĆ (1946)
SERBIE / SERBIA

Conjunction, 1983
Épreuve photographique / Photographic print
100 × 100 cm
Marina Abramović, New York, États-Unis / USA

Pour cette performance, nous invitons un lama tibétain et un Aborigène du désert d'Australie centrale à se produire avec nous [Ulay et Marina]. Nous construisons pour l'occasion une table ronde (diamètre : 4 mètres) recouverte de feuilles d'or pur 24 carats.

Avec Watuma Tarrur Tjungarrayi et Ngawang Soepa Lucyar.

Dans un espace donné.

Au centre du grand dôme d'une ancienne église luthérienne, une table ronde dorée est installée. Autour de la table, dans les directions nord, sud, est et ouest, quatre sièges sont disposés.

Les quatre participants sont assis sur chacun des sièges et restent immobiles, silencieux.

La première séance commence au lever du soleil et dure quatre heures. La deuxième séance commence le lendemain à midi et dure quatre heures. La troisième séance commence le troisième jour au coucher du soleil et dure quatre heures. La quatrième séance commence le quatrième jour à minuit et dure quatre heures.

Durée de la performance : quatre jours dans la Sonesta Koepelzaal, Museum Fodor, Amsterdam, avril 1983

For this piece we invite a Tibetan Lama and an Aborigine from the Central Australian desert to perform with us [Ulay and Marina]. We construct a round table (diameter: four meters) for the occasion covered with pure twenty-four carat gold leaves.

With Watuma Tarrur Tjungarrayi and Ngawang Soepa Lucyar.

In a given space.

In the centre of a large dome of a former Lutheran church a gilded round table is installed. Around the table, in the directions north, south, east, and west, four seats are placed.

The four participants are seated on each of the seats and remain motionless, silent.

The first sitting starts at sunrise and lasts for four hours. The second sitting starts the next day at noon and lasts for four hours. The third sitting starts on the third day at sunset and lasts for four hours. The fourth sitting starts at midnight on the fourth day and lasts for four hours.

Marina Abramović

Performance Duration: four days at Sonesta Koepelzaal, Museum Fodor, Amsterdam, April 1983

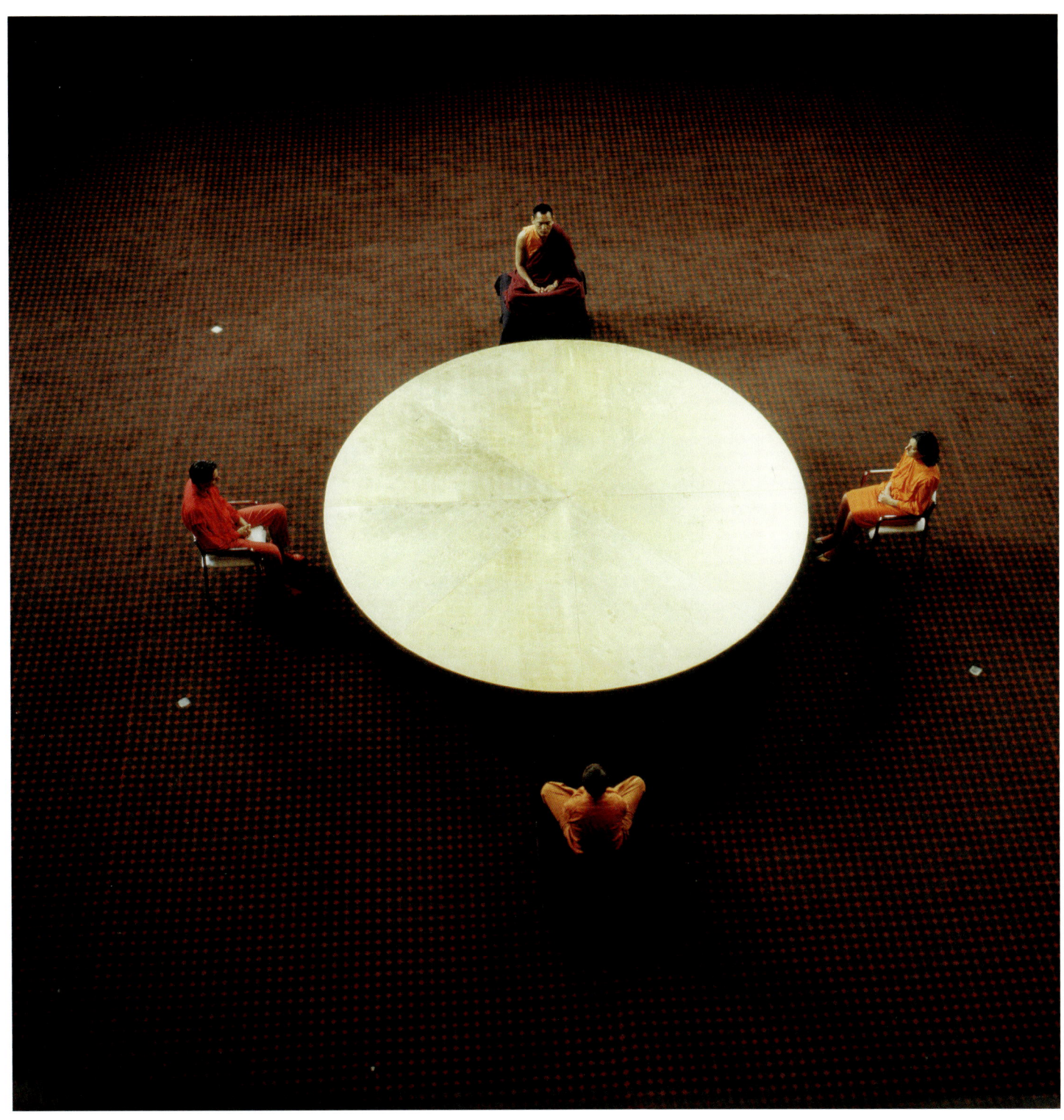

HERMANN NITSCH (1938–2022)
AUTRICHE / AUSTRIA

108.lehraktion Roma, 2001
Acrylique sur toile et matériaux divers / Acrylic on canvas and mixed media
400 × 300 × 130 cm
Fondazione Morra, Naples, Italie / Italy

Fasciné par Richard Wagner, Hermann Nitsch lui a emprunté le concept d'œuvre d'art totale. Il fut l'un des piliers de l'Actionnisme viennois avec les représentations spectaculaires de son *Orgien Mysterien Theater*, qui pouvait durer jusqu'à six jours d'affilée. Ces actions expressionnistes et mystiques mettaient en œuvre à la fois le théâtre, la musique et la peinture, sous la direction de l'artiste. Les déluges de sang sacrificiel y mélangeaient références païennes et chrétiennes.

La *108.lehraktion* est une performance qui eut lieu le 2 juillet 2001 à la Galleria Nazionale d'Arte Moderna e Contemporanea de Rome. Il y fait la démonstration de quelques-uns des éléments de base de son théâtre, avec des exemples pratiques. Lors des différentes performances, il insiste sur la valeur que de telles actions acquièrent dans son œuvre. Il y livre des informations sur sa propre théorie esthétique, ainsi que sur ses concepts ontologiques et cosmologiques.

Les peintures et les objets sur les tables rappelant un autel sont les vestiges préservés, telles des reliques, de cet événement de démonstration à caractère pédagogique. Les bocaux et les traces de peinture liquide relèvent d'une alchimie aux résonances mystiques.

Fascinated by Richard Wagner, Hermann Nitsch adopted his concept of the total work of art. Nitsch was one of the pillars of Viennese Actionism with the spectacular performances of his *Orgien Mysterien Theater*, which could last up to six days. Under the artist's direction, the expressionist and mystical events combined theatre, music, and painting. Deluges of sacrificial blood mixed pagan and Christian references.

The *108.lehraktion* is a performance that took place on 2 July 2001 at the Galleria Nazionale d'Arte Moderna e Contemporeana in Rome, during which he demonstrated some of the basic elements of his theatre, with practical examples. During the various performances, he emphasised the value that such actions acquired in his work. In these performances, he provided information about his own aesthetic theory and his ontological and cosmological concepts.

The paintings and objects on the altar-like tables are the relics of this educational demonstration event. The jars and traces of liquid paint suggest alchemy with mystical resonances.

Museo Archivio Laboratorio per le Arti Contemporanee Hermann Nitsch, Naples

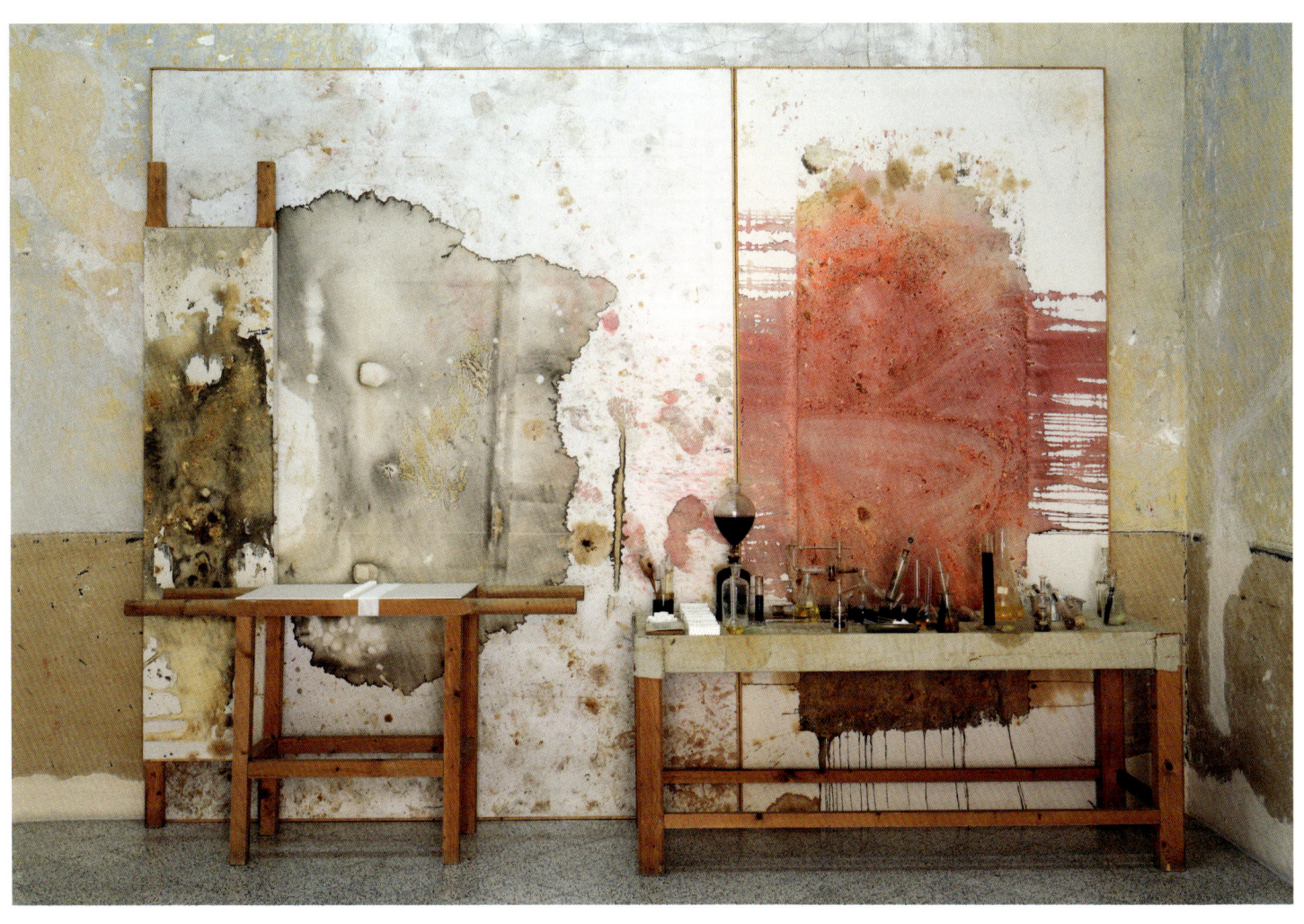

CHRISTIAN BOLTANSKI (1944–2021)
FRANCE

Autel Chases / Altar Chases, 1987
7 photographies encadrées, 17 boîtes en fer blanc,
6 lampes, fil électrique / 7 framed photographs,
17 tin cans, 6 lamps, electric wire
250 × 140 × 10 cm
Fonds de dotation Christian Boltanski, Paris, France

Fortement préoccupé par les questions de la naissance, de la mort, du destin, de l'individu et du collectif, Boltanski ne cessa de se poser la question de l'existence de Dieu. De père juif converti au catholicisme et de mère chrétienne devenue communiste, il était perpétuellement en discussion, voire en tractation avec l'Être suprême à travers ses œuvres. Au fil des ans, il se rapprocha alternativement des chrétiens ou des juifs. Les photos des jeunes gens sont des élèves d'un lycée de Chases en 1931 et proviennent d'un livre sur les juifs. La photo de groupe a été découpée et rephotographiée à plusieurs reprises pour accentuer les contrastes et l'aspect macabre. Alors que les individus sont distincts, leur reconnaissance est quasi impossible. L'autel surélevé est fait de boîtes de métal rouillées et le retable est remplacé par les sinistres portraits faiblement éclairés par des lumières de funérailles. La constante réflexion de l'artiste sur la condition humaine l'amène à s'interroger sur la religion en se référant explicitement à l'une de ses formes rituelles essentielles.

Deeply concerned with questions of birth, death, destiny, the individual, and the collective, Boltanski never ceased to question the existence of God. The son of a Jewish father who converted to Catholicism and a Christian mother who became a communist, he was constantly in discussion, even negotiation, with the Supreme Being through his works. Over the years, he was alternately close to Christians and to Jews. The young people on the photos are pupils at a secondary school in Chases in 1931, taken from a book about Jews. The group photo has been cut out and re-photographed several times to accentuate the contrasts and the macabre aspect. Although the individuals are distinct, it is almost impossible to recognise them. The raised altar is made of rusty metal tins, and the altarpiece is replaced by sinister portraits dimly lit by funeral lights. The artist's constant reflection on the human condition leads him to question religion by explicitly referring to one of its essential ritual forms.

JHM

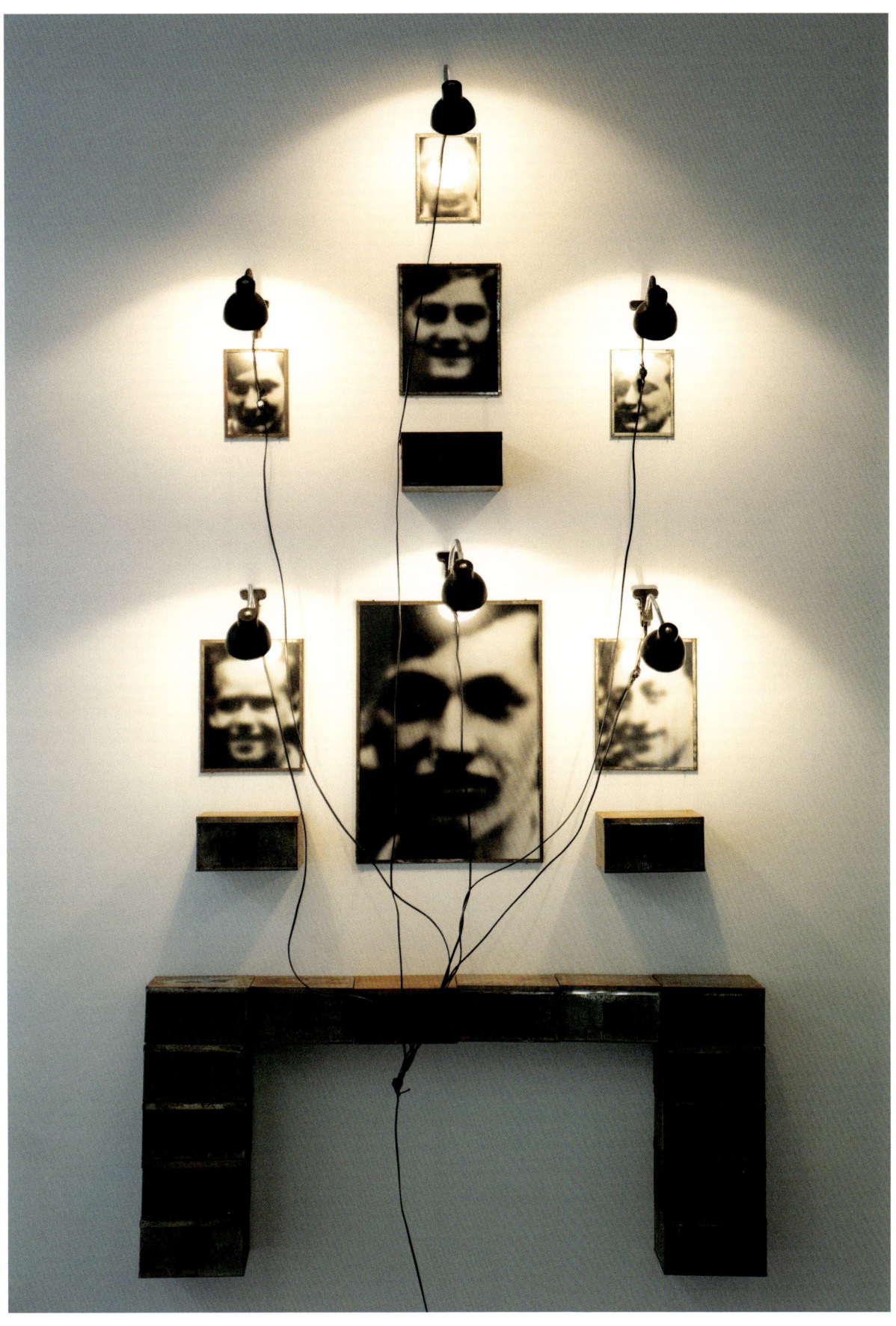

Europe

ART ORIENTÉ OBJET (MARION LAVAL-JEANTET & BENOÎT MANGIN)
FRANCE

Les Tambours apotropaïques / Apotropaic Drums, 1994–2024
Bois, textile, papier monnaie brûlé, broderie, dispositif lumineux / Wood, textile, burnt banknotes, embroidery, lighting device
34 × 34 × 3 cm (chacun / each)
Art Orienté Objet, Paris, France

Les Tambours apotropaïques ou *La Machine à conjurer la fin d'un monde* est une œuvre composée d'une grande série de tambours à broder débutée en 1994, qui est une interprétation directe des apprentissages chamaniques que j'ai reçus enfant de ma grand-mère corse. Chacun a été composé dans un instant de grande émotion m'ayant conduite à émettre un vœu vers l'invisible, parfois après une discussion animée avec Benoît. Chacun est significant, « inspiré », chargé, intentionnel et vivant. Et respecte des codes censés pouvoir communiquer avec cette autre dimension. Le font-ils ? Je n'en ai pas de preuves directes. Mais certains de ces tambours ont été faits pour des personnes en souffrance qui me les ont ramenés quand elles ont jugé que la guérison avait eu lieu. Ce qui correspond sans que je leur aie dit à ce qui se pratique avec les objets actifs chamaniques : quand on trouve le repos, on les rend. Mais ces tambours vont aussi au-delà du soin individuel, car ils sont avant tout des œuvres qui s'adressent à tous, qui s'adressent au monde avec l'espoir que chacun entreprenne une action réparatrice vis-à-vis de la biodiversité. Et ceux qui veulent bien les regarder, entendre leurs intentions, les rechargent par là-même.

Les Tambours apotropaïques or *La Machine à conjurer la fin d'un monde* (*Apotropaic Drums* or *The Machine to Conjure the End of a World*) is a work composed of a large series of embroidery drums begun in 1994, which is a direct interpretation of the shamanic teachings I received as a child from my Corsican grandmother. Each one was composed in a moment of great emotion that led me to express a wish to the invisible, sometimes after a lively discussion with Benoît. Each one is meaningful, 'inspired', charged, intentional, and alive. And respects codes that are supposed to facilitate communication with this other dimension. Do they? I have no direct evidence of this. But some of these drums were made for people who were suffering and who brought them back to me when they felt that healing had taken place. Without my having told them so, this corresponds to what happens with active shamanic objects: when you've found rest, you give them back. But these drums also go beyond individual healing, because they are above all works that are addressed to everyone, addressed to the world in the hope that each of us will undertake some remedial action in relation to biodiversity. And those who are willing to look at them and listen to their intentions are recharging them in the process.

Marion Laval-Jeantet

Tambour 8, *Tu prendras le don, ma fille*, 2012
Ce tambour est une évocation du moment où j'ai accepté de poursuivre sur le chemin du mazzérisme familial, il s'agit d'un remerciement envoyé à mon arrière-grand-mère Rosine Susini qui m'a guérie de l'au-delà à condition que j'accepte d'utiliser le don sans peur

Drum 8, *You Will Take the Gift, my Daughter*, 2012
This drum evokes the moment when I agreed to continue along the path of my family's Mazzerism. It's a thank you to my great-grandmother Rosine Susini, who cured me from the afterlife on condition that I agreed to use the gift without fear

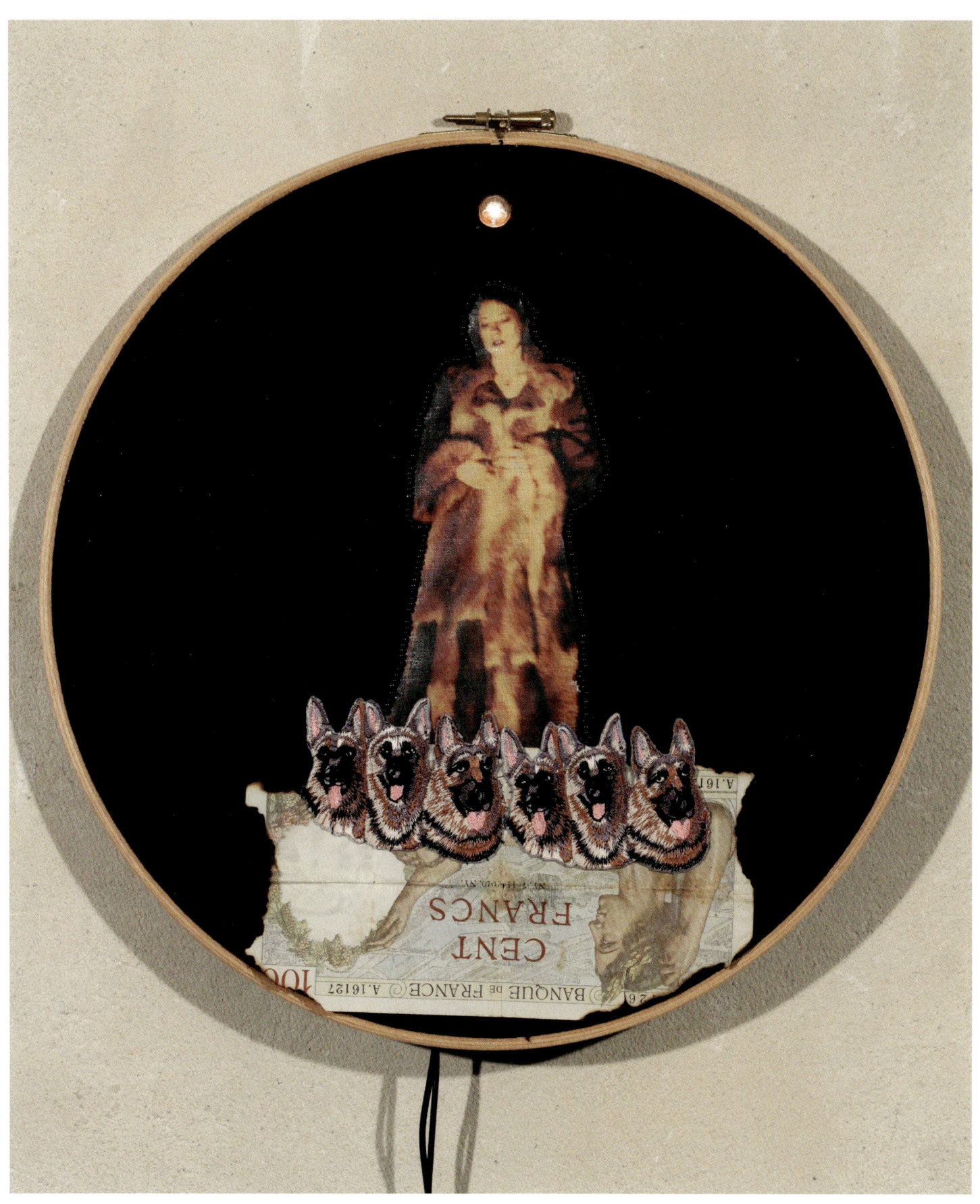

Europe

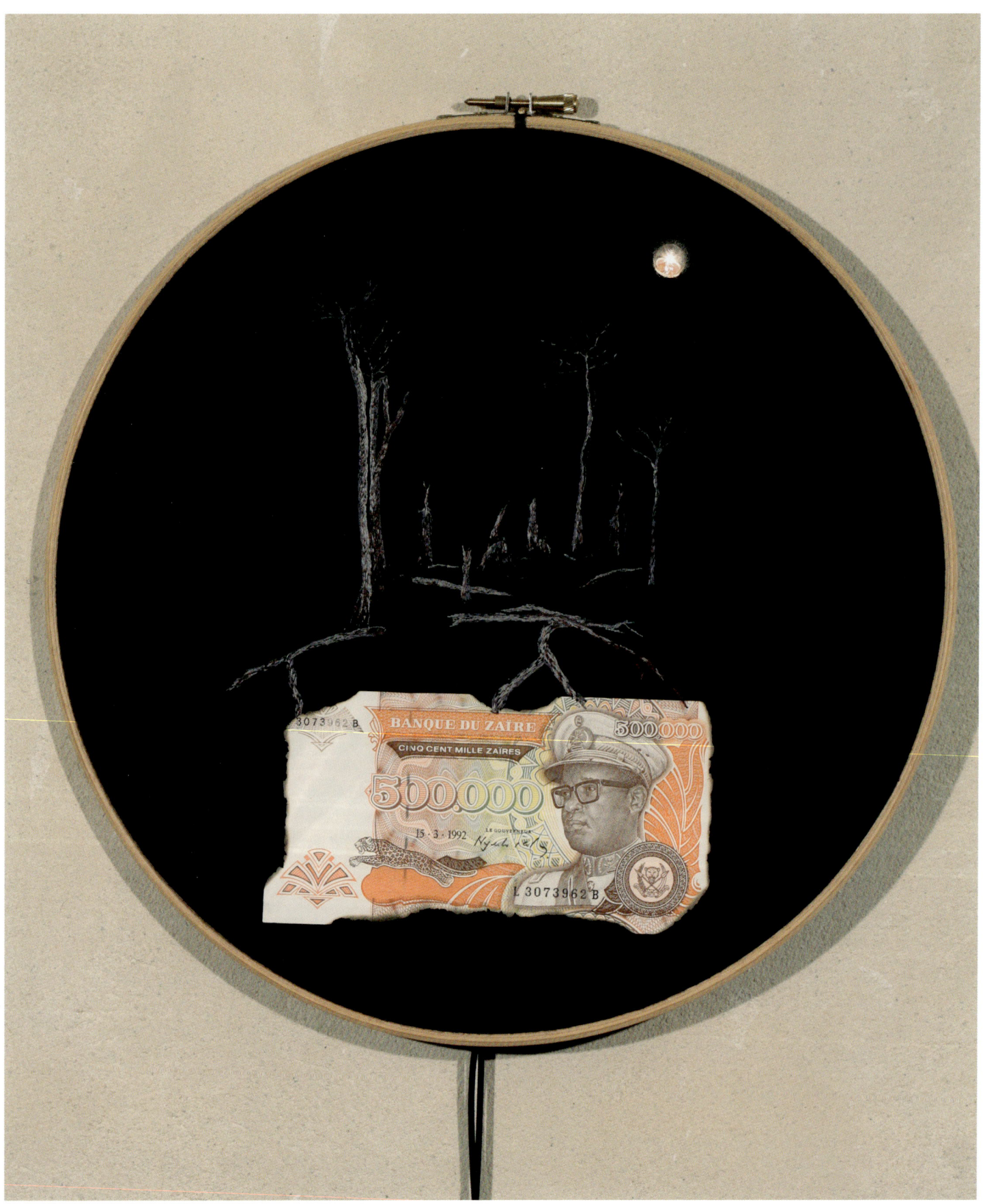

Tambour 18, *Résilience*, 2013
Tambour votif pour la reconstitution
de la forêt primaire et la malédiction des
coupeurs de bois

Drum 18, *Resilience*, 2013
Votive drum for the reconstitution of
the primary forest and the curse on
woodcutters

Tambour 30, *No Man's Land*, 2013
Ce tambour établit un parallèle entre les
espaces naturels sacrés que deviennent
les *no man's lands* terrestres et le *no
man's land* de l'invisible où flottent des
esprits susceptibles d'intervenir dans le
monde des vivants par le truchement des
chamans. Ce tambour dit le respect dû
aux esprits supérieurs

Drum 30, *No Man's Land*, 2013
This drum draws a parallel between the
sacred natural spaces that have become
terrestrial *no man's lands* and the no man's
land of the invisible, where spirits float
that can intervene in the world
of the living through the intermediary
of shamans. This drum expresses
the respect due to higher spirits

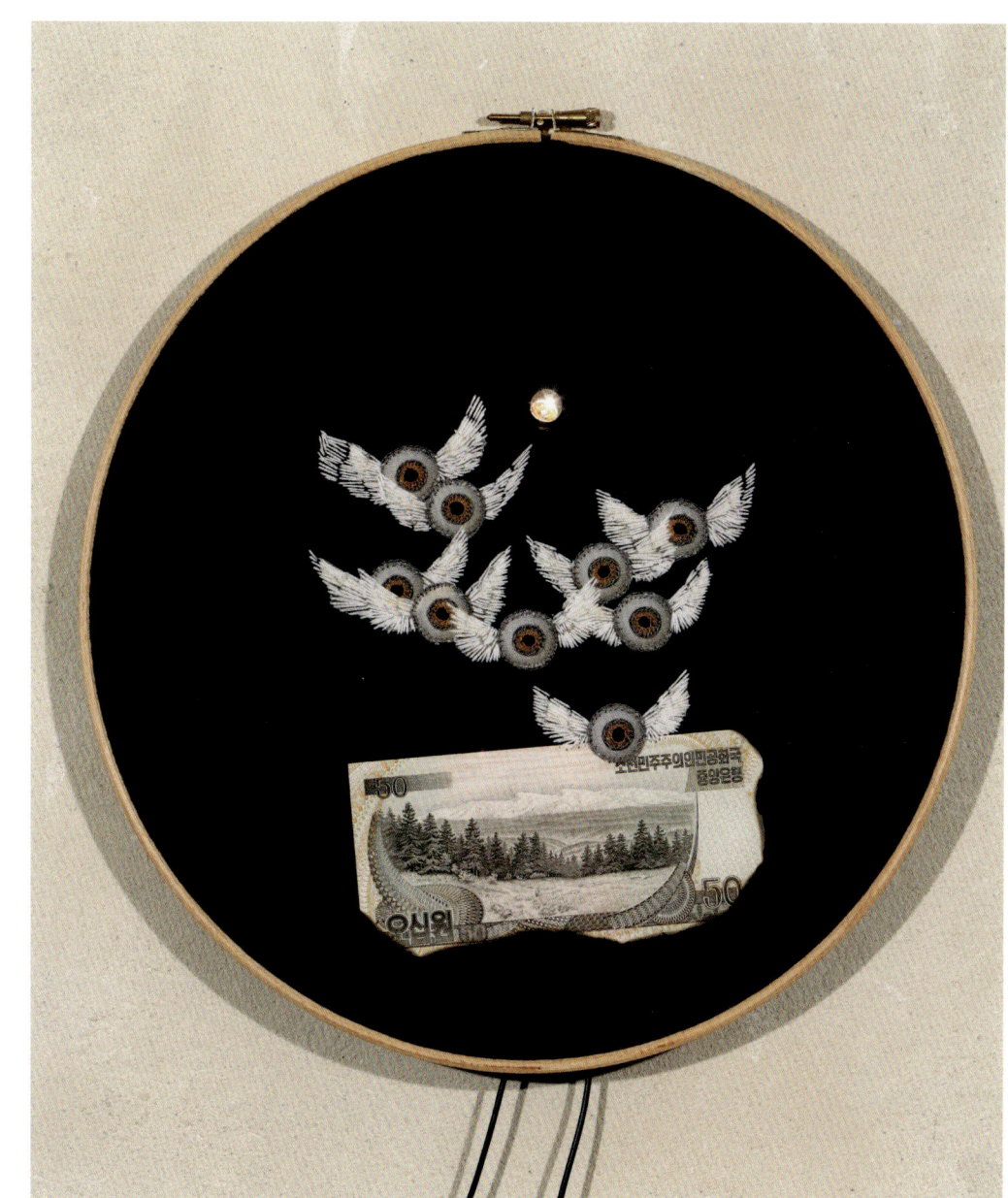

Europe

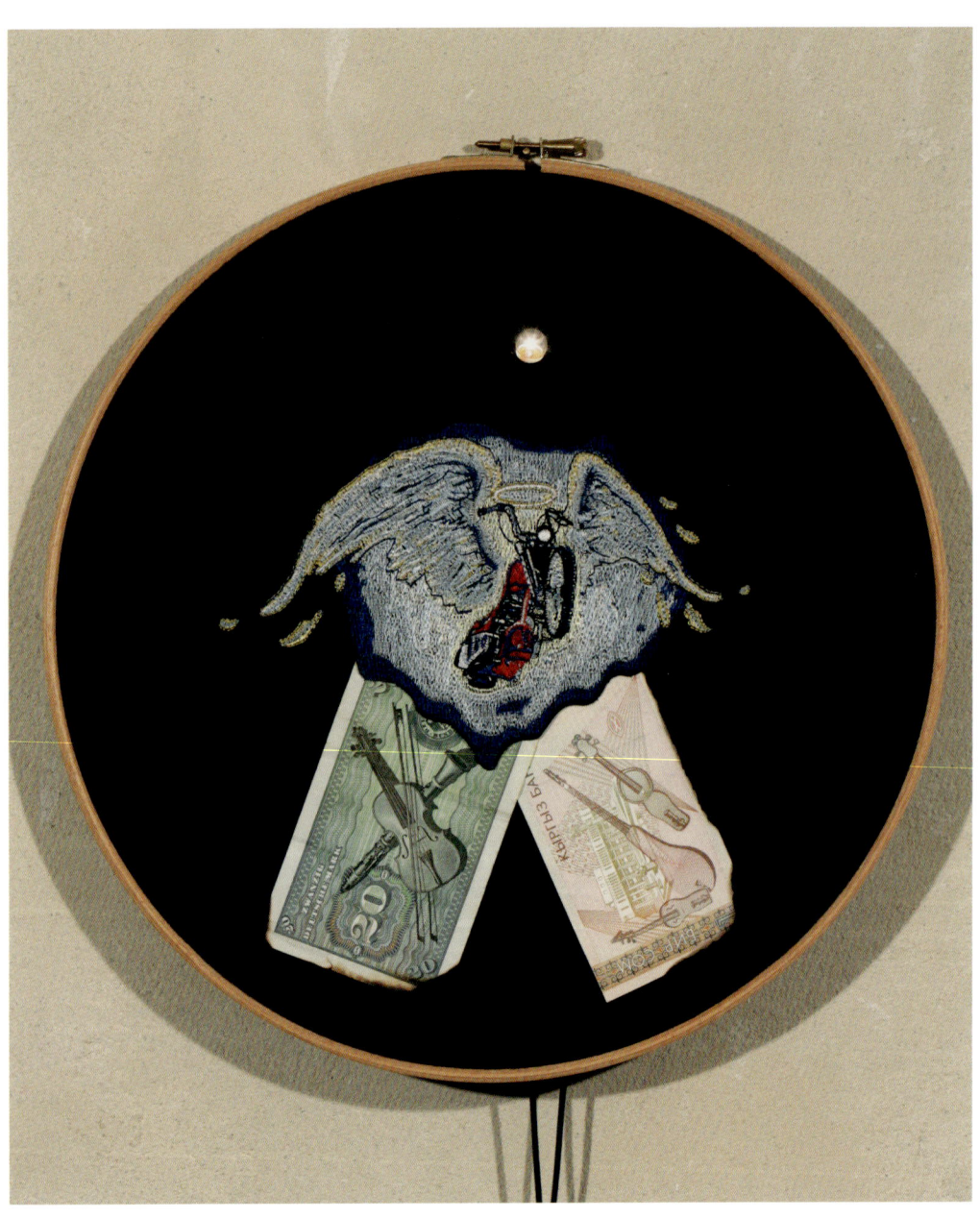

Tambour 36, *Didier de dire : enfin libre !,*
2013
Tambour pour la libération de l'âme
du garçon mort sur la route

Drum 36, *Didier Says: Free at Last!,* 2013
Drum for the liberation of the soul
of the boy who died on the road

Tambour 44, *La Nécessaire insurrection
des savoirs assujettis,* 2014
Ce tambour est un ex-voto pour la parole
de Michel Foucault sur la nécessité de
prêter attention aux savoirs assujettis
par le savoir moderne dominant lié au
pouvoir masculin et guerrier (les savoirs
chamaniques, populaires, féminins,
paysans...). C'est aussi un ex-voto pour
rendre hommage à Foucault et réparer
l'âme tourmentée du philosophe à la fin
de sa vie

Drum 44, *The Necessary Insurrection
of Subjugated Knowledge,* 2014
This drum is an ex-voto for Michel
Foucault's words on the need to pay
attention to the knowledge subjugated by
dominant modern knowledge linked to
masculine and warrior power (shamanic,
popular, feminine, peasant knowledge . . .).
It is also an ex-voto to pay tribute to
Foucault, and to repair the tormented soul
of the philosopher at the end of his life

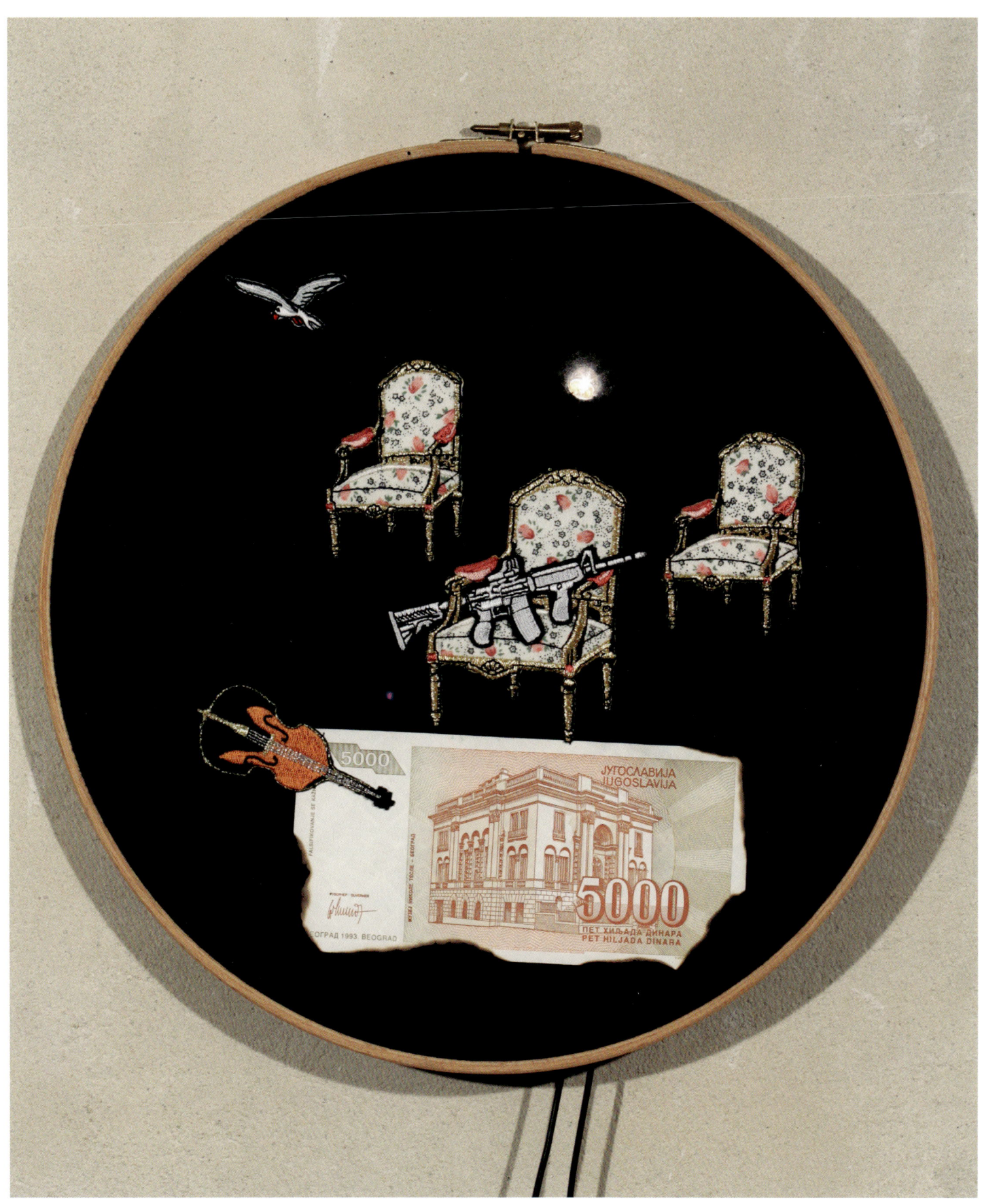

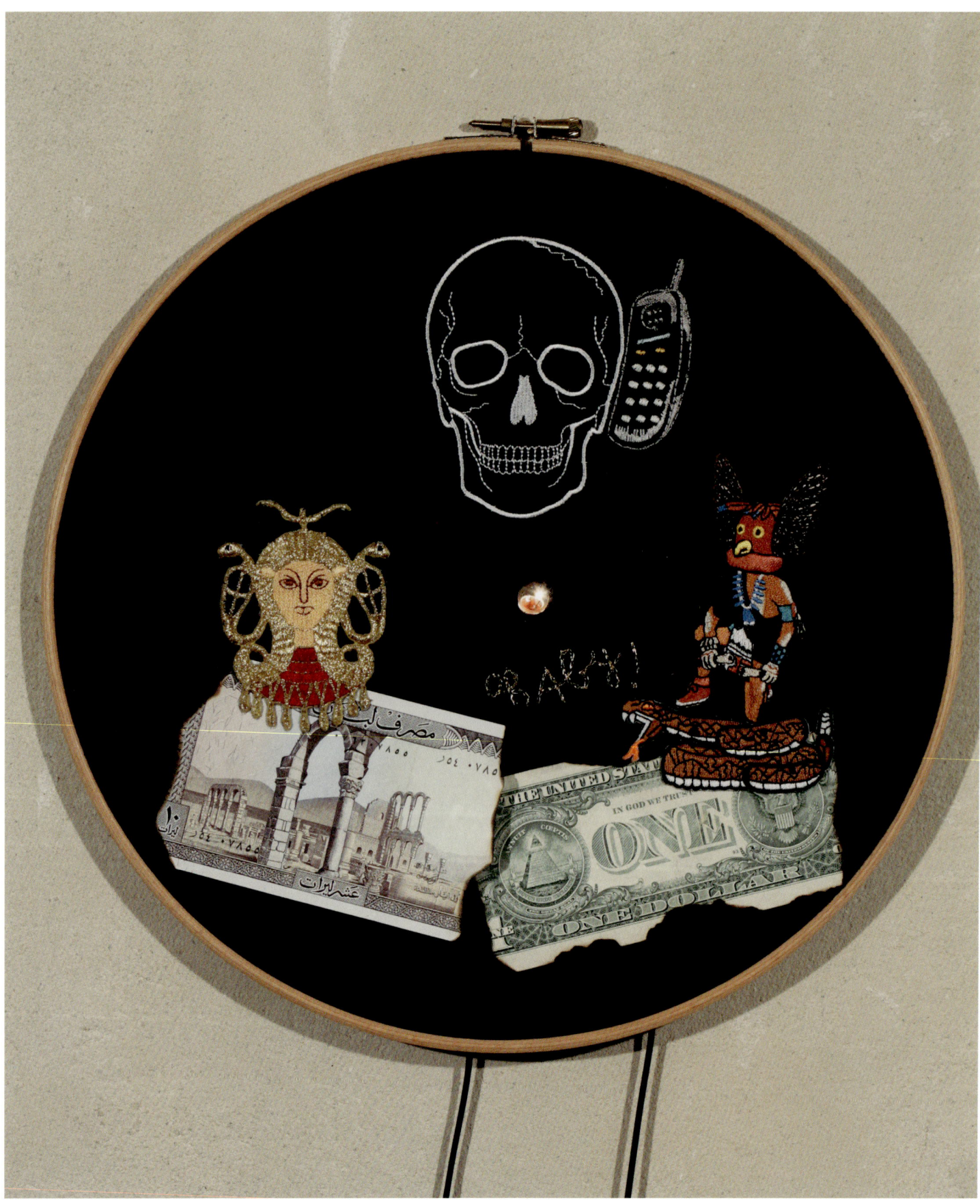

Tambour 46, *Le Rituel du serpent*, 2014
Ce tambour est un ex-voto pour que la
parole d'Aby Warburg à la fin du *Rituel
du serpent*, soit entendue : que l'homme
comprenne la transformation spirituelle
qui s'est opérée en passant aveuglément
de l'espace naturel de contemplation à
l'espace conceptuel technologique. C'est
un ex-voto en hommage à l'âme du grand
historien de l'art sensible à la culture
chamanique du monde Autre

Drum 46, *The Serpent Ritual*, 2014
This drum is an ex-voto to ensure that
Aby Warburg's words at the end of *The
Serpent Ritual* are heard: that mankind
understands the spiritual transformation
that has taken place in the blind passage
from the natural space of contemplation
to the technological conceptual space.
It is an ex-voto in homage to the soul
of the great art historian sensitive to the
shamanic culture of the Other World

Tambour 62, *L'Alliance naturelle*, 2024
Ce tambour est un tambour contre les
sortilèges, il demande l'intercession des
très puissantes entités-serpents pour
protéger l'âme d'un ami cher, contre toute
atteinte qui pourrait le contraindre par une
action sur n'importe quelle partie de son
corps

Drum 62, *The Natural Alliance*, 2024
This drum is a drum against spells. It asks
for the intercession of the very powerful
snake-entities to protect the soul of a
dear friend against any attack that might
constrain him by an action on any part
of his body

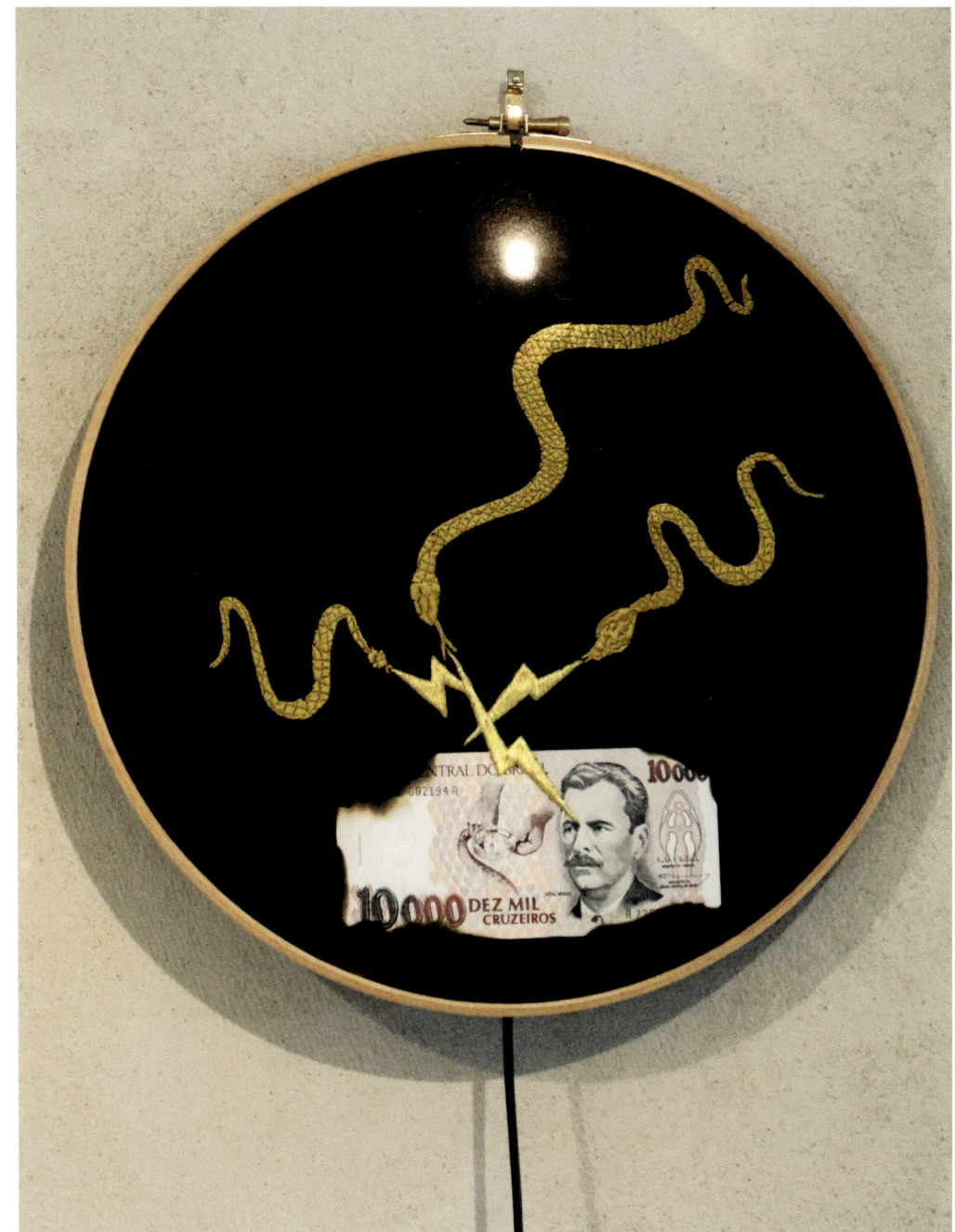

OCÉANIE
OCEANIA

MICHAEL PANGATA, MORRIS WAKO,
CLIFFY TOMMY & MARTIN MPETYAN HAGAN
NARRITJIN MAYMURU
JIMMY NJIMINJUMA
CLIFFORD POSSUM TJAPALTJARRI &
DINNY NOLAN TJAMPITJINPA
WITJITI GEORGE, KEITH STEVENS, TAYLOR COOPER,
ILUWANTI KEN, SYLVIA KEN, YARITJI YOUNG,
NYUNMITI BURTON, LEAH BRADY, TERESA BAKER,
IMATJALA POLLARD, FREDA BRADY,
MARINGKA TUNKIN & TANYA BRADY
GEORGE NUKU

Iluwanti Ken en
train de peindre
l'œuvre *Ngura
Pulka, Tjukurpa
Pulka*, 2022,
APY Lands,
Australie (détail)

Iluwanti Ken
painting the work
*Ngura Pulka,
Tjukurpa Pulka*,
2022, APY Lands,
Australia (detail)

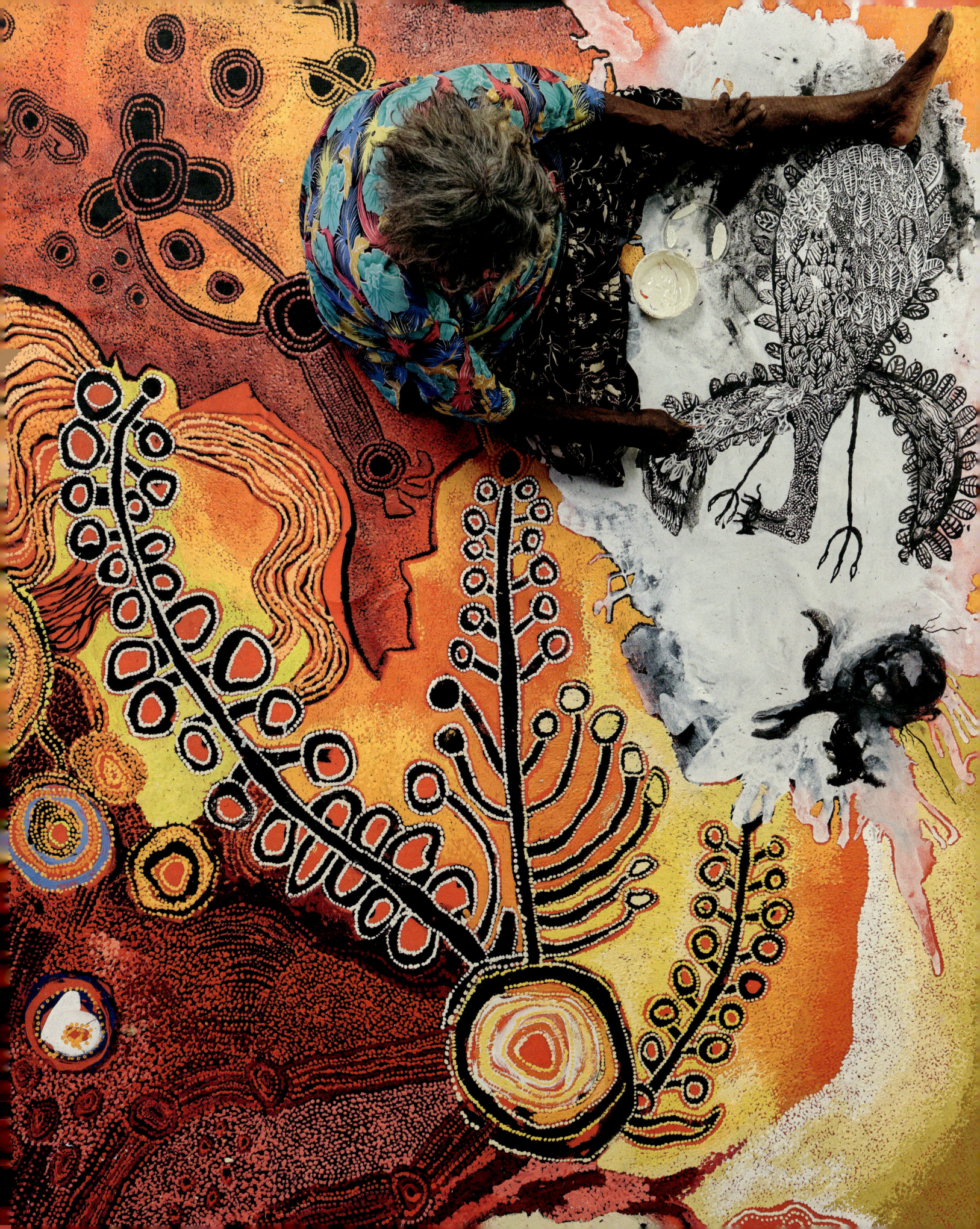

MICHAEL PANGATA (1959),
MORRIS WAKO (1970), CLIFFY TOMMY (1982),
MARTIN MPETYAN HAGAN (1984)
ANMATYERR, AUSTRALIE / AUSTRALIA

Rrpwamper / Rêve Opossum / Possum Dreaming, 2024
Yerramp / Rêve Fourmi à miel / Honey-Ant Dreaming, 2024
Ahelh Anetyirrem / Terre transformée / Transformed Ground
Anteth (fleurs du désert broyées), pigments naturels, liant synthétique sur panneau / Grinded desert flowers, natural pigments, synthetic binder on board
Courtesy Fondation Opale, Suisse / Switzerland

Inspiré par le projet artistique *Wamulu* qui s'est déroulé entre 2002 et 2005 dans le désert d'Australie centrale avec des artistes warlpiri, et qui visait à réaliser des peintures au sol permanentes qui sont par essence impermanentes ou éphémères par nature, Martin Hagan, un homme anmatyerr, a exprimé son souhait de produire une peinture au sol *in situ* pour cette exposition à la Fondation Opale.

L'Ancien Michael Pangata a dirigé la construction de la peinture au sol, aidé par trois autres hommes : Martin Mpetyan Hagan, Morris Wako et Cliffy Tommy. Michael Pangata faisait partie des premiers artistes associés au mouvement de peinture Papunya (à partir de 1971) et a travaillé en étroite collaboration avec Clifford Possum Tjapaltjarri. Les sujets représentés dans cette peinture au sol sont liés à des éléments des récits de *Rrpwamper* (Opossum), de *Yerramp* (Fourmi à miel) et des histoires *Ahakey* (Groseille indigène) ou des *Rêves* dans la région de Napperby.

Alors que le registre de base du système graphique de symboles et motifs est connu de tous et peut donc être vu par les non-initiés, certains motifs particuliers et significations sont secrets. Des éléments sacrés ont été laissés de côté dans cette performance publique et cette peinture au sol. La réalisation de cette peinture d'*Anteth* permet aux hommes anmatyerr de présenter ces qualités et matériaux cérémoniels à un public.

Inspired by the *Wamulu* artistic project that took place between 2002 and 2005 in the Central Australian desert with Warlpiri artists that aimed at rendering permanent ground paintings that are in essence impermanent or ephemeral in nature, Martin Mpetyan Hagan, an Anmatyerr man, expressed a strong interest in producing a ground painting for this exhibition *in situ* at Fondation Opale.

Elder Michael Pangata led the construction of the ground mosaic and required the assistance of three other men: Martin Mpetyan Hagan, Morris Wako and Cliffy Tommy. Michael Pangata belonged to the first artists associated with the Papunya painting movement (from 1971 onwards) and worked closely with renowned artist Clifford Possum Tjapaltjarri. The subjects that feature in this particular ground mosaic are related to segments of the *Rrpwamper* (Possum), the *Yerramp* (Honey-Ant) and *Ahakey* (Native Currant) stories or *Dreamings* in the Napperby region.

While the basic registry of the graphic system of design-symbols and design-patterns is common knowledge, and hence can be viewed by the non-initiated, particular designs and meanings are secret. Sacred elements were left out in this public performance and ground painting. The making of this *Anteth* painting enables the Anmatyerr men to take these ceremonial qualities and materials to a public audience.

Georges Petitjean

Aux murs : APY, *Ngura Pulka, Tjukurpa Pulka* (à gauche, voir pages 176-177)
Jimmy Njiminjuma, *Ngalyod* (à droite, voir pages 170-171)

On the walls: APY, *Ngura Pulka, Tjukurpa Pulka* (left, see pages 176-177)
Jimmy Njiminjuma, *Ngalyod* (right, see pages 170-171)

Ahakey (Groseille indigène / Native Currant), 2024
Ahelh Anety-irrem / Terre transformée / Transformed
Ground
Anteth (fleurs du désert broyées), pigments naturels,
plumes de cacatoès, liant synthétique sur panneau /
Anteth (grinded desert flowers), natural pigments,
cockatoo feathers, synthetic binder on board
Courtesy Fondation Opale, Suisse / Switzerland

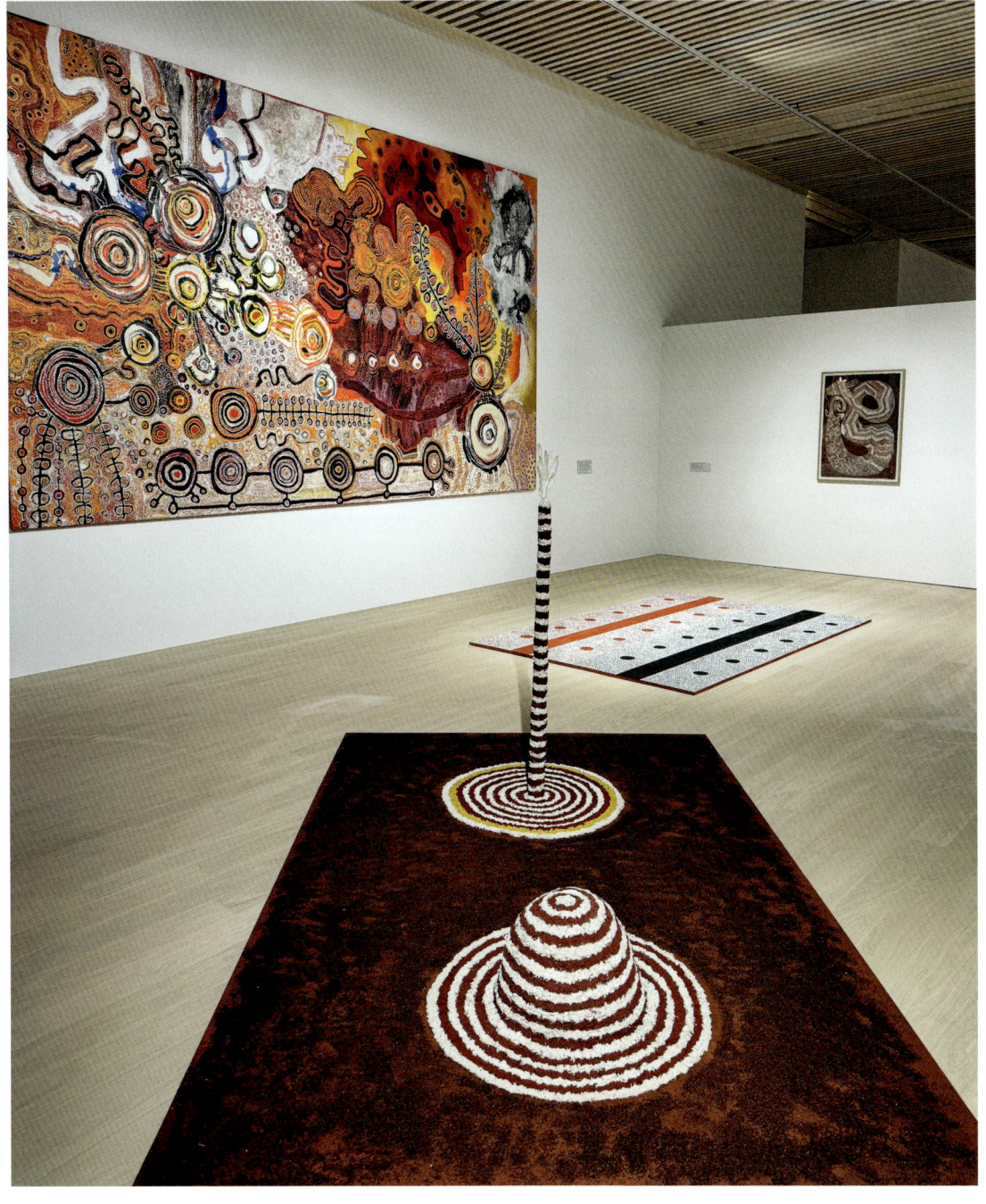

NARRITJIN MAYMURU (ca. 1916–1981)
YOLŊU
TERRE D'ARNHEM / ARNHEM LAND

Djarrakpi, ca. 1971
Pigments naturels ocre sur écorce / Natural ochre pigments on bark
65 × 137 cm
Collection Bérengère Primat, courtesy Fondation Opale, Suisse / Switzerland

Narritjin Maymuru, artiste et activiste yolŋu, est connu pour ses peintures élaborées sur écorce illustrant des cérémonies. Ce tableau historiquement important était peut-être accroché dans le magasin d'art de Narritjin Maymuru à Yirrkala lorsqu'il a célébré une cérémonie funéraire publique pour son frère Nanyin. Cette cérémonie a été filmée par Ian Dunlop pour son documentaire intitulé *One Man's Response* (*La Réponse d'un homme*).

Cette peinture représente une sculpture en forme de losange en sable disposée sur le sol pour la cérémonie funéraire, avec le corps placé au centre, et deux séries de puits (cercles) de chaque côté. L'image est répétée à droite et à gauche de la peinture, bien qu'elle puisse également représenter les bâtons à fouir des Nyapililngu, deux ancêtres féminines qui apparaissent en bas à gauche portant des plats sur la tête. Les Nyapililngu ont créé le site de Djarrakpi. Cette peinture constitue une déclaration importante de propriété du Territoire. Selon l'anthropologue Howard Morphy, l'écriture est probablement celle de la fille de Narritjin, Galuma Maymuru.

Narritjin Maymuru was a Yolŋu artist and activist noted for his elaborate paintings on bark depicting ceremony. This historically very significant picture hung possibly in the art shop of Narritjin Maymuru at Yirrkala when he performed a public funerary ceremony for his brother Nanyin. This was filmed by Ian Dunlop for his documentary film *One Man's Response*.

The painting shows the diamond-shaped funeral ceremony ground sand sculpture where the body would be placed in the centre, and the two sets of wells (circles) at either side. The image is repeated at the right and left of the painting, although this may also represent the digging sticks of the Nyapililngu, two female ancestors who appear in the bottom left with carrying dishes on their heads. The Nyapililngu created the site of Djarrakpi. The painting is an important statement of ownership of Country. The writing, according to anthropologist Howard Morphy, is probably by Narritjin's daughter Galuma Maymuru.

Georges Petitjean

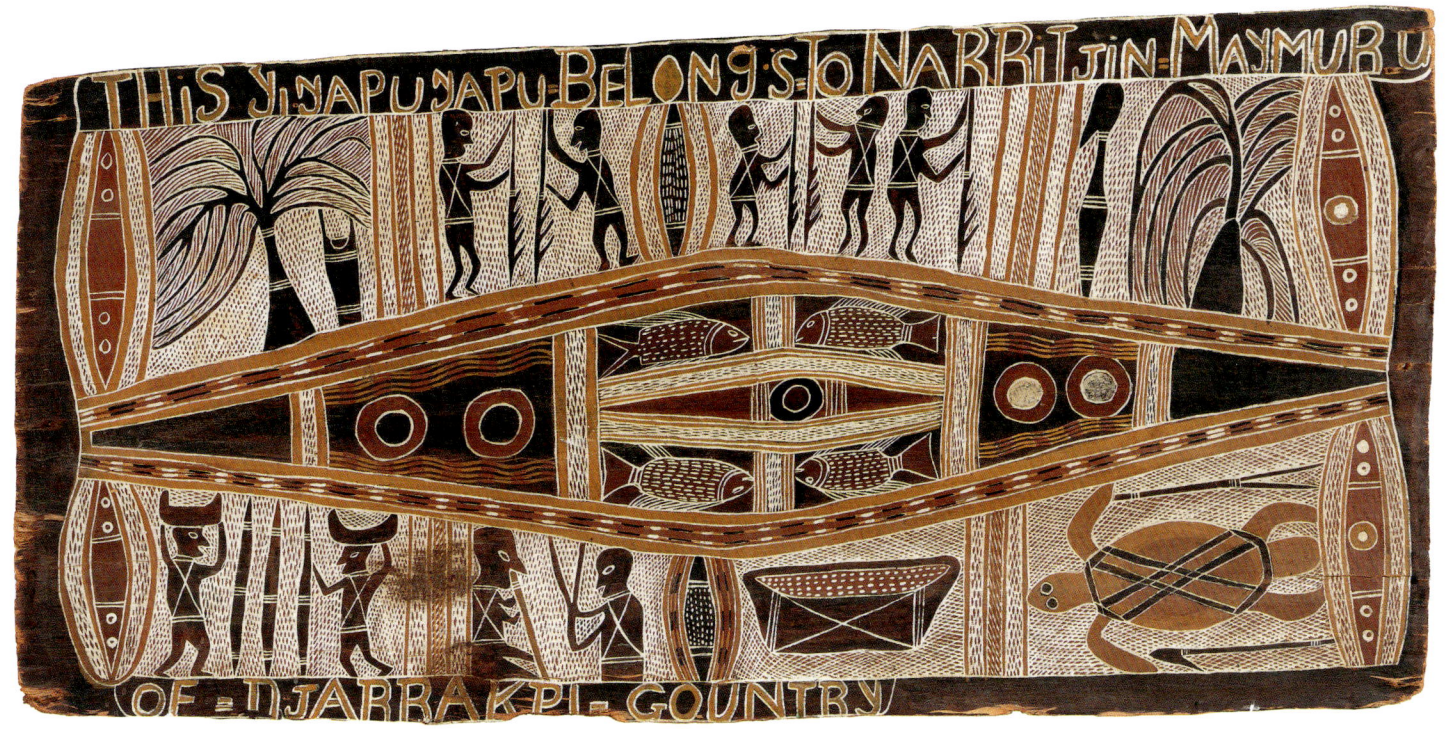

JIMMY NJIMINJUMA (1945–2004)
KUNINJKU
TERRE D'ARNHEM / ARNHEM LAND

Ngalyod / Le Serpent Arc-en-ciel / The Rainbow Serpent, ca. 2002
Pigments ocre naturel sur papier / Natural ochre pigments on paper
103 × 75,5 cm
Collection Bérengère Primat, courtesy of Fondation Opale, Suisse / Switzerland

Jimmy Njiminjuma est un célèbre artiste kuninjku de la région occidentale de la Terre d'Arnhem. Dans les années 1980, Njiminjuma a joué un rôle important dans l'enseignement de l'art de la peinture sur écorce à son jeune frère John Mawurndjul. La créativité de Njiminjuma en matière de peinture est évidente dans sa capacité à construire des figures complexes qui se fondent dans les motifs géométriques du fond. Dans les peintures sur écorce, l'incorporation de motifs géométriques et d'éléments figuratifs révèle les croyances des Kuninjku selon lesquelles certaines formes de paysage ont été modelées par les actions créatives d'êtres ancestraux.

Sur cette image, Njiminjuma représente le Serpent Arc-en-ciel, connu dans la région sous le nom de *Ngalyod*. Njiminjuma le dépeint avec un corps de serpent et des cornes, faisant référence au buffle d'eau récemment introduit. En tant que « mère » de tous les êtres ancestraux, cet être mythique prend diverses formes dans l'art. Cette image met en évidence la nature changeante et le puissant potentiel de transformation de l'être *Ngalyod*. Ce dernier crée des sites sacrés en creusant des tunnels dans la terre et en émergeant à des endroits précis. Les motifs hachurés, connus sous le nom de *rarrk*, représentent la peau humide et chatoyante du serpent se déplaçant dans le *billabong* (petit lac) sacré de Milmilngkan.

Jimmy Njiminjuma is a renowned Kuninjku artist from the western Arnhem Land region. In the 1980s Njiminjuma took a strong role in teaching his younger brother, John Mawurndjul, the art of bark painting. Njiminjuma's creativity in painting is evident in his ability to construct complex figures that merge with geometric background designs. In bark paintings, the incorporation of geometric designs and figurative elements reveals Kuninjku beliefs regarding how certain landscape forms were moulded by the creative actions of ancestral beings.

In this picture, Njiminjuma represents the Rainbow Serpent, which in the region is known as *Ngalyod*. Njiminjuma depicts *Ngalyod* with the body of a snake and horns, which refers to the recently introduced water buffalo. As the 'mother' of all ancestral beings, this mythical being takes on various guises in art. This image highlights the mutable nature and powerful potential for transformation of the being *Ngalyod*. *Ngalyod* creates sacred sites by tunnelling through the earth and emerging at particular sites. Crosshatched designs, known as *rarrk*, portray the shimmering, wet skin of the serpent moving through the sacred Milmilngkan *billabong* (small lake).

Georges Petitjean

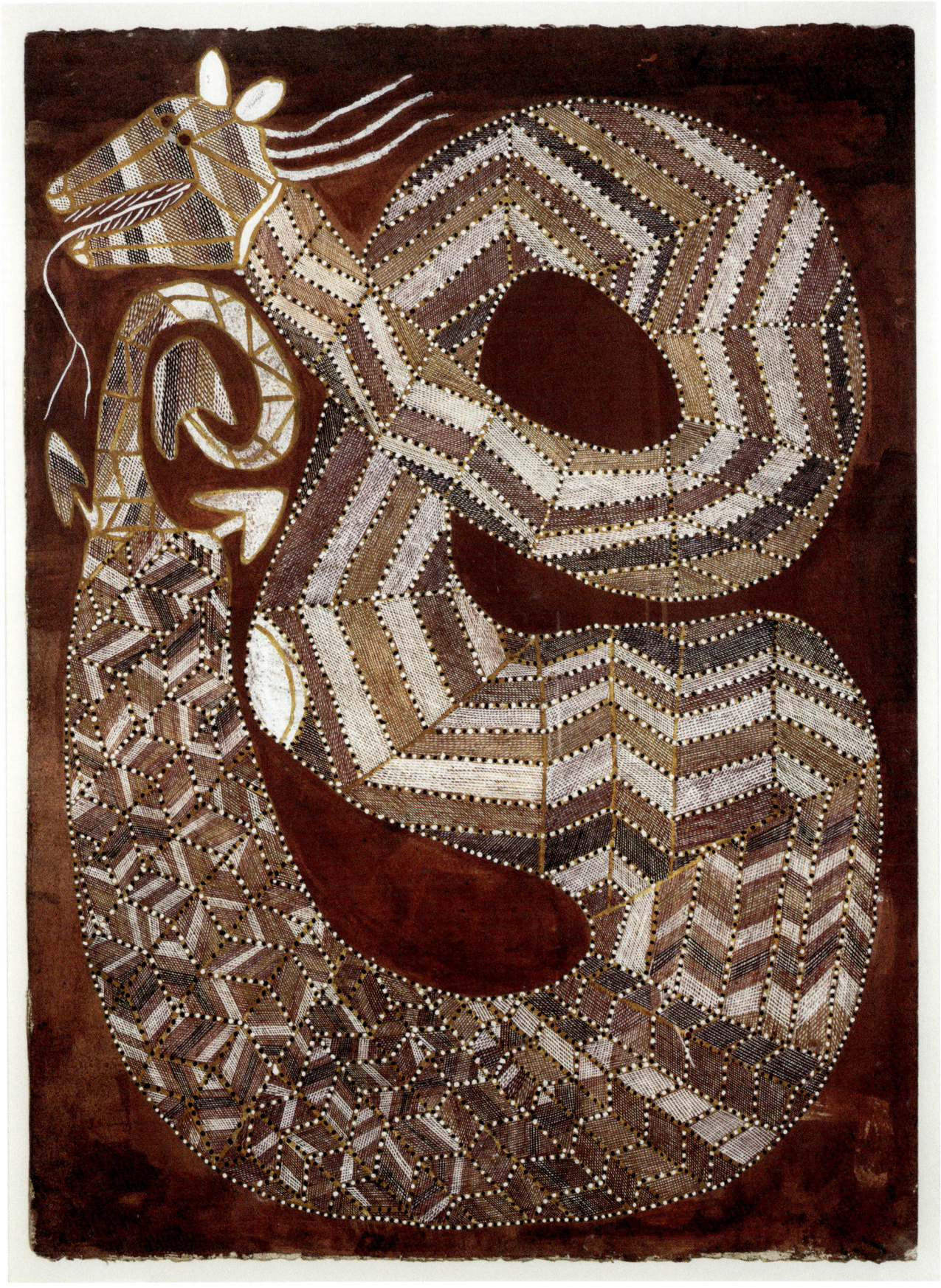

CLIFFORD POSSUM TJAPALTJARRI (ca. 1932-2002, ANMATYERR) & DINNY NOLAN TJAMPITJINPA (ca. 1928-décédé / deceased, WARLPIRI)
AUSTRALIE / AUSTRALIA

Atnyematy / Rêve Larve à Alyukari / Witchetty Grub Dreaming at Alyukari, 1982
Acrylique sur toile de lin / Acrylic on linen
76 × 183 cm
Collection Bérengère Primat, courtesy of Fondation Opale, Suisse / Switzerland

Ce tableau est en grande partie l'œuvre de Clifford Possum Tjapaltjarri qui s'est engagé à aider Dinny Nolan Tjampitjinpa, son cousin, à une époque où Dinny était malade et incapable de terminer l'œuvre. Cette peinture montre le *Rêve Larve à Alyukari* près de Wilora, au nord d'Alice Springs. Bien que cette histoire soit une histoire de femmes, le dessin est également utilisé dans les peintures corporelles des hommes pour la cérémonie associée à la larve. Les cercles avec des formes en U adjacentes représentent des femmes assises creusant le sol pour trouver des larves. Les larves Witchetty – ou *Atnyematy* dans la langue anmatyerr – sont une source de nourriture très importante et riche dans les régions désertiques d'Australie centrale et occidentale. Les lignes obliques derrière les formes en U représentent des bâtons à fouir, les lignes blanches sinueuses montrent les voyages des êtres ancestraux mythologiques Larve.

En tant que gardien principal du peuple warlpiri, Dinny Nolan Tjampitjinpa était très respecté comme autorité dans les cérémonies du *Rêve Eau* et comme faiseur de pluie. Il était réputé pour sa voix puissante lorsqu'il chantait. Son style de peinture dérive des dessins corporels cérémoniaux et des peintures au sol qu'il a exécutés pour des cérémonies. En 1981, il s'est rendu à Sydney avec l'artiste warlpiri Paddy Carroll Tjungurrayi pour construire la toute première peinture sur sable jamais vue en dehors du désert central. Clifford Possum Tjaplatjarri, un homme anmatyerr et l'un des plus grands peintres d'Australie, est né à Napperby Station (Tjuirri) vers 1932. Débutant sa pratique de peinture contemporaine au début des années 1970, il s'est rapidement fait connaître au cours des années 1980 et 1990. Son œuvre a été honorée par une grande rétrospective dans plusieurs galeries d'État d'Australie entre 2003 et 2005.

This painting is largely the work of Clifford Possum Tjapaltjarri who undertook to assist Dinny Nolan Tjampitjinpa, who was his cousin, at a time when Dinny was sick and unable to complete the work. This picture shows the *Witchetty Grub Dreaming at Alyukari* near Wilora north of Alice Springs. Although this story is a women's story, the design is also used in men's body paintings for the ceremony associated with witchetty grub. The roundels with adjacent U shapes depict seated women digging for witchetty grubs. Witchetty grubs – or *Atnyematy* in the Anmatyerr language - are a very important and rich source of food in the desert regions of Central and Western Australia. Oblique lines behind the U shapes represent digging sticks, white sinuous lines show the travels of the mythological witchetty ancestral beings.

As a senior custodian for the Warlpiri people, Dinny Nolan Tjampitjinpa was highly respected as an authority in rainmaking and *Water Dreaming* ceremonies. He was renowned for his powerful singing voice. His painting style derives from ceremonial body designs and ground paintings that he executed for ceremony. In 1981 he travelled to Sydney with fellow Warlpiri artist Paddy Carroll Tjungurrayi to construct the first ever sand painting seen outside the central desert. Clifford Possum Tjaplatjarri, an Anmatyerr man and one of Australia's greatest painters, was born at Napperby Station (Tjuirri) around 1932. Starting his contemporary painting practice in the early 1970s, he quickly rose to prominence during the 1980s and 1990s. His oeuvre was honoured with a major retrospective touring several state galleries in Australia in 2003-2005.

Georges Petitjean

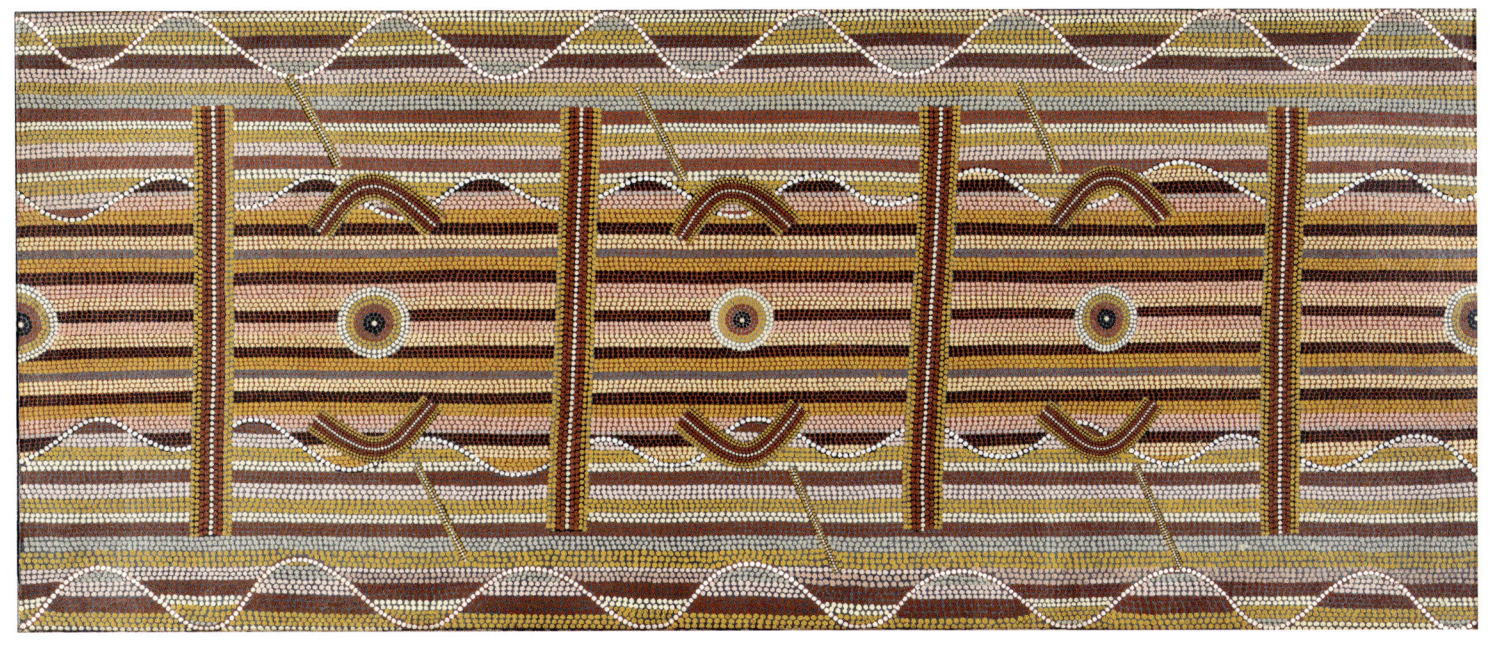

WITJITI GEORGE (ca. 1938),
KEITH STEVENS (ca. 1940),
TAYLOR COOPER (ca. 1940-2024),
ILUWANTI KEN (ca. 1944),
SYLVIA KEN (1965),
YARITJI YOUNG (ca. 1954),
NYUNMITI BURTON (1964),

LEAH BRADY (1962),
TERESA BAKER (1977),
IMATJALA POLLARD (1963),
FREDA BRADY (1961),
MARINGKA TUNKIN (1959),
TANYA BRADY (1980)
APY LANDS, AUSTRALIE / AUSTRALIA

Cette peinture est le fruit d'une collaboration entre les principaux artistes seniors des terres APY (Anangu Pitjantjatjara Yankunytjatjara) dans les régions reculées du centre de l'Australie. Pour les hommes et les femmes pitjantjatjara, leur terre et les histoires liées à la terre et à leur être font partie intégrante de leur vie. Peindre, c'est revisiter les actes des ancêtres. Le Rêve ou *Tjukurpa* (loi culturelle et récits de création) est présent, même s'il n'est pas explicitement représenté, à travers l'imagerie vibrante et puissante des œuvres et dans leurs explosions de couleurs. C'est particulièrement le cas de cette toile collaborative monumentale, peinte conjointement par des femmes et des hommes des APY Lands. Le fait que plusieurs artistes travaillent sur une même peinture rappelle le processus de production de peintures au sol destinées aux cérémonies. Elle reflète la continuité entre l'art réalisé à des fins rituelles réservées et l'art réalisé pour la sphère publique. Intitulée *Ngura Pulka*, *Tjukurpa Pulka*, cette peinture explore les concepts de Ngura (pays) et de l'omniprésent *Tjukurpa* que l'on trouve sur cette terre. Plusieurs récits du Rêve qui définissent la région convergent dans ce tableau.

Les frères Witjiti George et Keith Stevens peignent Piltati, l'histoire de deux frères serpents et de leurs femmes qui vivent dans le trou rocheux de Piltati, à l'extérieur de Nyapari. Taylor Cooper peint Malara, un trou rocheux situé à l'est de Pipalyatjara, où vit le *Wanampi* (Serpent d'eau) *Tjukurpa*. Freda Brady, Maringka Tunkin et Tanya Brady représentent leur pays autour d'Amata et l'histoire des Sept Sœurs qui traverse cette région. De même, Sylvia Ken illustre la même histoire, mais du côté du territoire de sa famille, où les Sœurs sillonnèrent, Cave Hill et Alkunyunyta, jusqu'à Kuli. Iluwanti Ken, la mère de Sylvia, est originaire de Watarru, mais vit à Amata. Elle figure les mères aigles chassant en vol au-dessus de leurs têtes, tout en protégeant et prenant soin de leurs petits. Teresa Baker a peint *Minyma Malilunya*, la danse de l'infirme *Malilu* parcourant le paysage, et Imatjala Pollard a peint Watarru, son pays traditionnel situé dans le sud-ouest des terres APY.

This painting is a collaboration by leading senior artists of the APY (Anangu Pitjantjatjara Yankunytjatjara) Lands in remote Central Australia. For Pitjantjatjara men and women, their land and the stories connected to the land and their being are integral. Painting is revisiting the deeds of the ancestors. The Dreaming or *Tjukurpa* (cultural law and creation stories), while not explicitly present, implicitly transpires in the artworks in their vibrant and powerful imagery, and in their explosions of colour. This is especially the case for this monumental collaborative canvas, jointly painted by women and men of the APY Lands. The practice of several artists working on one painting recalls the process of producing ground paintings for ceremony. It reflects the continuity between art made for restricted, ritual purposes, and that made for the public sphere. This painting, titled *Ngura Pulka, Tjukurpa Pulka*, explores concepts of *Ngura* (Country) and the omnipresent *Tjukurpa* found within that land. Several Dreaming stories that define the region converge in this picture.

Witjiti George and Keith Stevens, brothers, paint Piltati, the story of two snake brothers and their wives who live in the Piltati Rockhole outside of Nyapari. Taylor Cooper paints Malara, a rockhole east of Pipalyatjara and the place of the *Wanampi* (Water Snake) *Tjukurpa*. Freda Brady, Maringka Tunkin, and Tanya Brady depicted their Country around Amata and the Seven Sisters story that traverses this area. Likewise, Sylvia Ken depicted the same story but she paints her family's side of the Country where the Sisters travelled through Cave Hill and Alkunyunyta, all the way through to Kuli. Sylvia's mother, Iluwanti Ken, is from Watarru but based in Amata, and has depicted the mother eagles flying overhead hunting, protecting, and caring for their young. Teresa Baker painted *Minyma Malilunya*, the dance of the crippled *Malilu*, as she travelled across the landscape; and Imatjala Pollard painted Watarru, her traditional Country, in the southwest of the APY Lands.

Georges Petitjean

Ngura Pulka, Tjukurpa Pulka, 2022
Détail de l'œuvre aux pages 176-177 / Detail from the
work on pages 176-177

175

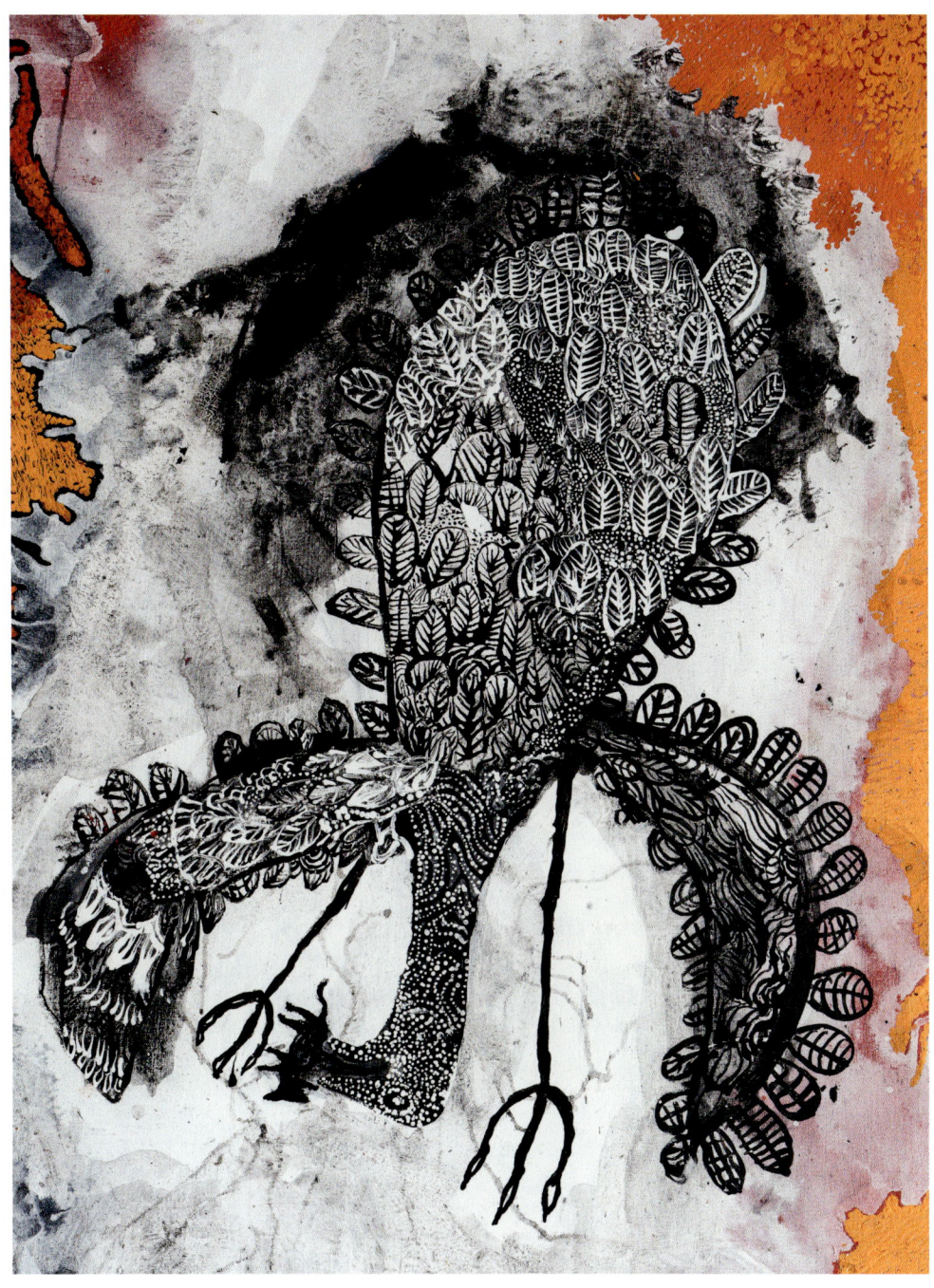

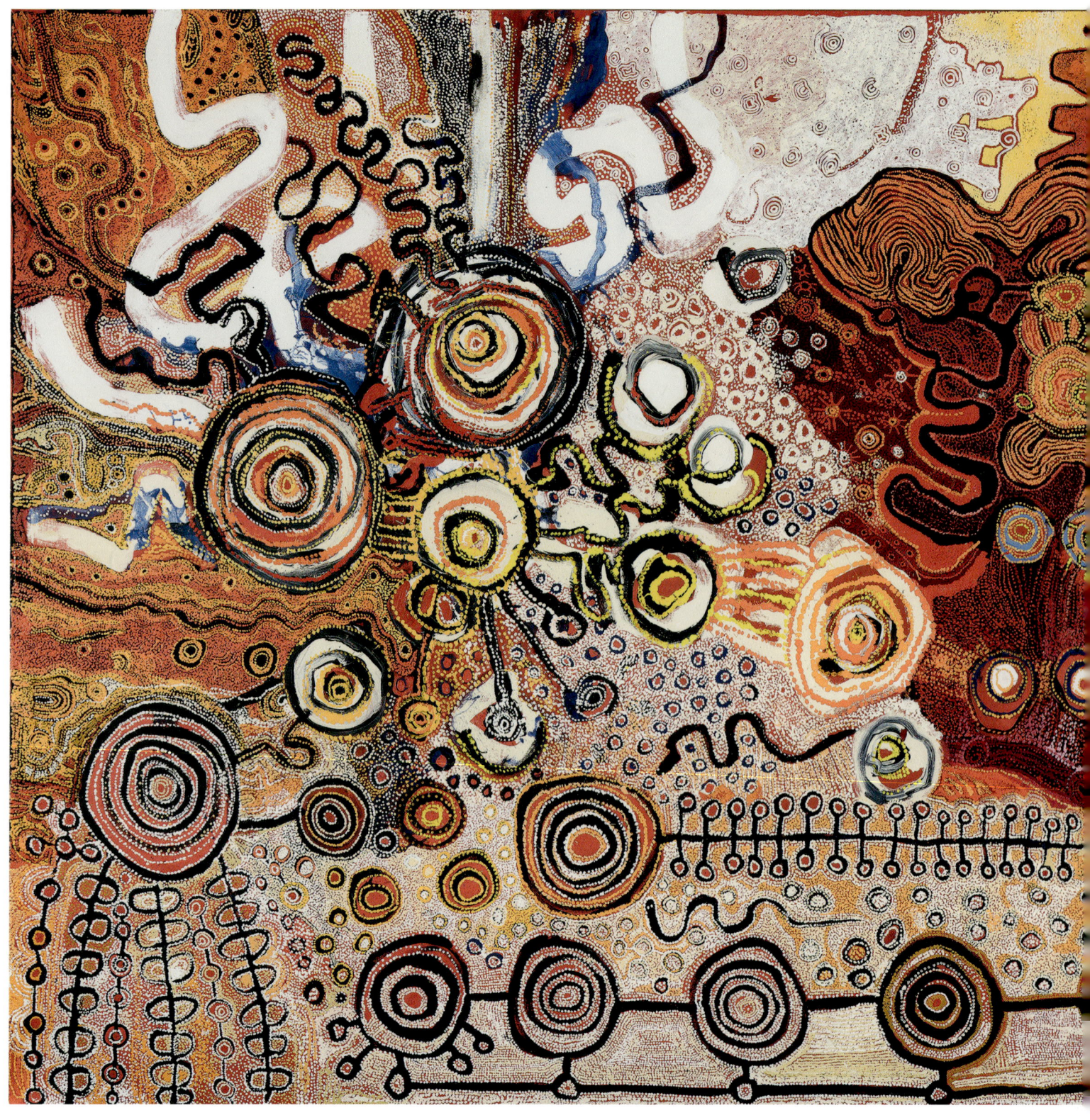

176   Océanie

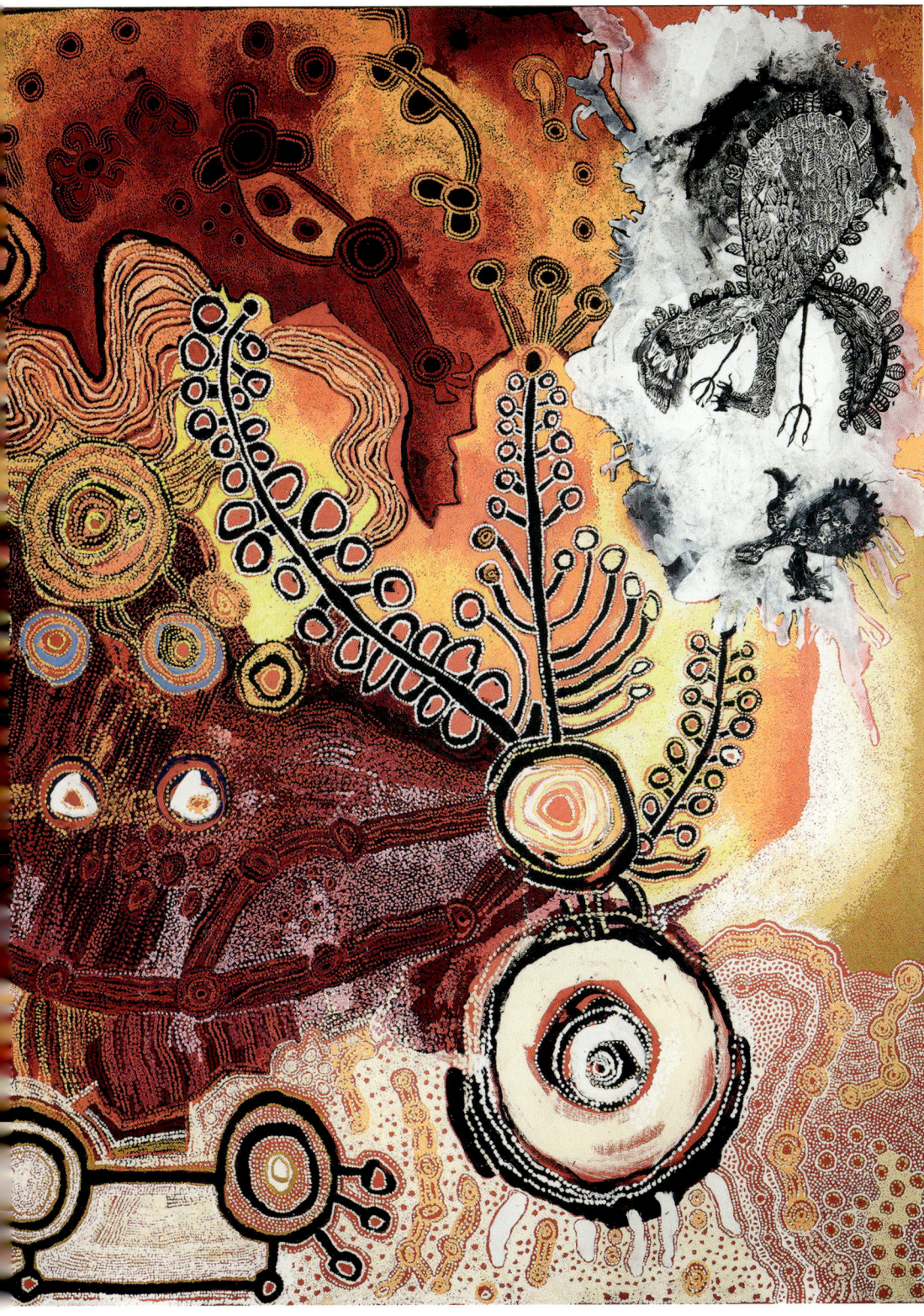

Ngura Pulka, Tjukurpa Pulka, 2022
Acrylique sur toile / Acrylic
on canvas
300 × 500 cm
Collection Bérengère Primat,
courtesy of Fondation Opale,
Suisse / Switzerland

GEORGE NUKU (1964)
NOUVELLE-ZÉLANDE / NEW ZEALAND

Te Whare Tu-ahuahu, 2024
Plexiglas, miroir, fils de polyester ciré, coquille d'ormeau bleu, os de baleine, plumes blanches, cheveux, raphia en plastique irisé, fils de nylon, peinture acrylique, bois / Plexiglas, mirror, waxed polyester threads, blue abalone shell, whale bone, white feathers, hair, iridescent plastic raffia, nylon threads, acrylic paint, wood
440 × 240 × 240 cm
Collection de l'artiste / Collection of the artist, Rouen, France

L'intitulé de cette œuvre est composé de trois termes linguistiques provenant de la langue māori :
Te Whare Tu-ahuahu indique le contexte où l'ensemble des connaissances est réuni dans une habitation spéciale étant à la fois une maison et un moyen de communication avec les ancêtres. Le *Whare* (l'habitation) a des entrées sur ses quatre côtés, qui correspondent aux portails dirigés vers les points cardinaux. Cette œuvre est destinée à être observée de chaque côté.
Tuahu est un terme employé en Nouvelle-Zélande pour qualifier un sanctuaire, un autel ou un lieu dans lequel l'échange avec les dieux est possible. Cette désignation peut décrire une petite structure de pierres érigées ou même un édifice finement sculpté.
Ahu signifie « empiler », « élever le niveau du sol ». C'est un terme également utilisé par d'autres sociétés polynésiennes telles que le peuple de Rapa Nui (de l'île de Pâques) ou le peuple de Tahiti, pour désigner une plate-forme surélevée, généralement faite de terre et de pierre. *Ahu* est aussi le terme pour décrire une plate-forme dressée au nom des ancêtres déifiés, c'est un thème récurrent à travers la Polynésie orientale. Le plus grand exemple se trouve à Rapa Nui, où les *Ahu* supportent les sculptures monumentales appelées *Moai*, représentant les défunts *Ariki* (Rois) des groupes tribaux respectifs *Ivi*.
Les ossements réels des *Ariki* sont logés dans les alvéoles des *Ahu*. Ces ossements étaient rituellement « purifiés », puis exposés périodiquement lors des grandes cérémonies. Chaque élément de la structure *Te Whare Tu-ahuahu*, chaque sculpture, chaque motif, chaque détail possède à la fois une signification et un objectif : représenter les histoires de la création, les déités et les ancêtres.
L'ancêtre est présenté en l'état, à l'intérieur du *Te Whare Tu-ahuahu*. La structure qui l'entoure sert d'autre part de contexte adapté à sa visualisation. En d'autres termes, elle le protège de la banalisation mondialisée.
Sont également incorporées une coquille d'ormeau bleu (*Paua* en māori) et des plumes blanches, représentant respectivement les deux divinités du Vent et de l'Océan.

The title of this work is composed of three linguistic terms from the Māori language:
Te Whare Tu-ahuahu indicates a situation in which all knowledge is gathered in a special abode, being both a house and a means of communication with the ancestors. The *Whare* (house) has entrances on its four sides which correspond to portals directed towards the cardinal points. This work is intended to be viewed from all sides.
Tuahu is a term used in New Zealand to refer to a shrine, altar, or place in which exchange with the gods is possible. It can describe a set of small upright stones or even an elaborately carved structure.
Ahu means 'to pile up', 'to raise the level of the ground'. It is a term used by other Polynesian societies such as Rapa Nui (from Easter Island) and Tahiti people to refer to a raised platform, usually made of earth and stone. *Ahu* is also used to describe a raised platform in the context of the deified ancestors; it is a common thread throughout Eastern Polynesia. The largest example is at Rapa Nui where the *Ahu* support the monumental *moai* sculptures, representing the deceased *Ariki* (kings) of the respective *Ivi* tribal groups.
The actual bones of the *Ariki* are housed in cells within the *Ahu* themselves. These ritually 'cleansed' bones were presented periodically during major ceremonies. Every element of the *Te Whare Tu-ahuahu* structure, every sculpture, every pattern, every detail has both meaning and intention: depicting creation stories, deities, and ancestors.
The ancestor is presented in state inside the *Te Whare Tu-ahuahu*. The structure around it also serves as a suitable environment for viewing. In other words, it protects it from globalised trivialisation.
It also features a blue abalone shell (*paua* in Māori) and white feathers. These complementary elements represent respectively the two divinities of ocean and wind.

George Nuku

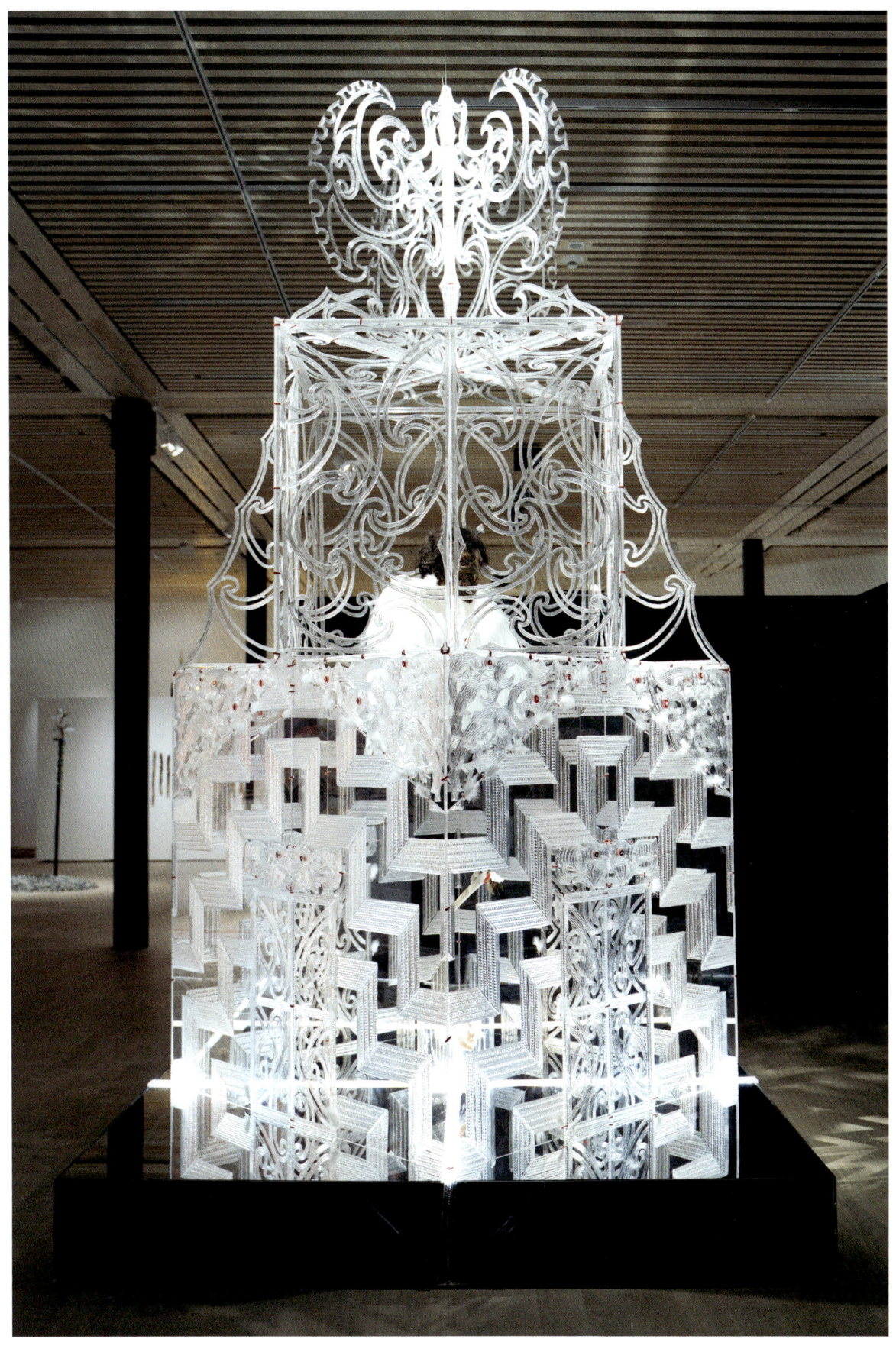

AVANT QUE LES DIEUX N'ARRIVENT

Georges Petitjean

Les autels de la culture indigène australienne pré-contact sont étrangers. S'ils ont trouvé une place dans la culture et la société modernes des Premières Nations, c'est en raison de la colonisation et de l'activité missionnaire qui s'en est suivie. Plusieurs missions se sont en effet établies dans des régions reculées d'Australie. On trouve donc des autels chrétiens aborigènes dans de nombreuses communautés isolées, notamment sur les îles Tiwi, dans les régions désertiques du centre et de l'ouest de l'Australie et en Terre d'Arnhem.

En Australie centrale, la mission luthérienne de Hermannsburg (Ntaria) a été établie dès 1877. À Balgo, fondée en 1939 en tant que mission catholique, l'autel était orné de bannières d'église peintes, dans lesquelles on retrouve simultanément des thèmes religieux chrétiens et l'iconographie traditionnelle du désert occidental. Dans la communauté de Yirrkala, où une mission méthodiste s'était installée en 1935, des artistes de différents clans ont collaboré entre 1962 et 1963 pour peindre leurs récits ancestraux sur deux panneaux de masonite de trois mètres de haut. Ces panneaux, dans lesquels l'affirmation politique de la religion Yolŋu et de la propriété foncière se confond avec la religion chrétienne, étaient à l'origine installés de part et d'autre de l'autel de l'église.

Cependant, on pourrait dire que les « autels » sont partout dans la société aborigène.

Le principe religieux fondamental de la société aborigène australienne est celui du *Dreaming* ou de l'*Everywhen*, un dénominateur commun à toute l'Australie. Le terme *Dreaming* ou *Rêve* en français est une expression inadéquate pour un concept essentiellement intraduisible, qui porte différents noms dans les nombreuses langues aborigènes. Malgré ce que suggère le nom, le *Rêve* n'a pas grand-chose à voir avec les rêveries nocturnes, et encore moins avec le temps tel qu'il est mesuré dans le monde occidental. C'est un temps hors du temps. C'est au cours du *Rêve* que les êtres ancestraux ont créé l'univers.

BEFORE THE GODS ARRIVED

Georges Petitjean

Altars in pre-contact Indigenous Australian culture are foreign. If they have found a place in modern First Nations culture and society, this is because of colonisation and missionary activity that followed. Several missions were set up in remote regions of Australia. As a consequence, 'Aboriginal' Christian altars can be found in numerous remote communities, including those on the Tiwi Islands, in the desert regions of Central and Western Australia, and in Arnhem Land.

In Central Australia, the Lutheran mission of Hermannsburg (Ntaria) was established as early as 1877. In Balgo, which was founded as a Catholic mission in 1939, the altar was adorned with painted church banners in which a simultaneous use of Christian religious themes and traditional Western Desert iconography occurs.

In the community of Yirrkala, where a Methodist mission had been established in 1935, artists from various clans collaborated between 1962 and 1963 to paint their ancestral narratives on two three-metre-high masonite panels. These panels,

in which political assertion of Yolŋu religion and land ownership merges with Christian religion, were originally mounted on either side of the church altar.

However, one could argue that 'altars' in Aboriginal society are everywhere. The fundamental religious principle in Australian Aboriginal society is that of the Dreaming, or the Everywhen, a common denominator throughout Australia. 'Dreaming' is an inadequate rendering of an essentially untranslatable concept, which in the many Aboriginal languages has different names. Despite what the English name suggests, the Dreaming has little to do with nocturnal reveries, and even less with time as it is measured in the Western world. It is a time without time. During the Dreaming, the ancestral beings created the universe.

These ancestral entities, and their travels and deeds, are all called Dreamings. Dreaming stories relay the creation journeys that the ancestral beings undertook as they created all things living,

Ces entités ancestrales, ainsi que leurs voyages et leurs actes, sont tous appelés Rêves. Les récits du Rêve relatent les voyages de création que les êtres ancestraux ont entrepris en créant toutes les choses vivantes, y compris les plantes, les animaux et les personnes, de même que les éléments naturels tels que l'eau, le feu et les étoiles, laissant des empreintes d'eux-mêmes sur la terre et dans le ciel. Pour l'homme ou la femme initié(e), ces traces – qui peuvent être des impressions ou des transformations physiques – sont visibles et identifiables en permanence dans le paysage. Les Aborigènes accordent toujours une grande importance spirituelle à ces sites. Le pays est imprégné des énergies du Rêve.

Les Rêves ne sont pas seulement des ancêtres. Ils sont des protagonistes actifs de la création de l'univers. Le Rêve prescrit également la loi aux hommes. Les conventions sociales et les croyances religieuses reposent donc sur un lien fondamental et indivisible entre la terre, le peuple, les ancêtres et le Rêve. La parenté entre la terre et le peuple, qui remonte à des

temps immémoriaux, constitue l'essence de l'art traditionnel et rituel. Ces épopées de la création sont évoquées dans les cérémonies et les spectacles, ainsi que dans les chansons et les récits. En outre, ces récits de création restent le sujet le plus important de l'art contemporain indigène australien, en particulier dans les régions reculées.

Les peintures au sol ou mosaïques sont peut-être ce qui se rapproche le plus de l'idée d'un autel éphémère autour duquel convergent les croyants ou les participants à une cérémonie religieuse. Réalisées à l'origine à des fins cérémonielles les peintures au sol, une forme d'art ancienne qui remonte à plusieurs milliers d'années, étaient effacées une fois le rituel ou la cérémonie achevés.

Pour *Rien de trop beau pour les dieux*, quatre hommes anmatyerr de la communaté désertique de Napperby en Australie centrale, Michael Pangata, Martin Mpetyan Hagan, Morris Wako et Cliffy Tommy, se sont rendus à la Fondation Opale pour créer *in situ* deux peintures au sol *Anteth*.

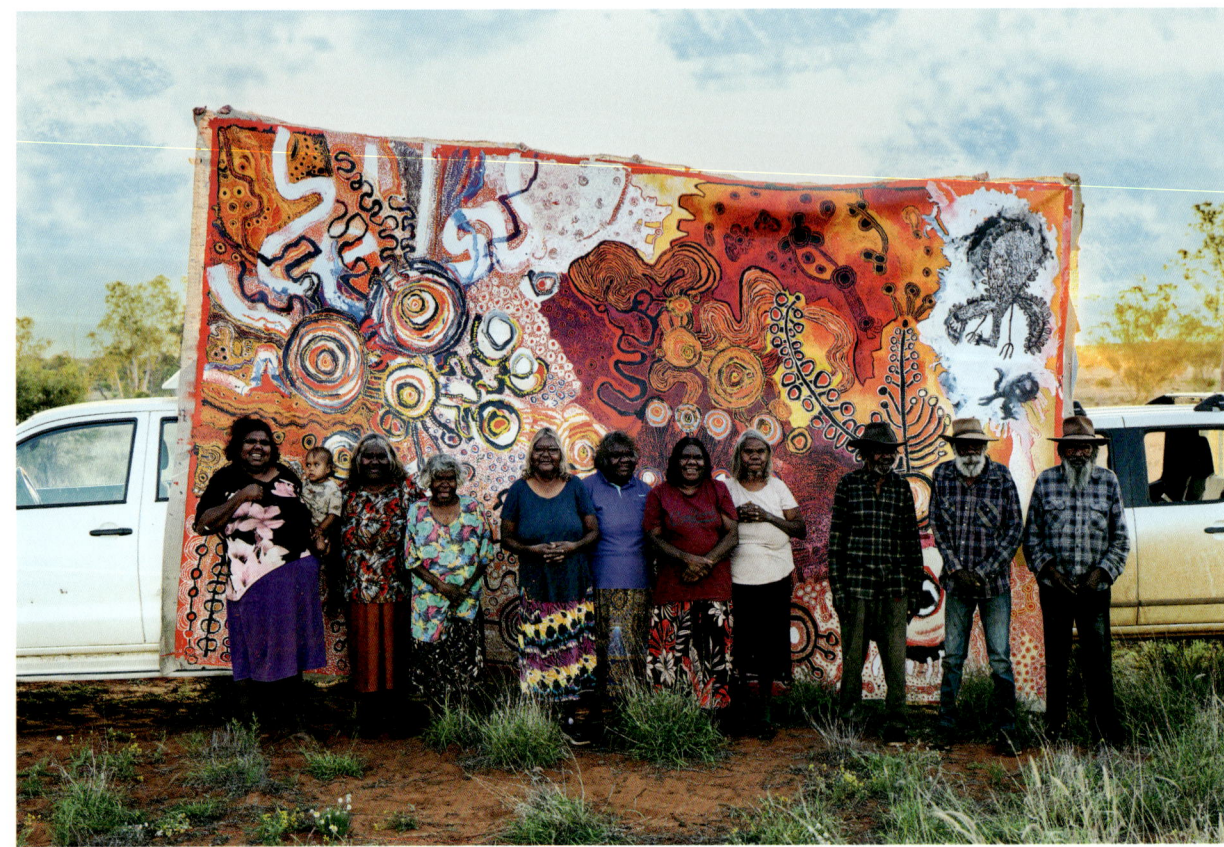

Photo prise à la fin du campement où l'œuvre p. 176-177 a été réalisée, Fregon, Australie-Méridionale, 2022

Picture taken at the end of the camp where artwork pp. 176-177 was painted, Fregon, South Australia, 2022

including plants, animals, and people, as well as natural elements such as water, fire, and the stars, leaving imprints of themselves in the land and sky. For the initiated man or woman these traces – which can be impressions or physical transformations – are permanently visible and recognisable in the landscape. Aboriginal people still attribute great spiritual significance to these sites. The country is imbued with the energies of the Dreaming.

Dreamings are not just ancestors. They are active protagonists within the creation of the universe. The Dreaming also prescribes the law to people. Social conventions and religious beliefs are therefore based on a fundamental and indivisible bond between land, people, ancestors, and the Dreaming. The kinship between the land and the people, which dates back to time immemorial, forms the essence of traditional and ritualistic art. These creation epics are evoked in ceremonies and performances, as well as in songs and narratives. Furthermore, these creation stories remain the most important subject in Indigenous

Australian contemporary art, particularly within remote regions.

Ground paintings or ground mosaics do perhaps come the closest to the idea of an ephemeral altar around which believers or participants in a religious ceremony converge. Ground paintings, an ancient form of art that goes back many thousands of years, are originally made for ceremonial purposes and erased once the ritual or ceremony is completed.

For *Nothing too Beautiful for the Gods* four Anmatyerr men from the desert community of Nappery in Central Australia, Michael Pangata, Martin Mpetyan Hagan, Morris Wako and Cliffy Tommy, travelled to the Fondation Opale to create two *Anteth* ground paintings *in situ*. The name used for the ground painting genre produced at Fondation Opale is *Ahelh Anety-irrem*, which might be best translated into English as 'transformed ground/earth'.

Antethe (Anmatyerr language) is a plant substance –called *Wamulu* in the Warlpiri language–found

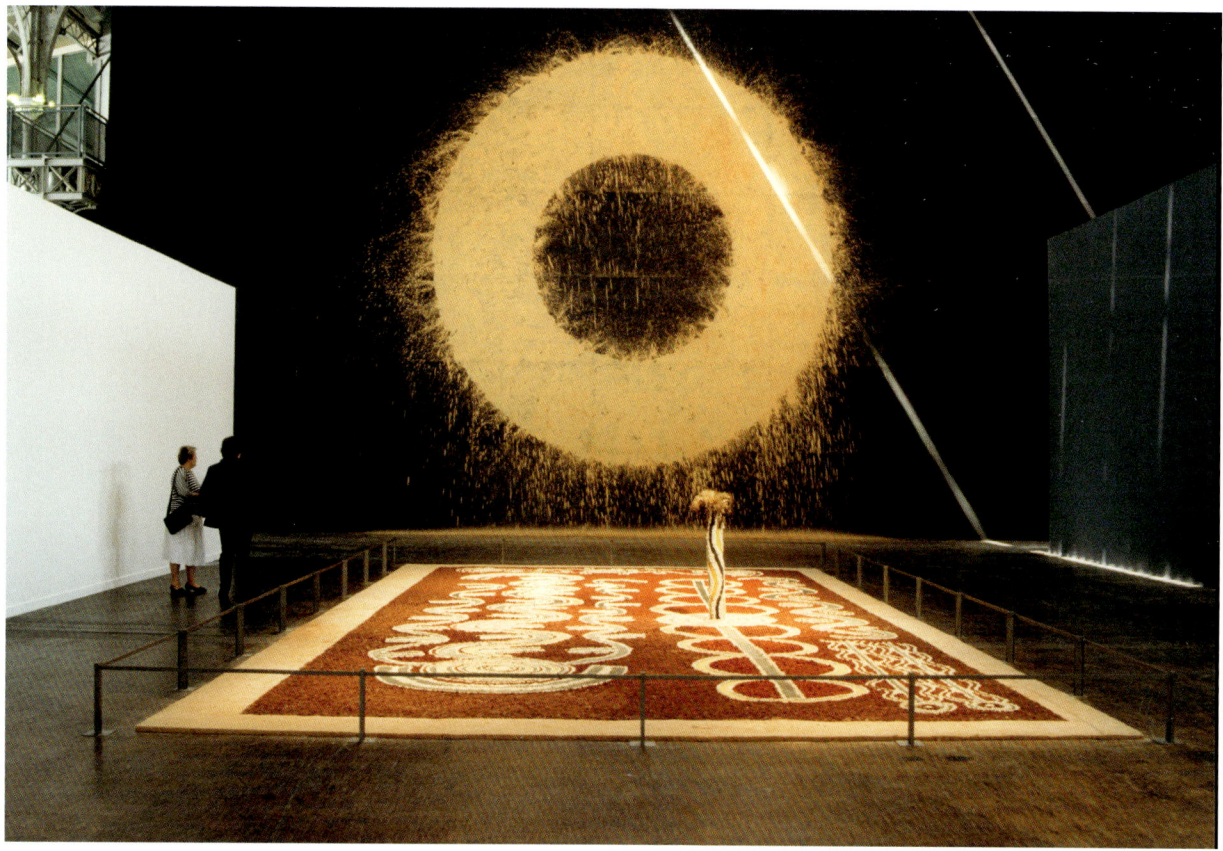

Le nom pour ce genre de peintures au sol réalisées à la Fondation Opale est *Ahelh Anety-irrem*, qui en français se traduit le mieux comme « terre transformée ».

Anteth (langue anmatyerr) est une substance végétale – appelée *Wamulu* en langue warlpiri – que l'on trouve en abondance dans la région désertique de l'Australie centrale autour d'Alice Springs. Elle est utilisée comme matériau de base pour les peintures au sol qui ont généralement un caractère hautement sacré et souvent secret. Ces constructions, souvent monumentales, ne sont généralement utilisées que dans le cadre de cérémonies importantes. Les exemples réalisés dans un contexte public sont donc rares. L'une des réalisations les plus significatives est le grand *Yarla Jukurrpa* (*Rêve Igname*) réalisé par six hommes warlpiri à Paris, à la Grande Halle de la Villette, pour l'exposition *Magiciens de la terre* en 1989.

Tout comme ses équivalents rituels, cette peinture au sol contemporaine est le résultat de performances communautaires ou de *happenings*. La préparation de la peinture renforce le lien physique entre les hommes et la terre, puisqu'elle est réalisée sur le sol avec des matériaux issus de la terre. L'œuvre d'art d'*Anteth* se manifeste dans l'instant, dans l'événement.

Forme d'art la plus spectaculaire du désert, la peinture au sol traditionnelle est l'une des sources fondamentales de la peinture acrylique sur panneau ou sur toile. Une fois la peinture achevée, le chant terminé, la peinture devient un espace de pouvoir, une image chargée. Plus qu'une œuvre d'art, ce qui reste est une trace de ce que l'on appellerait un processus artistique dans la conception occidentale. Ainsi, ces peintures *anteth* sont des traces de création.

abundantly in the Central Australian desert region around Alice Springs that is used as prime material for ground paintings or ground mosaics. Ground paintings or ground mosaics generally are highly sacred and often secret in nature. These often monumental constructions are typically strictly used in an important ceremonial context. Examples made in a public context are therefore rare. One of the most significant precedents is the large *Yarla Jukurrpa* (Yam Dreaming) produced by six Warlpiri men in Paris at the Grande Halle de la Villette for the *Magiciens de la terre* exhibition held in 1989.

Just as their ritual counterparts, this contemporary ground painting is the result of communal performances or happenings. Preparing the painting confirms a physical connection between men and land, as it is made on the soil with materials from the earth. The *Antethe* work of art manifests itself in the moment, in the happening.

As a most spectacular form of art in the desert, traditional ground mosaics are one of the fundamental sources for acrylic paintings on board or canvas. Once the painting is finished, the singing is over, the ground mosaic becomes an empowered space, a charged picture. More than a work of art, what is left is a trace of what would be called an artistic process in the western conception. Hence, these *antethe* paintings are traces of creation.

BIBLIOGRAPHIE / BIBLIOGRAPHY

Nelson Aguilar (curateur), *Mostra do Redescobrimento: Arte Afro-Brasileira, Afro-Brazilian Art*, Fundação Bienal de São Paulo, São Paulo, 2000

Emanoel Araújo, *A mão afro-brasileira: significado da contribuição artistica e histórica*, São Paulo, Tenenge, 1988

Emanoel Araújo (curateur), *Para nunca esquecer: negras memórias / memórias de negros*, Rio de Janeiro, Museu Histórico Nacional, 2012

Élie Barnavi, *Dieu(x) modes d'emploi*, Paris, Tempora / André Versaille éditeur, 2012

Henning Christoph, *Voodoo. Secret Power in Africa*, Cologne, Taschen Verlag, 1996

Henning Christoph, *Soul of Africa-Magical Rites and Traditions*, Cologne, Könemann Verlag, 1999

Henning Christoph, *Vodun, Voodoo, Vodou Spirits*, Leipzig, Zweitausendeins Verlag, 2013

Henning Christoph, *Kubas afrikanische Geister*, Hambourg, Museum für Völkerkunde Hamburg, 2016

Henning Christoph, *African Secrets*, Cologne, Könemann Verlag, 2019

Henning Christoph, *Voodoo Rainbow*, Cologne, Könemann Verlag, 2019

Henning Christoph, *Soul of Africa II*, Cologne, Könemann Verlag, 2019

Henning Christoph, *Quimbanda. Cult of Opposition*, SOAM Edition, 2021

Henning Christoph, *Dahomey Documents*, SOAM Edition, 2022

Henning Christoph, *Vodou in Haiti*, SOAM Edition, 2023

James Clifford, *Malaise dans la culture*, Paris, École nationale supérieure des beaux-arts, 1996

Philippe Descola, *Par-delà nature et culture*, Paris, Gallimard, 2005

Philippe Descola, *Les Formes du visible*, Paris, Seuil, 2021

Henry John Drewal, *Mami Wata, Arts for Water Spirits in Africa and its Diasporas*, Los Angeles, Fowler Museum at UCLA, 2008

David Dupuis (dir.), *Visions chamaniques. Arts de l'ayahuasca en Amazonie péruvienne*, catalogue d'exposition, Paris, musée du quai Branly – Jacques Chirac / Réunion des musées nationaux – Grand Palais, 2023

Jean-François Gavoty et Cyrille Bret, *Hervé Youmbi and Beyond*, Strasbourg, HEAR, 2019

Alex van Gelder et Okwui Enwezor, *Life & Afterlife in Benin*, Londres / New York, Phaidon Press, 2005

Carl Gustav Jung, *L'Homme et ses symboles*, Paris, Robert Laffont, 1964

Bruno Latour, *Nous n'avons jamais été modernes. Essai d'anthropologie symétrique*, Paris, La Découverte, 1997

Luis Eduardo Luna et Pablo Amaringo, *Ayahuasca Visions, The Religious Iconography of a Peruvian Shaman*, Berkeley, North Atlantic Books, 1993

Julia Barnes Mandle et Deborah Menaker Rothschild, *Sites of Recollection, Four Altars & a Rap Opera*, Williamstown, Williams College Museum of Art, 1992

Jean-Hubert Martin, *Altäre, Kunst zum niederknien*, Düsseldorf, Museum Kunst Palast, Ostfildern, Hatje Cantz Verlag, 2001

Jean-Hubert Martin (dir.), *Arte religione politica / Art Religion Politics*, Milan, 5 Continents Editions, 2005

Leandro Martínez Depietri, *Putting Things in Black and White / Racial Exclusions from the Centre in Expansion,*

Colección Argentina Hoy Arte, Buenos Aires,
Fundación Foro del Sur, 2019

Nancy D. Munn, « The Transformation of Subjects
into Objects in Warlpiri and Pitjantjatjara Myths »,
dans Max Charlesworth, Howard Morphy, Diane Bell
et Kenneth Maddock (éd.), *Religion in Aboriginal
Australia: An Anthology*, St. Lucia, University
of Queensland Press, 1984

Georges Petitjean, « Wamulu: Project in Time »,
dans Howard Morphy, Georges Petitjean et Arnaud
Serval, *Wamulu*, Lens / Milan, Fondation Opale /
5 Continents Editions, 2022

Hurcabaatur Solonggod, *ZUM ČINGGIS-QAΓAN KULT*,
Osaka, 1999

Hurcabaatur Solonggod, *Studies on Mongolian
Shamanic Offerings and Sacrifices*, « *monggol-un böge
mörgül-ün tayilγ-a takilγ-a-yin sudulal* », (I),
Elias Verlag IMoFiF e. V., 2012

Hurcabaatur Solonggod avec Ögeled D. Bayatur, *The
Origin of the Written Culture of the Mongols or the
Old Turkic Inscriptions. ongγilčud-un uuγal bičig-ün
soyul-un egüsül boyu köke türüg bičig (Solonggod
L. Qurčabagatur-un qadagalamǰi sudulal-un čubural②)*.
Mongolisch, 4-farbig, Cologne,
Elias Verlag IMoFif e.V., 2018

Hurcabaatur Solonggod, *Proto-Mongolian Language
1400 years ago – Studies of the Hüis Tolgoi Inscription
(HT1). 1400 ǰil-un emüneki ebüge mongγol kele- küisü
toluγai-yin bičgesü-yin (HT1) sudulul (Solonggod L.
Qurčabagatur-un qadagalamǰi sudulal-un čubural④)*.
Kyrill-Mongolisch, S. 388, 4-farbig, Cologne,
Elias Verlag IMoFif e.V., 2020

*Sur la route des chefferies du Cameroun. Du visible
à l'invisible*, catalogue d'exposition, Paris, musée
du quai Branly – Jacques Chirac / Skira, 2022

Jojada Verrips, « Missing Religion, Overlooking
the Body », dans James Elkins et David Morgan,
Re-Enchantment, New York, Routledge, 2009

REMERCIEMENTS

Ce catalogue a été publié à l'occasion de l'exposition *Rien de trop beau pour les dieux*, à la Fondation Opale, Lens, Suisse du 15 décembre 2024 au 20 avril 2025.
Commissaire de l'exposition : Jean-Hubert Martin.
Co-curateurs : Mattijs Visser et Georges Petitjean.

Nous remercions sincèrement toutes les personnes qui ont permis par leur contribution la réalisation de cette exposition et de son catalogue, et plus spécifiquement :

Les artistes, auteur.e.s et leurs familles :

Art Orienté Objet (Marion Laval-Jeantet & Benoît Mangin), Paris, France
Deidi von Schaewen, Paris, France
El Anatsui, Ghana-Nigeria
George Nuku et Mathilde Denniel Nuku, Rouen, France
Hervé Youmbi, Cameroun
José Bedia, Cuba
Kimsooja, Séoul, Corée du Sud et Kimsooja Studio
Marina Abramović, New York, États-Unis et Marina Abramović Archives
Ricardo Linares Garcia et sa famille, Mexico, Mexique
Romuald Hazoumè, Bénin
Sandra Vásquez de la Horra, Chili et Studio Vásquez de la Horra, Berlin, Allemagne
Santos Motoapohua de la Torre, Mexico, Mexique
Saodat Ismailova, Paris
Younès Rahmoun, Maroc.

Ainsi que les nombreuses personnes des galeries et institutions qui nous ont apporté leur aide pour la réalisation de cette exposition :

Almeida & Dale Galeria, São Paulo, Brésil
Axel Vervoordt Gallery, Wijnegem, Belgique
Axis Gallery, New York, États-Unis
CNAP (Centre national des arts plastiques), France
Collection Bérengère Primat, Suisse
Collection Universität Marburg, Allemagne
Dr. Hurcabaatur Solonggod et Nashun Nashunbatu, Cologne, Allemagne
Fondazione Morra, Naples, Italie
Fonds de dotation Christian Boltanski, Malakoff, France
Galerie Imane Farès, Paris, France
Galerie MAGNIN-A, Paris, France
Galerie Tschudi, Zurich, Suisse
Kewenig Gallery, Berlin, Allemagne
Maria van Daalen, Pays-Bas
Marian Goodman Gallery, Paris, France
Mendes Wood DM, Paris, France

MUCEM, Marseille, France
Musée Cantini, Marseille, France
Museo de Arte Popular, Mexico, Mexique
Museum der Kulturen Basel, Suisse et Anna Schmid
Nationaal Museum van Wereldculturen, Hollande
October Gallery, Londres, Grande-Bretagne
Rabten Choeling Centre des Hautes Études tibétaines, Le Mont-Pèlerin, Suisse
Religionskundliche Sammlung Philipps-Universität Marburg, Allemagne
Soul of Africa Museum, Allemagne & Henning Christoph
The Jean Pigozzi African Art Collection, Suisse
Übersee-Museum Bremen, Allemagne.

Ainsi que les personnes suivantes :

Felix Kraemer et Barbara Til, Museum Kunstpalast, Düsseldorf, Allemagne.
Philippe Peltier pour son aide dans la création de l'Onattappan.
Walther Boelsterly Urrutia, Mary Carmen Tavira, Marius Gentil et Serge Fauchereau.

Pavillon Trois pour la réalisation et l'installation des éléments de scénographie.
Garage Tanguy Micheloud.
Zorèyè Service forestier.

L'Association des Amis de la Fondation, représentée par son conseil : Chantal Balet, Henri Balladur, Sandra Burrus, Vincent Bernasconi, Louis Ferran, Jack Lang, Hélène Le Marchand, Cäsar Menz et Pascal Perruchoud.

Les généreux mécènes de l'Association des Amis de la Fondation Opale :
Rolando et Denise Benedick
Fondation Gianadda
Lionel et Monica Kern
La Commune de Lens.

Toute l'équipe de la Fondation Opale et en particulier Nadja Froidevaux pour la régie des œuvres, Vanessa Pannatier et Diane Eggli pour la communication, Marie Berceron pour la médiation, Philippe Siauve pour la coordination éditoriale ainsi que Nathalie Bizart et Miléna-Saskia Mathieu pour leurs relectures.

Les membres du conseil et le directeur de la Fondation Opale : David Bagnoud, Jacqueline Duc Sandmeier, Bérengère Primat, Martine Primat, Lambert Vonlanthen et Gautier Chiarini.

La Fondation Opale remercie ses partenaires institutionnels / Fondation Opale wishes to thank its institutional partners:

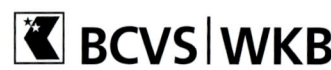
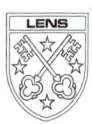
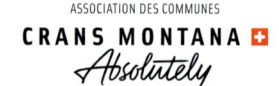
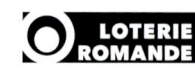

ACKNOWLEDGEMENTS

This catalogue has been published for the *Nothing too Beautiful for the Gods* exhibition at Fondation Opale, Lens, Switzerland, from 15 December 2024 to 20 April 2025.
Exhibition curator: Jean-Hubert Martin.
Co-curators: Mattijs Visser and Georges Petitjean.

We sincerely all the people who have contributed to the creation of this exhibition and its catalogue, and more specifically:

The artists, authors, and their families:

Art Orienté Objet (Marion Laval-Jeantet & Benoît Mangin), Paris, France
Deidi von Schaewen, Paris, France
El Anatsui, Ghana-Nigeria
George Nuku & Mathilde Denniel Nuku, Rouen, France
Hervé Youmbi, Cameroon
José Bedia, Cuba
Kimsooja, Seoul, South Korea & Kimsooja Studio
Marina Abramović, New York, United States & Marina Abramović Archives
Ricardo Linares Garcia and his family, Mexico City, Mexico
Romuald Hazoumè, Benin
Sandra Vásquez de la Horra, Chili & Studio Vásquez de la Horra, Berlin, Germany
Santos Motoapohua de la Torre, Mexico City, Mexico
Saodat Ismailova, Paris, France
Younès Rahmoun, Morocco

As well as the following people from galleries and institutions who helped us to make this exhibition possible:

Almeida & Dale Galeria, São Paulo, Brazil
Axel Vervoordt Gallery, Wijnegem, Belgium
Axis Gallery, New York, United States
CNAP (Centre national des arts plastiques), France
Collection Bérengère Primat, Switzerland
Collection Universität Marburg, Germany
Dr. Hurcabaatur Solonggod & Nashun Nashunbatu, Cologne, Germany
Fondazione Morra, Naples, Italy
Fonds de dotation Christian Boltanski, Malakoff, France
Galerie Imane Farès, Paris, France
Galerie MAGNIN-A, Paris, France
Galerie Tschudi, Zurich, Switzerland
Kewenig Gallery, Berlin, Germany
Maria van Daalen, The Netherlands
Marian Goodman Gallery, Paris, France
Mendes Wood DM, Paris, France
MUCEM, Marseille, France

Musée Cantini, Marseille, France
Museo de Arte Popular, Mexico City, Mexico
Museum der Kulturen Basel, Switzerland & Anna Schmid
Nationaal Museum van Wereldculturen, The Netherlands
October Gallery, Londres, Great Britain
Rabten Choeling Centre des Hautes Études tibétaines, Le Mont-Pèlerin, Switzerland
Religionskundliche Sammlung Philipps-Universität Marburg, Germany
Soul of Africa Museum, Germany & Henning Christoph
The Jean Pigozzi African Art Collection, Switzerland
Übersee-Museum Bremen, Germany

As well as the following persons:

Felix Kraemer & Barbara Til, Museum Kunstpalast, Düsseldorf, Germany.
Philippe Peltier for his help in the creation of the Onattappan.
Walther Boelsterly Urrutia, Mary Carmen Tavira, Marius Gentil & Serge Fauchereau.

Pavillon Trois for the making and the installation of the scenography.
Garage Tanguy Micheloud.
Zorèyè Service forestier.

The Friends of the Fondation Opale Association, represented by its members: Chantal Balet, Henri Balladur, Sandra Burrus, Vincent Bernasconi, Louis Ferran, Jack Lang, Hélène Le Marchand, Cäsar Menz and Pascal Perruchoud.

The generous patrons of the Friends of the Fondation Opale Association:
Rolando & Denise Benedick
Fondation Gianadda
Lionel & Monica Kern
Commune of Lens.

The entire Fondation Opale's team and in particular Nadja Froidevaux as registrar, Vanessa Pannatier & Diane Eggli for communication, Marie Berceron for mediation, Philippe Siauve for editorial coordination as well as Nathalie Bizart, Miléna-Saskia Mathieu for their proofreadings.

Fondation Opale board members: David Bagnoud, Jacqueline Duc Sandmeier, Bérengère Primat, Martine Primat, Lambert Vonlanthen & Gautier Chiarini.

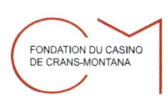

Le Nouvelliste

FONDATION COROMANDEL

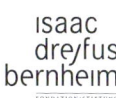

CRÉDITS DES ARTISTES / ARTIST CREDITS

CRÉDITS PHOTOGRAPHIQUES / PHOTO CREDITS

Couverture, p. 143 : Alexprod

p. 6, 7 : Casey Nelson

p. 8, 9, 10, 11, 80, 95, 125, 127, 129, 165, 182 : Bérengère Primat

p. 15 : Ilka Olayos

p. 20 : FoodCultura Archive

p. 23, 38, 56, 57, 88, 104 : tous droits réservés / all rights reserved

p. 24 : Marc Riboud

p. 27, 169, 171, 173, 175, 176, 177 : Vincent Girier Dufournier

p. 31, 33, 64, 67 : Hervé Youmbi & Axis Gallery

p. 37, 46, 47, 49 (haut) : Henning Christoph

p. 39, 41, 45, 49 (bas), 55, 59, 61, 65, 71, 77, 79, 81, 87, 89, 91, 93, 99, 101, 105, 107, 109, 110, 111, 113, 114, 115, 131, 133, 135, 147, 167, 179 : Lumento

p. 43, 106, 112, 117, 119, 121, 123, 126 : Deidi von Schaewen

p. 44 : Andrea Stappert

p. 51, 69, 70, 73, 74, 75 : Maurice Aeschimann

p. 53 : Galerie MAGNIN-A

p. 63 : Younès Rahmoun

p. 78 : Aline Luque

p. 83, 85 : Jonathan Greet

p. 97, quatrième de couverture / back cover : Instituto Rubem Valentim

p. 100 : Francesco Monteagudo

p. 103, 108, 142 : Yong-Chang Chung

p. 134 : Yan Halying

p. 137 : Saodat Ismailova

p. 139, 140, 141 : Musées de Marseille, Musée Cantini

p. 145 : Kimsooja

p. 149, 157, 158, 159, 160, 161, 162, 163 : Art Orienté Objet

p. 151 : Marina Abramović Archives

p. 153 : Fondazione Morra

p. 155 : Annette Messager / Fonds de dotation Christian Boltanski

p. 183 : RMN, Paris

Cet ouvrage est paru à l'occasion de l'exposition
Rien de trop beau pour les dieux présentée à la Fondation
Opale, Crans, du 15 décembre 2024 au 20 avril 2025.

This work is published on the occasion of the
Nothing too Beautiful for the Gods exhibition,
presented at the Fondation Opale, Crans,
from 15 December 2024 to 20 April 2025.

5 Continents Editions

Rédacteur en chef Editor-in-Chief
Aldo Carioli

Projet graphique Graphic Design
Fayçal Zaouali

Direction de production Production department
Stefano Montagnana

Rédactrice Editor
Lucia Moretti

Sécretariat de rédaction Editing
ACJ, Charles Gute

Traductions Translations
Catherine de Pimodan - Estrad, Paris

Photogravure Pre-press
Maurizio Brivio, Milan, Italy

Achevé d'imprimer en Italie sur papier
Sappi Magno Satin 150 gr sur les presses de
Tecnostampa – Pigini Group Printing Division Loreto
– Trevi, Italie pour le compte de 5 Continents Editions,
Milan, en janvier 2025
Printed on Sappi Magno Satin 150 gr paper and bound
in Italy by Tecnostampa – Pigini Group Printing Division
Loreto – Trevi, Italy for 5 Continents Editions, Milan
in January 2025

sappi | **Magno**
| Satin

www.fivecontinentseditions.com

ISBN 979-12-5460-087-0

Distribution en France et pays francophones
BELLES LETTRES / Diffusion L'entreLivres
Distributed by ACC Art Books throughout the world,
excluding Italy. Distributed in Italy and Switzerland
by Messaggerie Libri S.p.A.

Couverture Cover
Autel automobile / Car altar, 2024

Quatrième de couverture / Back cover
Rubem Valentim, *Sant titre* / *Untitled*, 1991